总主编 伍 江 副总主编 雷星晖

王 伟 王洪伟 著

项目描述的文本特征与投资意愿：
基于众筹市场的研究

Do Textual Features of Project Descriptions Affect Investment Intentions to Crowdfunding Campaigns

内 容 提 要

本书基于众筹市场的情况来研究项目描述的文本特征与投资意愿,研究标的较为新颖,适应时代及众筹市场的发展需求。本书从文本的语言风格入手,研究了众筹项目文本感情及主客观属性、文本描述的情感信息与主客观性、文本的内容偏向性、文本的欺诈属性、文本更新模式等对于项目融资的影响。本书创新性较强,在一般性研究基础上,提出了语言特征度量指标、改进文本挖掘方法、对含有时间信息的文本更新模式及计量模型的测试等新的可行性较强的研究方法。

本书既是对众筹市场的探究,也对一般项目描述的文本特征及投资意愿的研究提供了范本和方式方法,有很强的可操作性。

图书在版编目(CIP)数据

项目描述的文本特征与投资意愿：基于众筹市场的研究 / 王伟,王洪伟著. —上海：同济大学出版社,2017.8

(同济博士论丛 / 伍江总主编)

ISBN 978-7-5608-7000-7

Ⅰ. ①项… Ⅱ. ①王… ②王… Ⅲ. ①项目融资—研究 Ⅳ. ①F830.45

中国版本图书馆 CIP 数据核字(2017)第 093798 号

项目描述的文本特征与投资意愿：基于众筹市场的研究

王 伟 王洪伟 著

出 品 人	华春荣	责任编辑	孙宗霄	熊磊丽
责任校对	谢卫奋	封面设计	陈益平	

出版发行	同济大学出版社　www.tongjipress.com.cn
	(地址：上海市四平路1239号　邮编：200092　电话：021-65985622)
经　　销	全国各地新华书店
排版制作	南京展望文化发展有限公司
印　　刷	浙江广育爱多印务有限公司
开　　本	787 mm×1092 mm　1/16
印　　张	15.5
字　　数	310 000
版　　次	2017年8月第1版　2017年8月第1次印刷
书　　号	ISBN 978-7-5608-7000-7
定　　价	72.00元

本书若有印装质量问题,请向本社发行部调换　　版权所有　侵权必究

"同济博士论丛"编写领导小组

组　　　长：杨贤金　钟志华

副　组　长：伍　江　江　波

成　　　员：方守恩　蔡达峰　马锦明　姜富明　吴志强
　　　　　　徐建平　吕培明　顾祥林　雷星晖

办公室成员：李　兰　华春荣　段存广　姚建中

"同济博士论丛"编辑委员会

总 主 编：伍 江

副总主编：雷星晖

编委会委员：（按姓氏笔画顺序排列）

丁晓强　万　钢　马卫民　马在田　马秋武　马建新
王　磊　王占山　王华忠　王国建　王洪伟　王雪峰
尤建新　甘礼华　左曙光　石来德　卢永毅　田　阳
白云霞　冯　俊　吕西林　朱合华　朱经浩　任　杰
任　浩　刘　春　刘玉擎　刘滨谊　闫　冰　关佶红
江景波　孙立军　孙继涛　严国泰　严海东　苏　强
李　杰　李　斌　李风亭　李光耀　李宏强　李国正
李国强　李前裕　李振宇　李爱平　李理光　李新贵
李德华　杨　敏　杨东援　杨守业　杨晓光　肖汝诚
吴广明　吴长福　吴庆生　吴志强　吴承照　何品晶
何敏娟　何清华　汪世龙　汪光焘　沈明荣　宋小冬
张　旭　张亚雷　张庆贺　陈　鸿　陈小鸿　陈义汉
陈飞翔　陈以一　陈世鸣　陈艾荣　陈伟忠　陈志华
邵嘉裕　苗夺谦　林建平　周　苏　周　琪　郑军华
郑时龄　赵　民　赵由才　荆志成　钟再敏　施　骞
施卫星　施建刚　施惠生　祝　建　姚　熹　姚连璧

袁万城　莫天伟　夏四清　顾　明　顾祥林　钱梦騄
徐　政　徐　鉴　徐立鸿　徐亚伟　凌建明　高乃云
郭忠印　唐子来　阎耀保　黄一如　黄宏伟　黄茂松
戚正武　彭正龙　葛耀君　董德存　蒋昌俊　韩传峰
童小华　曾国荪　楼梦麟　路秉杰　蔡永洁　蔡克峰
薛　雷　霍佳震

秘书组成员： 谢永生　赵泽毓　熊磊丽　胡晗欣　卢元姗　蒋卓文

总 序

在同济大学110周年华诞之际,喜闻"同济博士论丛"将正式出版发行,倍感欣慰。记得在100周年校庆时,我曾以《百年同济,大学对社会的承诺》为题作了演讲,如今看到付梓的"同济博士论丛",我想这就是大学对社会承诺的一种体现。这110部学术著作不仅包含了同济大学近10年100多位优秀博士研究生的学术科研成果,也展现了同济大学围绕国家战略开展学科建设、发展自我特色,向建设世界一流大学的目标迈出的坚实步伐。

坐落于东海之滨的同济大学,历经110年历史风云,承古续今、汇聚东西,秉持"与祖国同行、以科教济世"的理念,发扬自强不息、追求卓越的精神,在复兴中华的征程中同舟共济、砥砺前行,谱写了一幅幅辉煌壮美的篇章。创校至今,同济大学培养了数十万工作在祖国各条战线上的人才,包括人们常提到的贝时璋、李国豪、裘法祖、吴孟超等一批著名教授。正是这些专家学者培养了一代又一代的博士研究生,薪火相传,将同济大学的科学研究和学科建设一步步推向高峰。

大学有其社会责任,她的社会责任就是融入国家的创新体系之中,成为国家创新战略的实践者。党的十八大以来,以习近平同志为核心的党中央高度重视科技创新,对实施创新驱动发展战略作出一系列重大决策部署。党的十八届五中全会把创新发展作为五大发展理念之首,强调创新是引领发展的第一动力,要求充分发挥科技创新在全面创新中的引领作用。要把创新驱动发展作为国家的优先战略,以科技创新为核心带动全面创新,以体制机制改革激发创新活力，以高效率的创新体系支撑高水平的创新型国家建设。作为人才培养和科技创新的重要平台，大学是国家创新体系的重要组成部分。同济大学理当围绕国家战略目标的实现，作出更大的贡献。

大学的根本任务是培养人才，同济大学走出了一条特色鲜明的道路。无论是本科教育、研究生教育，还是这些年摸索总结出的导师制、人才培养特区，"卓越人才培养"的做法取得了很好的成绩。聚焦创新驱动转型发展战略，同济大学推进科研管理体系改革和重大科研基地平台建设。以贯穿人才培养全过程的一流创新创业教育助力创新驱动发展战略，实现创新创业教育的全覆盖，培养具有一流创新力、组织力和行动力的卓越人才。"同济博士论丛"的出版不仅是对同济大学人才培养成果的集中展示，更将进一步推动同济大学围绕国家战略开展学科建设、发展自我特色、明确大学定位、培养创新人才。

面对新形势、新任务、新挑战，我们必须增强忧患意识，扎根中国大地，朝着建设世界一流大学的目标，深化改革，勠力前行！

万　钢

2017 年 5 月

论丛前言

承古续今,汇聚东西,百年同济秉持"与祖国同行、以科教济世"的理念,注重人才培养、科学研究、社会服务、文化传承创新和国际合作交流,自强不息,追求卓越。特别是近20年来,同济大学坚持把论文写在祖国的大地上,各学科都培养了一大批博士优秀人才,发表了数以千计的学术研究论文。这些论文不但反映了同济大学培养人才能力和学术研究的水平,而且也促进了学科的发展和国家的建设。多年来,我一直希望能有机会将我们同济大学的优秀博士论文集中整理,分类出版,让更多的读者获得分享。值此同济大学110周年校庆之际,在学校的支持下,"同济博士论丛"得以顺利出版。

"同济博士论丛"的出版组织工作启动于2016年9月,计划在同济大学110周年校庆之际出版110部同济大学的优秀博士论文。我们在数千篇博士论文中,聚焦于2005—2016年十多年间的优秀博士学位论文430余篇,经各院系征询,导师和博士积极响应并同意,遴选出近170篇,涵盖了同济的大部分学科:土木工程、城乡规划学(含建筑、风景园林)、海洋科学、交通运输工程、车辆工程、环境科学与工程、数学、材料工程、测绘科学与工程、机械工程、计算机科学与技术、医学、工程管理、哲学等。作为"同济博士论丛"出版工程的开端,在校庆之际首批集中出版110余部,其余也将陆续出版。

博士学位论文是反映博士研究生培养质量的重要方面。同济大学一直将立德树人作为根本任务,把培养高素质人才摆在首位,认真探索全面提高博士研究生质量的有效途径和机制。因此,"同济博士论丛"的出版集中展示同济大学博士研究生培养与科研成果,体现对同济大学学术文化的传承。

"同济博士论丛"作为重要的科研文献资源,系统、全面、具体地反映了同济大学各学科专业前沿领域的科研成果和发展状况。它的出版是扩大传播同济科研成果和学术影响力的重要途径。博士论文的研究对象中不少是"国家自然科学基金"等科研基金资助的项目,具有明确的创新性和学术性,具有极高的学术价值,对我国的经济、文化、社会发展具有一定的理论和实践指导意义。

"同济博士论丛"的出版,将会调动同济广大科研人员的积极性,促进多学科学术交流、加速人才的发掘和人才的成长,有助于提高同济在国内外的竞争力,为实现同济大学扎根中国大地,建设世界一流大学的目标愿景做好基础性工作。

虽然同济已经发展成为一所特色鲜明、具有国际影响力的综合性、研究型大学,但与世界一流大学之间仍然存在着一定差距。"同济博士论丛"所反映的学术水平需要不断提高,同时在很短的时间内编辑出版110余部著作,必然存在一些不足之处,恳请广大学者,特别是有关专家提出批评,为提高同济人才培养质量和同济的学科建设提供宝贵意见。

最后感谢研究生院、出版社以及各院系的协作与支持。希望"同济博士论丛"能持续出版,并借助新媒体以电子书、知识库等多种方式呈现,以期成为展现同济学术成果、服务社会的一个可持续的出版品牌。为继续扎根中国大地,培育卓越英才,建设世界一流大学服务。

伍 江

2017年5月

前　言

据统计,2014年全球众筹的市场规模达到了162亿美元。截至2015年5月,世界上最大的众筹平台Kickstarter已经为85 148个项目筹集到了1 720 738 606美元资金。这表面风光的背后,残酷的现实是:融资成功的项目比例不足50%。而要完成一个众筹项目,在项目准备期,平均每天需要花费30分钟,周末花费11个小时;而在筹资期,平均每天需要花费2到11个小时,并且需要持续半个月到2个月,换句话说,超过一半的项目发起者(筹资者)花费了大量的时间和精力,最后由于筹资失败,而一无所获。因此,迫切需要提高众筹项目的融资成功率。

众筹模式作为一种崭新的融资手段,最近几年在工业界取得了令人瞩目的成就。但是就学术研究方面,众筹领域的研究成果却不多,理论界的研究成果不足以指导众筹项目的实际操作。本书主要从文本语言描述方面进行了深入研究,探究众筹项目的多属性、多层次文本特征对融资结果的影响。

一个众筹项目类似于一份创业者的商业计划书,筹资者通过对项目的展示吸引投资者。众筹项目有多种展示方式,例如:视频、图片、文本等,但是在所有的展示方式中,所占篇幅最大的是众筹项目的文本介绍。在商业领域已经普遍证明,商品的文本描述会显示商品质量,进而显著影响商品的销量。类似地,筹资者依靠项目介绍说服投资者,众筹项目的语言描述会影响投资者对于项目质量的判断。与传统融资不同的是,在众筹中,参与投资的人数非常多,而每个参与者投入的资金量较少。这种由大众参与的模式要求了融资计划书需要有足够的说服力,才能有效吸引大众参与投资。文本描述作为展示众筹项目的最主要内容,对投资者决定是否参与投资具有显著影响。鉴于这种重要性,本书从文本挖掘角度,分析语言特征(Linguistic Features)对于众筹项目成功融资的影响。

首先,从文本的语言风格属性入手进行分析。由于信息过载严重,投资者常常不可能逐字逐句看完众筹项目的详细介绍,这类似于阅读学术论文,需要首先看摘要再决定是否阅读全文一样。众筹项目的文本摘要起着类似的作用,投资者只有对项目摘要感兴趣,才有动力仔细研究项目是否值得投资,因此,项目摘要是打动投资者的第一层次。研究结果显示,在项目摘要层次,总体来说在水平区分项目中,使用诉诸情感的表达更容易获得投资者的青睐,但是在垂直区分项目中,应该谨慎采用诉诸情感的表达方式;在时尚、音乐和戏剧等项目类别中,夸张的语言风格最有效;而在食品、电影、艺术等项目中应该突出可信度。

其次,文本情感及主客观性属性方面,研究了众筹项目文本描述的情感信息与主客观性对于项目融资的影响。文本情感能够代表筹资者的个性及对于项目的态度,对投资者的投资意愿会形成影响。而主客观性能够传递给投资者的信息区别在于该项目是否有足够多的事实论据进行支持,事实论据越多,文本越客观,这也会对项目质量显示形成影响。对于情感强度方面,本书证明在详细描述文本中,情感越正面,越容易获得投资者的支持,而项目标题中则不应该含有情感信息;同时,项目标题和简介应该尽可能客观,但是,在项目详细介绍文本和项目回报文本中应该采用主观一些的表达方式。

接下来,分析了文本的内容偏向性对项目成功融资的影响。文本的内容偏向性代表文本描述偏向介绍"人"的方面还是偏向介绍"项目"的方面,这个问题由来已久,但是在众筹领域还鲜有涉及。文本内容偏向性的本质是项目的"人力资本"与"非人力资本"对于刺激投资者的作用,本书检测了这两种截然不同的文本属性对于融资结果的影响。研究显示,对创业者和创业团队的介绍应该放在文本的标题层次和项目简介中,在详细描述文本中应该突出项目本身的特点和创意,而不应该花费太多篇幅来介绍创业者和创业团队。换句话说,如果创业者或者创业团队有意突出人力资本的话,就应该在标题和摘要层面进行强调,而详细描述文本应该重点突出非人力资本方面的内容。

然后,分析了文本的欺诈属性对于项目成功融资的影响。市场中不可避免地存在欺诈信息,投资者能够在一定程度上识别文本的欺诈性线索,这为检测文本欺诈属性对于项目成功融资的影响提供了依据。以认知负荷、臆想情节、分离性、负面情绪、词汇多样性、词汇易读性、词汇复杂性及文本生词率作为欺诈线索的检测指标,对文本欺诈属性对众筹项目的影响进行了深入分析。研究显示,回报文本中包含较多的时间指示词和空间指示词更有利于项目融资成功,相反,在详细描述中的臆想情节并不会导致投资者参与投资的热情下降;对于分离性来说,简介和回报文本中的非第一人称的人物指示词(he,she,him,their 等)越多,项目越不容易筹资成功,但是该假设在详细描述文本中并不成立;负面情绪文本会抑制投资者参与投资;总体来说,文本的可读性越高,项目筹资越能获得成功,但是在标题、简介和详细描述文本中的生词率反而有利于项目筹资获得成功;简介和详细描述文本的简洁性会抑制投资,而回报文本则不支持简洁性假设;文本内敛性越低,项目的融资成功率亦越低。

再次,研究了文本更新模式对于项目成功融资的影响。在众筹项目筹资过程中,筹资者可以采取任何主题对项目进行更新,这是一种典型的 UGC (User Generated Content),采用文本层次聚类研究信息更新的文本主题。研究发现,更新信息的数量能够显著提升众筹项目的融资成功率,因此,应该鼓励项目发起者在筹资期内对项目进行频繁更新;通过文本层次聚类,本书发现项目发起者对项目更新的文本主题可以分为 6 类:进度汇报、内容更新、回报有关、时间提醒、表示感谢及社会化推广。在所有更新主题中,时间提醒、表示感谢和进度汇报是最频繁更新的主题;而回报有关和社会化推广是更新较少的主题。不同筹资阶段的信息更新效用是有极大差异的,筹资初期的信息更新对项目筹资成功率并没有显著影响,而筹资中期和筹资后期的信息更新对项目成功融资具有显著的正面刺激效应;而且,越是临近筹资结束,更新信息的效用越明显。在不同的项目类别中,应该重点更新不同的信息主题,体验类项目与生活类项目的更新策略基本是一致的;而艺术类项目的更新策略具有明显差异。与Indiegogo上的项目对比可以看出,由于筹资模式的差异,其信息更新策略也应该有所不同。

最后,关于进一步工作的方向进行了简要的讨论。

本书的主要创新点包括:

(1)提出了语言特征度量指标,并对不同文本层次的语言特征效用进行了深入研究。

语言特征是一个相当宽泛的话题,本书选择了文本修辞风格、文本内容偏向性、文本情感和文本主客观性、文本欺诈性线索及文本信息更新模式来度量众筹文本的语言特征。这些语言特征较全面的衡量了众筹项目的文本。众筹项目的文本介绍中,包含不同的文本层次,不同的文本层次中应该突出的语言特征也应该有所差异,因此,本书研究了不同文本层次的语言特征效用,分别从以下文本层次进行了研究:项目标题文本、项目简介文本(项目摘要)、项目详细描述的前100个词、项目详细描述、项目回报文本及项目的信息更新文本。这些不同层次的文本内容几乎涵盖了一个众筹项目的所有文本方面,是对众筹项目比较全面的研究。

(2)提出了改进的文本挖掘方法来完善对众筹项目的处理,并对多种文本挖掘方法进行比较。

由于众筹项目的文本分析是一项崭新的研究对象,没有研究能够证明哪种文本挖掘方法更加合适。以文本修辞风格来说,之前的研究最多只涉及3种文本修辞风格,但是3种修辞风格并不能很好地覆盖所有众筹项目。针对众筹项目的特殊性,本书提出的5种语言修辞风格能够分类所有众筹项目。

而对于情感分析而言,比较了基于词典的方法以及基于机器学习的方法,得到了 SVM+POS 能够得到众筹项目文本的最佳情感识别准确率。本书对这些文本挖掘的创新,可以弥补众筹文本挖掘的不足。

(3) 对含有时间信息的文本更新模式进行了深入分析。

在已有的关于众筹项目研究中,还很少有研究涉及含有时间信息的文本。而本书采集到的众筹项目的文本更新中含有详细的时间信息,该时间信息可以用于对样本按照时间进行切片(例如可以切分成筹资前期的信息更新模式、中期信息更新模式、后期信息更新模式等)。这为众筹项目发起者提供了更加细致的建议。

(4) 针对不同文本层次,对每种语言特征的效应做了细致的计量模型上的检测及鲁棒性测试。

分别建立了 5 个计量模型,第一个模型为主要检测模型,而后面 4 个模型(分别是融资进度模型、参与人数模型、Logit 模型及 Probit 模型)用于鲁棒性检验。同时,对模型的鲁棒性检验还包括按照项目的筹资目标进行划分、按照项目的类别进行划分、按照项目发起者的国籍、社会化网络进行划分等,检测较为全面和深入。

目 录

总序
论丛前言
前言

第1章 引言 ··· 1
  1.1 选题的背景和研究意义 ·· 1
    1.1.1 选题背景 ··· 1
    1.1.2 研究意义 ··· 3
  1.2 研究内容和研究方法 ··· 3
  1.3 本书研究在众筹融资中所处环节与本书结构安排 ························· 7
    1.3.1 研究概述 ··· 7
    1.3.2 本书的组织结构 ·· 9
  1.4 主要研究结论 ·· 12
  1.5 本书创新点 ··· 13

第2章 文献综述 ·· 15
  2.1 众筹模式研究 ·· 15
    2.1.1 众筹模式定义及分类 ·· 15
    2.1.2 影响筹资成功率的因素分析 ·· 24
    2.1.3 众筹行为模式分析 ··· 27
  2.2 语言特征研究概述 ··· 30
    2.2.1 语言特征分类概述 ··· 30
    2.2.2 语言特征应用概述 ··· 30
  2.3 语言修辞风格及其效用 ·· 31

2.3.1　语言修辞风格分类 ……………………………………… 31
　　2.3.2　语言修辞风格对投资行为的效用分析 ………………… 33
2.4　文本情感分析相关研究 ……………………………………………… 35
　　2.4.1　情感分析方法研究 ………………………………………… 35
　　2.4.2　情感分析在投资领域的应用 ……………………………… 36
2.5　投资目标偏向性研究 ………………………………………………… 37
　　2.5.1　投资目标偏向性概述 ……………………………………… 37
　　2.5.2　目标偏向性在投资领域中的研究 ………………………… 38
2.6　文本欺诈性线索检测 ………………………………………………… 39
　　2.6.1　文本欺诈性线索检测方法 ………………………………… 39
　　2.6.2　文本欺诈性线索对投资行为的影响研究 ………………… 40
2.7　文本信息更新在众筹项目中的研究 ………………………………… 41
　　2.7.1　文本主题分类 ……………………………………………… 41
　　2.7.2　文本信息更新模式研究在投资领域中的应用 …………… 42
2.8　研究评述 ……………………………………………………………… 42
2.9　本章小结 ……………………………………………………………… 45

第3章　众筹背景介绍、研究框架及研究数据 …………………………… 46
3.1　众筹背景介绍 ………………………………………………………… 46
3.2　文本挖掘方法在众筹项目分析中的作用 …………………………… 49
3.3　研究框架 ……………………………………………………………… 50
3.4　研究数据 ……………………………………………………………… 53
　　3.4.1　数据采集说明 ……………………………………………… 53
　　3.4.2　数据概述 …………………………………………………… 56
3.5　计量模型 ……………………………………………………………… 60
3.6　控制变量及其效应 …………………………………………………… 62
3.7　本章小结 ……………………………………………………………… 65

第4章　文本语言修辞风格对成功融资的影响 …………………………… 67
4.1　语言修辞风格分类与研究假设 ……………………………………… 68
　　4.1.1　霍夫兰德说服模型及亚里士多德修辞技巧 ……………… 68
　　4.1.2　基于扎根理论的说服风格分类 …………………………… 70
　　4.1.3　说服风格的初始关键词识别 ……………………………… 72
　　4.1.4　研究假设 …………………………………………………… 74

目 录

- 4.2 基于文本挖掘的语言修辞风格识别方法 ········· 76
  - 4.2.1 同义词扩展关键词列表 ············· 76
  - 4.2.2 共现文本分析扩展关键词列表 ········· 77
  - 4.2.3 文本描述策略关键词列表及文本分类 ····· 79
  - 4.2.4 关键文本片段的选择 ············· 80
- 4.3 实验结果及讨论 ····················· 82
  - 4.3.1 主要效应讨论 ················· 82
  - 4.3.2 鲁棒性检验 ·················· 85
  - 4.3.3 理论解释与理论贡献 ············· 91
- 4.4 管理启示 ························ 94
- 4.5 本章小结 ························ 95

第 5 章 文本情感及主客观性对成功融资的影响 ········· 96
- 5.1 研究假设 ························ 96
- 5.2 基于文本挖掘的文本情感及主客观识别模型 ······· 97
  - 5.2.1 基于文本挖掘的情感识别模型 ········· 97
  - 5.2.2 基于文本挖掘的主客观检测模型 ········ 102
- 5.3 研究结果及讨论 ····················· 103
  - 5.3.1 文本分析结果 ················· 103
  - 5.3.2 假设检验的结果及讨论 ············ 108
  - 5.3.3 鲁棒性检测 ·················· 110
- 5.4 管理启示 ························ 111
- 5.5 本章小结 ························ 112

第 6 章 文本内容偏向性对成功融资的影响 ··········· 113
- 6.1 研究假设 ························ 113
- 6.2 基于文本挖掘的文本内容偏向性识别模型 ········ 114
- 6.3 研究结果及讨论 ····················· 118
  - 6.3.1 文本分析结果 ················· 118
  - 6.3.2 假设检验的结果及讨论 ············ 120
  - 6.3.3 鲁棒性检测 ·················· 121
- 6.4 管理启示 ························ 124
- 6.5 本章小结 ························ 125

第 7 章 文本欺诈性检测对成功融资的影响 ... 126
7.1 研究假设 ... 126
7.2 基于文本挖掘的文本欺诈性检测模型 ... 127
7.3 研究结果及讨论 ... 135
7.3.1 文本分析结果 ... 135
7.3.2 假设检验的结果及讨论 ... 140
7.4 管理启示 ... 142
7.5 本章小结 ... 144

第 8 章 文本更新模式对成功融资的影响 ... 145
8.1 问题定义 ... 146
8.2 基于文本挖掘的信息更新模式研究模型 ... 148
8.2.1 基于文本挖掘的主题分类模型 ... 148
8.2.2 计量模型 ... 153
8.3 研究结果 ... 154
8.3.1 信息更新主题 ... 154
8.3.2 信息更新主题与筹资成功率 ... 155
8.4 管理启示 ... 158
8.5 本章小结 ... 160

第 9 章 结论与展望 ... 161
9.1 结论 ... 161
9.1.1 假设检验结果汇总 ... 161
9.1.2 核心结论归纳 ... 165
9.2 进一步工作的方向 ... 166

参考文献 ... 170

附录 A 正文中的附表 ... 191
附录 B 关键数据表结构说明 ... 200
附录 C 关键代码片段 ... 205

后记 ... 224

第 1 章
引 言

1.1 选题的背景和研究意义

1.1.1 选题背景

对于个人创业者,在创业初期最棘手的问题之一是:如何筹集项目的启动资金(Steinberg & DeMaria,2012)。常规的筹资方式有银行贷款、风险投资、天使投资等(Larralde & Schwienbacher,2010;Agrawal & Catalini et al.,2014)。但是,对于早期个人创业者来说,这些方式常常显得不合适,因为:(1) 银行贷款、风险投资及天使投资等投资机构会按照严格的流程对创业者进行审查,而个人创业者往往缺乏经验、人脉,不容易获得投资机构的青睐;(2) 机构投资往往金额巨大,而个人创业者在创业初期通常不需要如此巨额的资金(Collins & Pierrakis,2012);(3) 由于投资机构审查严格,常需要较长的时间周期,这会错失转瞬即逝的市场机会;(4) 相对于创业者的庞大数量,风险投资公司的数量实在太少(Lavinsky,2010)。事实上,只有不到3%的创业公司获得过天使投资支持(Pope,2010)。特别是,自2008年金融危机以来,天使投资的数量明显减少,个人创业者在创业初期更加倾向于从在线社区中寻找广泛的投资者(Tomczak & Brem,2013),这种融资方式逐渐演变成现在流行的众筹(Crowd Funding)模式。市场调查表明,2011年众筹市场规模为15亿美元;2012年上升到27亿美元,支持了超过100万个项目(Massolution,2013;Tomczak & Brem,2013);2013年上升到61亿美元;而2014年更是迎来了爆发性的增长,达到了162亿美元,增幅达到了167%(Massolution,2015)①。

---

① 报告摘要地址:http://www.marketwired.com/press-release/crowdfunding-market-grows-167-2014-crowdfunding-platforms-raise-162-billion-finds-research-2005299.htm。

众筹是指从数量众多的投资者中进行融资,每个投资者只投入少量资金,来支持项目发起者的活动。众筹这种融资模式其实由来已久,并已延伸到各个领域,例如:音乐家莫扎特和贝多芬曾经为了谱写新的音乐作品而向赞助者筹集资金;修建纽约自由女神像的资金也来自美国和法国广大公民的捐助;2008 年美国总统奥巴马参加竞选的资金大部分通过网站进行募集(Hemer,2011)。但是,那时还没有成熟的众筹平台供筹资者进行项目展示和融资。

众筹可为个人创业者提供早期的资金支持,促进创新,因此引起了政府的关注。美国于 2012 年颁布了 JOBS 法案(Jumpstart Our Business Startups Act),旨在保护早期投资者和创业者的权益(Stemler,2013)。众筹模式在应用领域的风生水起,唤起了学术界的理论研究。目前,主要集中在众筹项目的实证性研究上,例如:众筹项目发起者的动机分析(Gerber & Hui,2013);众筹项目投资者的动机分析(Gerber & Hui,2013);促进众筹项目成功融资的因素分析(Mollick,2014);众筹项目的筹资模式分析(Kuppuswamy & Bayus,2013)等。总体而言,众筹领域的研究并不广泛,但是进展迅速(Mollick,2014)。而国内也有研究者逐渐开展有关众筹的研究,例如:有研究者从宏观角度分析了众筹对于企业融资及监管的影响(龚鹏程 & 臧公庆,2014)。

Kickstarter(www.Kickstarter.com)作为世界上最大的众筹平台,采用"All or Nothing"筹资模式,即项目发起者需要在项目开始的时候设置一个筹资目标,如果项目筹资期结束时筹资金额达到或者超过预设的筹资目标,那么筹资者就可以获得全部已经筹得的资金(扣除手续费);而如果筹资金额没有达到预设的筹资目标,则项目筹资失败,需要把已经筹得的资金返还给投资者。截至目前,Kickstarter 已经成功为 85 148 个项目筹集到了 1 720 738 606 美元的资金,有 8 625 170 位不同的投资者参与了 22 593 823 次投资行为。尽管如此,一个让人沮丧的信息是:超过一半的项目筹资失败了(Kickstarter 官方公布的项目筹资成功率约为 40%)①。而据调查,要完成一个众筹项目,在项目准备期,平均每天需要花费 30 分钟,周末花费 11 个小时;而在筹资期,平均每天需要花费 2 到 11 个小时,并且需要持续半个月到 2 个月(Hui & Gerber,2012)。也就是说,超过一半的项目发起者(筹资者)花费了大量的时间和精力,最后由于融资失败,而一无所获。

众筹项目融资失败可能是由于多方面原因引起的:(1)项目本身的质量有

---

① 数据截止时间:2015 年 5 月 19 日星期二,数据来源地址:https://www.kickstarter.com/help/stats。

问题;(2) 项目筹资目标设置过高;(3) 为了担心创意泄漏,故意描述得比较含糊,因而不能有效吸引投资者;(4) 信息更新不及时,不能及时把项目进度传递给投资者;(5) 可能有潜在用户对项目感兴趣,但是由于没有合适的渠道把项目信息传递给投资者,导致项目筹资失败。而在所有这些失败原因中,本书重点关注项目文本描述方面,即文本应该如何描述、语言应该如何组织、信息应该如何更新。

更具体地说,一个众筹项目的介绍类似于一份创业者的商业计划书,筹资者通过对项目的展示吸引投资者。投资者通过项目展示判断项目质量,以决定是否参与投资。在众筹项目的所有展示方式中,项目的文本描述所占篇幅最大。文本描述作为展示众筹项目的最主要内容,对投资者决定是否参与投资具有显著影响。鉴于这种重要性,本书从文本挖掘的角度,分析语言特征对于众筹项目成功融资的影响。

1.1.2 研究意义

本书具有非常丰富的意义,兼具理论意义和实践意义。

首先,对于理论意义来说,由于针对众筹模式的研究在国内外刚刚起步,研究成果还非常有限,尤其是关于众筹项目的文本描述方面的研究,还极少有研究成果问世。本书能够弥补这一新兴研究领域理论储备上的不足,提供关于众筹文本描述、众筹文本更新的理论支持。

其次,对于众筹项目的实际操作来说,相当多的项目发起者可能有这样的困惑:如何有效地组织项目文本才能有效地打动投资者?而对这个重要问题的回答,除了众筹平台有一些零零散散的建议外,还没有理论研究给予实际操作上的系统性指导。本书关于文本挖掘的成果提供了项目发起者如何组织项目描述文本,如何撰写信息更新,在何时更新什么内容的信息等提供了指导。

1.2 研究内容和研究方法

本书采用数据挖掘与计量模型分析相结合的方法。首先,研究了文本语言修辞风格属性对于项目融资结果的影响。图 1—1 展示了一个众筹项目的主页示意图,该示意图包括项目标题、项目发起者、筹资目标、参与投资人数、已经筹得资金、视频介绍、详细文本描述及回报文本等。本书的第一项研究内容是众筹项目简介文本(Blurb)的语言风格对项目融资结果的影响。众筹项目的文本简

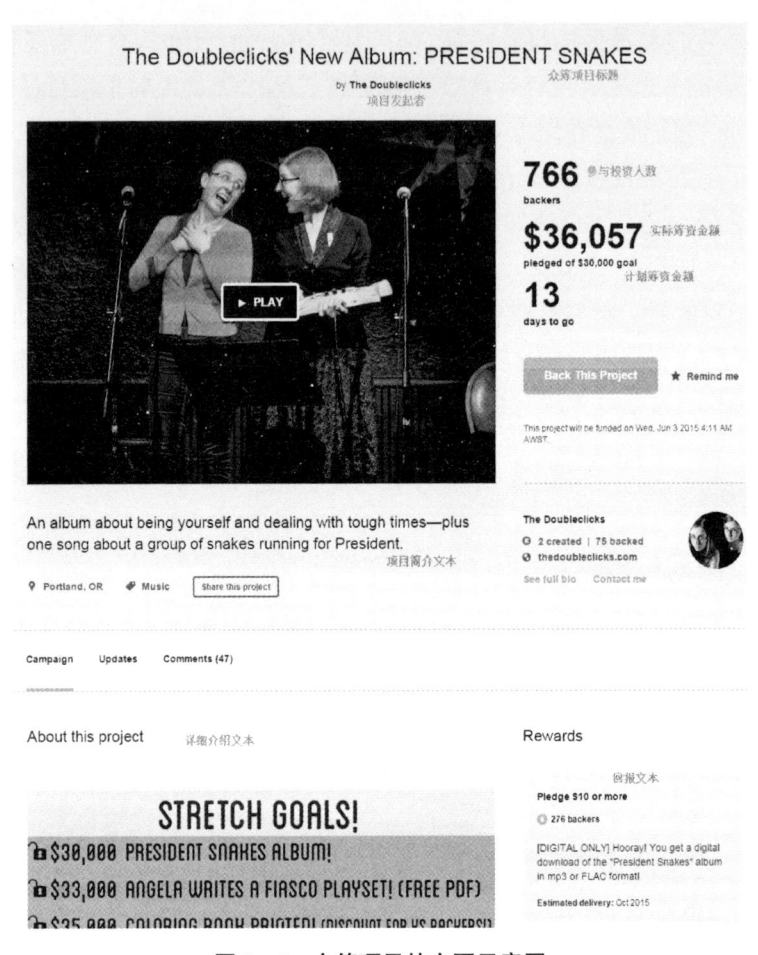

图1-1 众筹项目的主页示意图

介相当于一篇学术论文的摘要,概括了该项目的主要内容,投资者常常依据该简介文本得到对众筹项目的第一印象。采用自然语言处理中的文本分类技术(包括基于语义的分析以及共现词分析),对该简介文本进行语言风格上的分类,然后研究不同项目类别应该采纳的语言风格及应该规避的语言风格。

接下来,分别研究了以下文本属性:文本情感及主客观性,文本内容偏向性(即描述内容偏向描述"人"还是偏向描述"项目"),及文本欺诈性线索。分别采用了机器学习方法及统计分析方法对文本进行分类或者量化,得到每类语言属性对项目成功融资的影响。这些文本属性能够度量一个典型的众筹项目文本,因此,能够比较全面地反映众筹项目文本属性对筹资成功率的影响。

更具体地说,本书比较了基于字典的方法和基于机器学习的方法(SVM,

CRF)在情感分析中的准确率,最后根据实验结果,采用SVM+POS作为情感分析的方法,并以此为基础分析了文本情感强度、文本情感极性对融资结果的影响以及文本的主客观度对融资结果的影响。

对于文本内容偏向性,采用统计分析的方法进行识别,结合众筹项目的实际情况,提出了5类统计指标。并通过人工标注语料的方式与自动识别的内容偏向性结果进行对比,验证了基于统计分析方法的正确性。

对于文本的欺诈性线索检测,采纳了以下文本指标进行度量:认知负荷、臆想情节、分离性、负面情绪、词汇多样性、词汇易读性、词汇复杂性及文本生词率。分别采用了统计分析、语义识别及机器学习等方法对这些指标进行计算。

关于众筹项目的更新文本方面,研究了文本更新模式属性。众筹项目在筹资过程中,项目发起者可以对项目进行任何形式的信息更新。图1-2展示了一个典型的众筹项目的信息更新(改版后)。信息更新有助于投资者了解项目的最

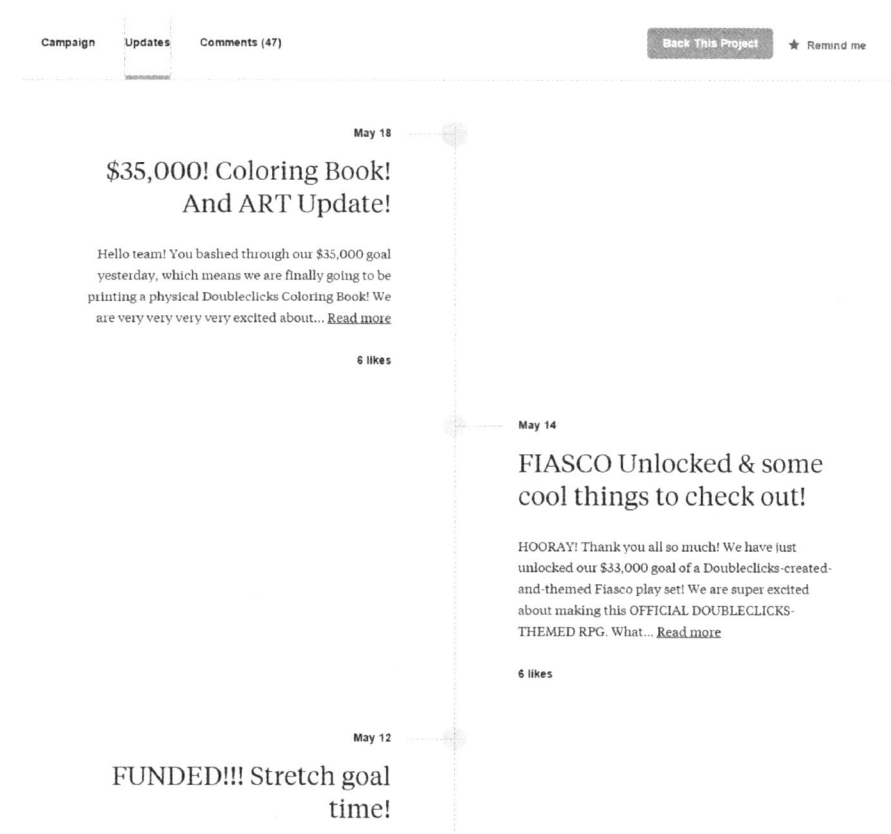

图1-2 众筹项目的更新信息示意图(改版后)

新进展,辅助投资者判断项目质量以决定是否参与投资。采用文本聚类方法及计量模型进行研究。首先对项目更新文本进行文本分析,提取更新文本的关键字,采用文本层次聚类方法对更新文本进行主题聚类。把更新文本按照主题分为6类:进度汇报、内容更新、回报有关、时间提醒、表示感谢、社会化推广。在此基础上研究了每类文本主题对成功融资的影响。接下来,把筹资周期划分为三个阶段:即筹资前期、中期和后期,研究了在每个筹资阶段每类信息更新主题对项目筹资成功率的影响。然后,不同类别项目中,投资者关注的重点可能并不一样,研究了在不同项目类别中每个筹资阶段应该突出的信息更新主题。最后,在不同的众筹模式下,比较了信息更新文本的效用(鲁棒性检测)。

图1-3展示了本书研究的主要内容及研究方法的示意图。已有研究已经

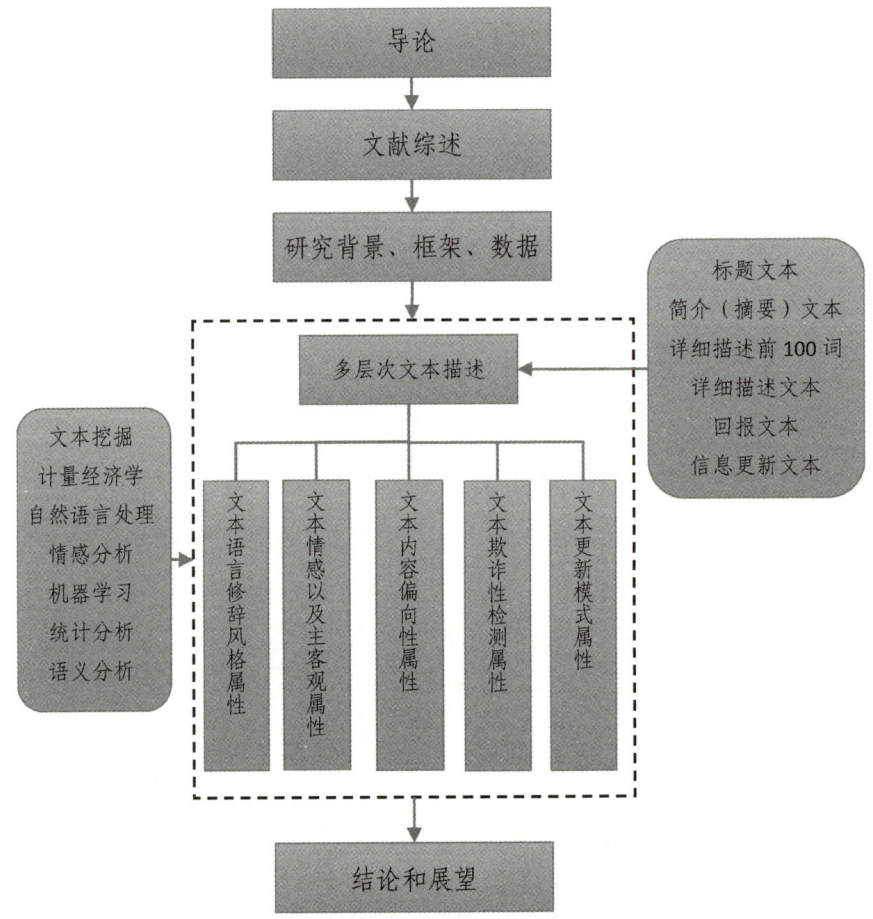

图1-3 本书研究的主要内容及研究方法示意图

广泛证明,产品的文本描述能够在很大程度上影响产品销量(Gao & Lin,2013;Lee & Raghu,2014;Tang & Guo,2015)。但是有关文本描述对众筹项目融资的影响,还很少有研究涉及。因此,面对众筹这个崭新的研究领域,本书试图深入分析有关语言特征对于众筹项目融资结果的影响。

1.3 本书研究在众筹融资中所处环节与本书结构安排

1.3.1 研究概述

古人云:"一叶障目,不见泰山。"因此,清楚认识本书研究在该研究领域中的环节对于宏观指导本书的研究,识别该领域的研究进展至关重要。另外,研究课题在众筹融资中的环节分析,也是安排论文组织结构的重要依据。

图 1-4 展示了本书研究在众筹领域研究中的所处环节。众筹社区提供给筹资者展示项目的主要方式有:视频、图片及文字。其中,文本内容所占的区域

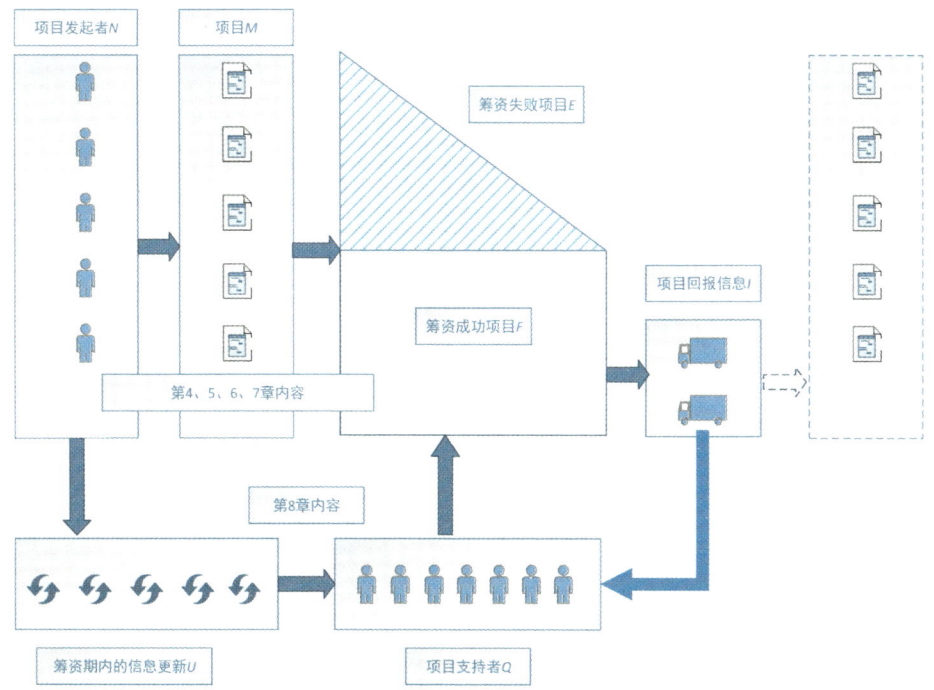

图 1-4 本书研究在众筹融资中所处环节示意图

是最大的,也是项目发起者需要花费很大精力来进行维护的区域。分别对项目标题文本、项目简介文本、项目详细描述的前 100 个词、项目详细描述文本、项目回报文本及更新文本进行了有关语言特征上的分析,从文本修辞风格、文本内容偏向性、文本情感和文本主客观性、文本欺诈性线索以及文本信息更新模式方面给予项目发起者如何描述项目提供了一些启示和指导。

首先,第 4 章是关于众筹项目文本简介的语言修辞风格使用,在信息极度膨胀的时代,用户的注意力是非常有限的(Zhou & He et al.,2015),投资者不可能从大量项目中逐个项目仔细阅读和鉴别,而只会有选择性的浏览部分项目。在这种背景下,项目的文本简介(Blurb)就显得异常重要,因为文本简介类似于一篇学术论文的摘要,能够给潜在投资者提供一目了然的关于项目的简短介绍。项目简介通常只有 100~200 个字符,但这段文字不但被众筹平台所强调,而且其文本也被作为项目的 Meta data 被搜索引擎检索。本章研究了项目简介的语言修辞风格与成功融资的关系。

第 5 章的内容是关于众筹项目的文本情感分析及主客观属性的分析。在已有研究中,能够普遍证实文本情感倾向对用户的购买意愿有显著影响,但遗憾的是,还没有研究聚焦于众筹平台的文本情感与主客观性对投资者投资意愿的影响。本章采用机器学习以及统计分析方法对文本的情感及主客观性进行度量。

第 6 章的内容是关于文本内容偏向性的分析,这本质上是检测众筹项目中"人力资本"与"非人力资本"对投资愿意的影响程度。在风险投资领域,流传已久的争议是投资者到底投资的是"创业者"还是"创业者的创意",不同的投资专家是持不同的观点的。本章对众筹文本的内容偏向性进行了深入分析和检测。

第 7 章的内容是关于文本的欺诈性属性的分析。众筹项目在筹资过程中,有些筹资者不可避免地会采用不成熟的创意对投资者进行欺骗,因此,对于文本欺诈线索的检测就对投资者的投资意愿分析非常重要。本章从认知负荷(Cognitive Load)、臆想情节(Internal Imagination)、分离性(Dissociation)、负面情绪(Negative Emotion)、词汇多样性(Lexical Diversity)、词汇易读性(Lexical Ease of Read)、词汇复杂性(Lexical Complexity)及文本生词率(New Word Rate)等 8 个方面检测了文本的欺诈属性对项目成功融资的影响。

第 8 章的内容是有关文本更新(Update)模式的研究。文本更新是筹资者与投资者之间的交互过程,这种交互行为本质上是一种信息传递过程,体现在众筹社区中就是项目信息的更新。筹资者通过更新信息来向投资者传递项目的最新进展,这会影响投资者参与项目的热情及整个众筹社区的信息透明度。因此,筹资者如何更新？何时更新？更新什么主题？在什么时候更新什么主题？这些是第 8 章研究的主要内容。第 8 章同样以 Kickstarter 作为主要研究对象，但是同时加入了 Indiegogo 作为该研究的鲁棒性检测数据来源。

从图 1-4 可以看到本书研究的主要内容集中在筹资阶段，即如何尽可能提高项目的融资成功率。这是很有意义的，因为筹资者在花费了大量的时间和精力后（在项目准备期，平均每天需要花费 30 分钟，周末花费 11 个小时；而在筹资期，平均每天需要花费 2 到 11 个小时，并且持续半个月到 2 个月），只有尽可能保证项目能够筹集到足够的资金才能继续运行下去，否则之前的工作都是徒劳。同时，也应该认识到，众筹项目在筹资成功后的项目监控、项目跟进等的研究仍然是一片空白，有待未来展开。

1.3.2 本书的组织结构

图 1-5 展示了本书章节的组织结构。全书共 9 章，第 1 章为引言，第 9 章为全文总结与研究展望，第 2 章到第 8 章为本书的主要部分。其中，第 2 章为相关研究综述，第 3 章为众筹的研究背景、研究框架、研究数据采集及数据概述、研究模型、控制变量及效应说明。第 4 章到第 8 章分步骤分层次介绍了语言特征对众筹项目成功融资的影响。本书的章节之间相互联系，构成一个较为完整的研究体系。详细的组织结构介绍如下。

第 1 章　引言

首先介绍研究背景，分析研究意义，据此提出拟解决的问题；然后介绍研究内容和研究思路，以及研究方法；接下来介绍了本书研究在众筹融资中所处的环节及论文的组织结构；最后归纳了主要研究结论，以及研究的创新之处。

第 2 章　文献综述

对于本书涉及的相关领域的研究工作进行了综述。主要包括众筹模式研究、语言特征研究概述、语言修辞风格、文本情感分析、投资目标偏向性、文本欺诈线索及信息更新模式等。在对研究现状进行总结的基础上，指出现有研究的不足，从而为本研究的必要性和重要性提供理论支持。

第 3 章　众筹背景介绍、研究框架及研究数据

介绍了有关众筹的背景信息、众筹项目的运作流程；提出了总体研究框架；对数据采集的流程进行了说明，并对本书采用的数据进行了简要的分析；接下来提出了计量模型及模型采纳的控制变量，并对控制变量的效应进行了讨论。

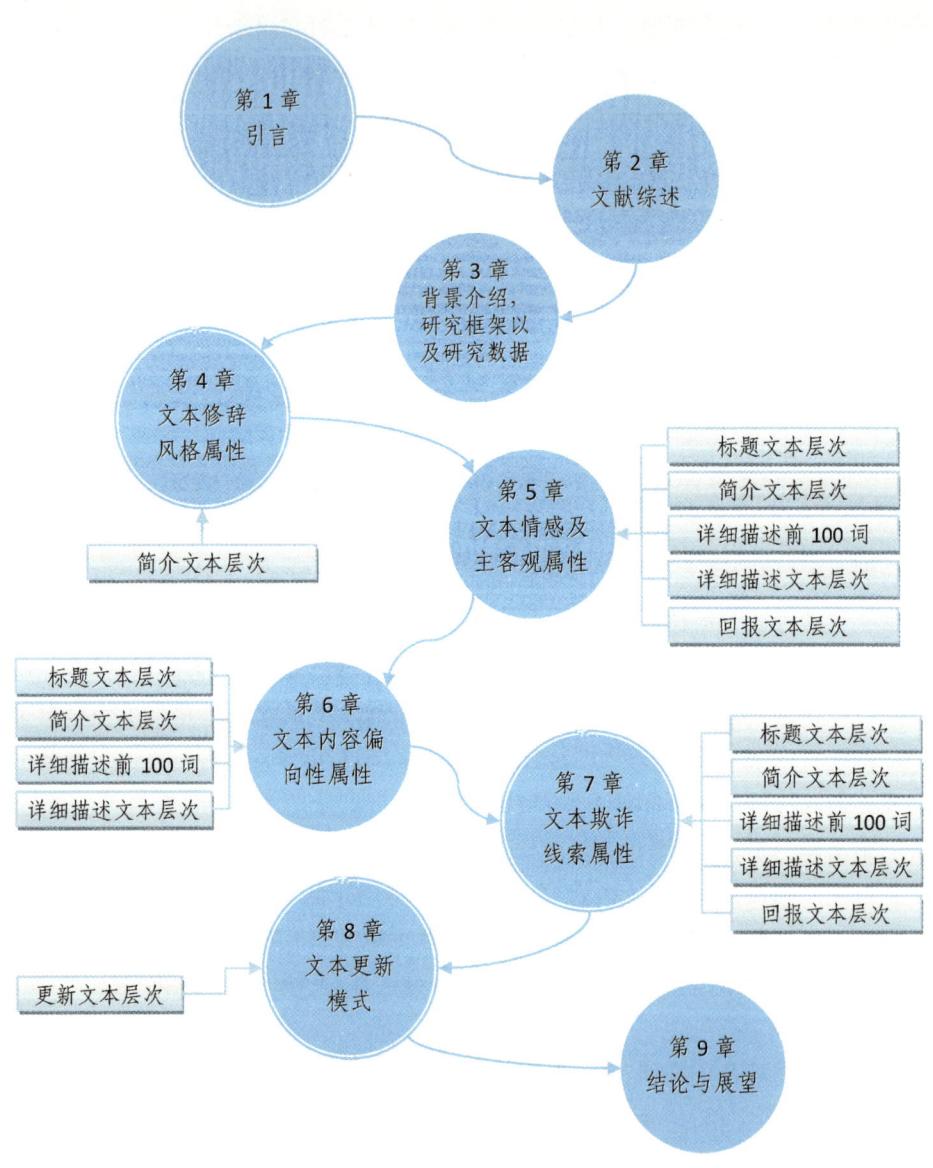

图 1-5 本书研究的组织结构及本书层次

第 4 章 文本语言修辞风格对成功融资的影响

研究对象是项目的文本简介语言修辞风格,项目简介是吸引投资者的第一层次,如果项目简介不能引起投资者的兴趣,那么该项目很难吸引投资者参与投资,本章从文本的语言风格角度对项目简介进行了研究。把文本的语言修辞风格分为了 5 类:诉诸可信、诉诸情感、诉诸逻辑、诉诸回报及诉诸夸张。

第 5 章　文本情感及主客观性对成功融资的影响

研究了文本的情感信息及主客观性对项目成功融资的影响,并把研究的文本对象扩展到了文本标题、文本简介、详细介绍文本及回报文本。文本的情感信息与文本主客观性具有一定的关联,但又存在一些区别。这两种文本属性都能在一定程度上反映众筹项目发起者的个性及项目质量,对众筹项目能否成功融资具有一定的影响。

第 6 章　文本内容偏向性对成功融资的影响

研究了文本内容偏向性对于成功融资的影响,即项目介绍应该偏重介绍项目"人"的方面还是"项目"的方面。涵盖的文本层次包括文本标题、文本简介、详细描述文本的前 100 个词及详细描述文本。内容偏向性的本质是检测文本介绍中的"人力资本"有关的内容与"非人力资本"有关的内容对于成功融资的影响。

第 7 章　文本欺诈性检测对成功融资的影响

研究了文本的欺诈属性对于项目成功筹资的影响,涉及的文本层次包括文本标题、文本简介、详细描述文本及回报文本。而文本的欺诈属性方面,涉及较多的检测指标,本书采用以下的文本指标进行检测:认知负荷、臆想情节、分离性、负面情绪、词汇多样性、词汇易读性、词汇复杂性及文本生词率。

第 8 章　文本更新模式对成功融资的影响

基于 Web 的众筹模式与传统的融资方式有一个显著不同:项目发起者可以不断释放有关项目的更新。因此,本章的内容是关于众筹项目文本更新模式的研究。众筹项目的更新是一项与时间相关的研究,即在筹资的什么阶段应该向外界释放什么样的信息,本章采用本书主题分析,结合时间信息对更新文本进行了深入研究。

第 9 章　结论与展望

对全书的研究成果进行全面的总结,并且指出研究的不足以供今后改进。在此基础上,还对今后研究内容和实际应用进行了展望。

总体上看,第 4、5、6、7、8 章的内在逻辑是平行关系,其研究的对象都是文本描述,只是从不同的文本属性方面进行了深入挖掘。因此,本书的内在逻辑体系实际上包括 5 个文本属性方面,分别是:文本修辞风格属性、文本情感及主客观性属性、文本内容偏向性属性、文本欺诈线索属性及文本信息更新模式。通过这五章主体内容的研究,基本上能够对一个众筹项目的文本分析方面有一个全面的认识。

1.4 主要研究结论

通过本书研究,得到了一些非常实用的结论,其主要结论见表 1-1 所示。本书结论可以指导筹资者如何有效地描述众筹项目,如何在不同层次文本中采用合适的语言特征,以此来吸引投资者的关注,为获得更高的筹资成功率有所贡献。同时,对投资者和众筹平台也具有很好的参照作用。

表 1-1 本书研究得到的主要结论

所在章节	文本属性	主要结论
第 4 章	语言修辞风格	总体来说在水平区分项目中,使用诉诸情感的表达更容易获得投资者的青睐; 在垂直区分项目中(时尚、音乐和戏剧等类别),夸张的语言风格最有效果,而在食品、电影、艺术等项目中应该突出可信度。
第 5 章	文本情感以及主客观性	对于情感强度方面,在文本简介和详细描述文本中,情感越正面,越容易获得投资者的支持; 项目标题和简介应该尽可能客观,但是,在项目详细描述文本和项目回报文本中则不受客观性支持。
第 6 章	文本内容偏向性	对创业者和创业团队的介绍应该放在文本的标题层次和项目简介中(人力资本);在详细描述文本中应该突出项目本身的特点和创意(非人力资本)。
第 7 章	欺诈性检测	文本中的欺诈性线索越多,越不容易筹资成功; 文本的可读性越高,项目筹资越能获得成功,但是文本中的生词率反而有利于项目融资获得成功。
第 8 章	文本更新模式	项目发起者对项目更新的文本主题可以分为 6 类:进度汇报、内容更新、回报有关、时间提醒、表示感谢及社会化推广; 筹资初期的信息更新对项目成功融资并没有显著影响,而筹资中期和筹资后期的信息更新对项目融资具有显著的正面刺激效应。而且,越是临近筹资结束,更新信息的效用越明显; 在不同的项目类别中,应该重点更新不同的信息主题。体验类项目与生活类项目的更新策略基本一致,而艺术类项目的更新策略具有明显差异。

对于很多筹资者来说,他们可能面临如下的困惑:(1)文本描述是否会影响众筹项目的筹资成功率?(2)如果文本描述会影响众筹项目成功融资,那么应

该如何有效地进行改进以提高筹资成功率？(3) 很多筹资者已经意识到信息更新有利于项目成功融资，但是更新什么内容？应该在什么时候进行更新？这是筹资者面临的普遍问题。而这些实际问题却缺乏足够的理论研究进行指导，这是本书研究的动机之一。本书分别回答了上述问题，并根据研究结论给出了一些操作上的建议。

1.5 本书创新点

本书从语言特征分析出发，分析了语言特征对众筹项目成功融资的影响，分别采用文本修辞风格、文本内容偏向性、文本情感和文本主客观性、文本欺诈性线索及文本信息更新模式等语言特征来度量众筹项目描述文本对于投资者参与众筹项目的刺激作用。本书的创新之处包括以下几点：

1. 提出了语言特征度量指标，并对不同文本层次的语言特征效用进行了深入研究

语言特征是一个相当宽泛的话题，本书选择了文本修辞风格、文本内容偏向性、文本情感和文本主客观性、文本欺诈性线索以及文本信息更新模式来度量众筹文本的语言特征。这些语言特征较全面的衡量了众筹项目的文本。众筹项目的文本介绍中，包含不同的文本层次，不同的文本层次中应该突出的语言特征也应该有所差异，因此，本书研究了不同文本层次的语言特征效用，分别从以下文本层次进行了研究：项目标题文本、项目简介文本（项目摘要）、项目详细描述的前100个词、项目详细描述、项目回报文本以及项目的信息更新文本。这些不同层次的文本内容几乎涵盖了一个众筹项目的所有文本方面，是对众筹项目比较全面的研究。

2. 提出了新的文本挖掘方法来完善对众筹项目的处理并对多种文本挖掘方法进行比较

由于众筹项目的文本分析是一项崭新的研究对象，没有研究能够证明哪种文本挖掘方法更加合适。以文本修辞风格来说，之前的研究最多只涉及3种文本修辞风格，但是3种修辞风格并不能很好地覆盖所有众筹项目。针对众筹项目的特殊性，我们提出的5种语言修辞风格能够分类所有众筹项目。而对于情感分析而言，比较了基于词典的方法及基于机器学习的方法，得到了SVM+POS能够得到众筹项目文本的最佳情感识别准确率。本书对这些文本挖掘的

创新,可以弥补众筹文本挖掘的不足。

3. 对含有时间信息的文本更新模式进行了深入分析

在已有的众筹项目研究中,还很少有研究涉及含有时间信息的文本。而本书采集到的众筹项目的文本更新中含有详细的时间信息,该时间信息可以用于对样本按照时间进行切片(例如可以切分成筹资前期的信息更新模式、中期信息更新模式、后期信息更新模式等)。这为众筹项目发起者提供了更加细致的建议。

4. 对每种语言特征在不同文本层次的效应做了细致的计量经济模型上的检测以及鲁棒性测试

分别建立了5个计量模型,第一个模型为主要检测模型,而后面4个模型(分别是融资进度模型、参与人数模型、Logit模型及Probit模型)用于模型的鲁棒性检验。同时,本书对模型的鲁棒性检验还包括按照项目的筹资目标进行划分、按照项目的类别进行划分、按照项目发起者的国籍进行划分、按照社会化网络进行划分等,检测较为全面和深入。

第2章 文献综述

2.1 众筹模式研究

根据行业报告,2011年众筹市场规模为15亿美元;2012年上升到27亿美元(Tomczak & Brem,2013;Massolution,2013),支持了超过100万个项目(Massolution,2013);2013年上升到61亿美元;而2014年更是迎来了爆发性的增长,达到了162亿美元,增幅达到167%(Massolution,2015)。

众筹可为个人创业者提供早期的资金支持,促进创新,因此引起了政府的关注。美国于2012年颁布了《JOBS法案》(Jumpstart Our Business Startups Act),旨在保护早期投资者和创业者的权益(Stemler,2013)。众筹模式在应用领域的风生水起,唤起了学术界的理论研究。目前,主要集中在众筹项目的实证研究上,例如:众筹项目发起者的动机分析(Gerber & Hui,2013);众筹项目投资者的动机分析(Gerber & Hui,2013);促进众筹项目成功的因素分析(Mollick,2014);众筹项目的筹资模式分析(Kuppuswamy & Bayus,2013)等。总体而言,众筹领域的研究并不广泛,但是进展迅速(Mollick,2014)。

2.1.1 众筹模式定义及分类

1. 众筹模式定义

众筹译自英文的Crowdfunding、Crowdfinancing以及Crowdinvesting。众筹一词源于众包(Crowdsourcing),众包是指利用集体的智慧,把一个人(或部门)的工作外包给庞大的群体完成(Unterberg,2010)。众包不同于传统的工作模式:(1)传统工作模式是管理者分配给下属完成,而众包是由承包者决定是否参与某项工作;(2)传统的工作模式是由目标明确的客体完成,而众包是由数量众多的对象完成(Hirth & Hoßfeld,2013)。

众筹最朴素的定义为"向大众筹集资金"(Tomczak & Brem,2013),它指出了众筹的本质为大众参与。当众筹的环境被限制后,其定义为:"通过公开方式(如 Internet),以一定回报或者无偿捐赠的形式,以一定资金来支持项目发起者的活动。"(Lambert & Schwienbacher,2010)这个定义更强调众筹是以公开的方式开展活动,但并没有区分定向众筹(Direct Crowdfunding)和非定向众筹(Indirect Crowdfunding)。二者的区别在于,前者只向固定群体而不是向所有大众筹集资金,例如明星在个人网站上向粉丝筹集资金就属于定向众筹。

众筹还被定义为:筹资方向无数人请求并获得资金或其他资源以支持某个项目发展,并向投资者提供金钱或非金钱作为回报的行为过程(Voorbraak,2011)。这一概念强调众筹不只是资金筹集,还包括后期的项目实施与回报。

还有学者将其定义为:项目发起者以一种公开的方式(通常通过 Internet),向公众筹集资金,公众以无偿捐赠或者以一定回报的方式支持项目(Tomczak & Brem,2013;Belleflamme & Lambert et al.,2014)。

无论何种定义,都涉及众多的参与者。而关于参与者的数量,并无定论。有学者认为,至少有 5 000 人参与的项目才能算众筹(Accardi-Petersen,2011)。但实际上,众筹平台的调查结果与之差异巨大,见表 2-1。

表 2-1 主要众筹平台的调查统计结果

众筹平台	国别	项目成功率	投资者平均投资	项目平均筹资	项目支持人数
Kickstarter(Kickstarter,2012b)	美国	40.70%	71 美元	5 000 美元	70 人
Crowdcube(Crowdcube,2012)	英国	—	414 英镑	267 557 英镑①	73 人
Seedmatch(Seedmatch,2012)	德国	—	868 欧元	59 177 欧元	163 人

以美国众筹网站 Kickstarter 为例,平均每个项目约有 70 个投资者参与(Kickstarter,2012b);而英国的众筹网站 Crowdcube 上每个项目平均有 73 人参与(Crowdcube,2012);德国众筹网站 Seedmatch 上每个项目的平均参与人数为 163 人(Seedmatch,2012)。可见,众筹不应该以参与的人数来界定,而应该以采取的模式进行区分。

---

① 该数字仅统计了成立公司的项目,见 http://www.crowdcube.com/infographic.

2. 众筹模式分类

根据筹资目的及回报方式的不同,众筹模式被分为以下类型:基于股权的众筹、基于借贷关系的众筹、基于回报的众筹、基于无偿捐赠的众筹及混合众筹模式等。对 765 个众筹网站进行调查,各种模式的比例如表 2-2 所示(Danmayr,2013)。

表 2-2 各种众筹模式的网站比例(Danmayr,2013)

众 筹 模 式	所占比例	众 筹 模 式	所占比例
基于回报的众筹	37%	混合模式	12%
基于无偿捐赠的众筹	29%	基于借贷关系的众筹	7%
基于股权的众筹	14%	其 他	1%

从表 2-2 中可以看出,绝大多数众筹项目都是基于回报的模式,即投资者投资一定数额的资金,项目发起者许诺给予一定的回报,回报可能是虚拟的服务,也可能是提前预购产品,或者仅是一封感谢信。其次,基于无偿捐赠的众筹模式也具有较大比例,这主要得益于具有线下基础的公益活动逐步过渡到线上。

(1) 基于股权的众筹模式

这种模式下,筹资者承诺投资者,如果创业成功,将以一定的股权报答投资者。这种模式也是 JOBS 法案的重点保护对象。投资者希望自己的利益最大化,因此在选择项目时,关注的是项目的发展前景(Tomczak & Brem,2013)。

项目启动前,项目发起者通常会去咨询亲朋好友,他们也因此会成为项目早期的投资者。如果项目的早期投资者不是这类人,则表明项目质量以及创始人的能力已经获得了早期投资者的认可,这对其他投资者的投资决策具有正面激励作用(Agrawal & Catalini,2014)。

股权众筹平台以 SellaBand(www.sellaband.com)和 Wefunder(www.wefunder.com)为代表。实证研究表明,股权众筹存在明显的同伴效应(peer effect)。由于信息不对称,消费者对产品的评价通常来自两个方面:① 已消费人群的意见;② 跟随大众消费潮流(马太效应)。由于股权众筹项目的特殊性,在项目运作之前,投资者很难全面了解项目(有些项目为了保密,故意描述得比较模糊),也不可能从已投资该项目的朋友中获得意见,因此,投资者对项目的评价常常受到其他投资者行为的影响。这也是信息过载环境下,用户最大效率的做出决策的行为模式(Ward & Ramachandran,2010)。

对于股权众筹模式,筹资成功与否受诸多因素的影响,包括财务风险、财务透明性、创始人的领导力、人脉资本及不确定信息等级(Ahlers & Cumming et al.,2013)。研究发现,相对于男性,女性管理者更倾向于从企业内部渠道筹集资金(以股权、股票、红利等置换资金),而不喜欢从外部筹集资金(风险投资、天使投资、众筹等),这会导致内部融资可能无法筹集到足够的资金,从而影响企业的成长和产品的研发(Deeds & DeCarolis,1995)。事实上,从1953年到1998年之间,只有不到5%的风险投资注入由女性掌控的企业,这一方面是由于女性管理的企业比例小,另一方面是由于女性对外部筹资的认知所致(Brush & Carter et al.,2009)。

股权众筹稀释了项目发起人的控制权,一种替代的方案是采用产品预售。有学者总结了产品预售和股权众筹各自的适应条件:① 如果相对市场容量而言,启动资金要求较少,则企业更倾向于采用预售的模式;② 其他情况下,股权众筹模式更加合适(Belleflamme & Lambert,2014)。

(2) 基于借贷关系的众筹模式

这种模式实际上是银行金融的延伸,借款者向广大受众借款,并承诺一定时期内偿还借款本金,并给予事先约定的利息或其他回报。基于借贷关系的众筹平台有Prosper(www.prosper.com)和Zopa(www.zopa.com)。

借贷关系中的投资者,其目标是在可控风险内最大化收益,因此,相关的研究集中在项目及借款者的质量评价上,通常采用信号显示理论进行研究(Kuppuswamy & Bayus,2013)。表2-3总结了对筹资行为的影响因素及关系。

表2-3 基于借贷关系的众筹模式的影响因素及影响关系

	正 相 关	负 相 关
筹资方因素	借款者的信誉(Desai & Kharas,2009;Herzenstein & Dholakia et al.,2011;Hildebrand & Puri et al.,2013) 社会关系(Lin & Prabhala et al.,2013)	项目的竞争状况(Ly & Mason,2012)
投资方因素	早期投资者的行为(Tomczak & Brem,2013) 对有信誉缺失的借款者的支持(Zhang & Liu,2012) 投资者集群效应(Herzenstein & Dholakia,2011;Zhang & Liu,2012)	来自文化和家庭的差异(Lin & Viswanathan,2013;Burtch & Ghose,2014) 地理位置差异(Burtch & Ghose,2014)

文化差异对基于借贷关系的众筹模式影响很大。研究表明,筹资方与投资方1个标准差的文化差异会导致至少30次以上投资行为的减少;而1个标准差的地理位置差异只会减少0.23次投资行为。但是,文化差异和地理位置有一定的替代效应,即地理距离每增加50%会导致文化差异的影响降低30%(Burtch & Ghose,2014)。

研究表明,其他因素也会影响到借贷关系筹资模式,但是这些因素并不存在明确的正或者负相关性。例如,项目的描述方式会影响投资者对项目的投资兴趣(Herzenstein & Sonenshein et al.,2011)。研究还发现,项目发起人的人种、性别以及个人特质都会影响到筹资的成功率(Desai & Kharas,2009;Pope & Sydnor,2011;Ly & Mason,2012;Ravina,2012)。

信息不对称是阻碍基于借贷关系的众筹模式顺利开展的重要因素。针对如何减弱市场参与者的信息不对称,研究发现:早期的借款者对市场风险并不完全了解,但随着时间的推移,学习是一种减弱风险的有效方法,因此,市场会倾向于排除次级债借贷者,并进化为专为传统信用人群服务的市场,即传统的线下信用市场逐渐向线上转移(Freedman & Jin,2011)。

(3) 基于回报的众筹模式

基于回报的众筹是发展最快的众筹模式(Massolution,2013)。有学者将基于回报的众筹模式和预售模式归为两种不同的模式(例如:Bradford,2012),但是,本书认为预售也是一种投资回报,二者本质上是一致的,都应归为基于回报的模式(持相似观点的文献有:Marom & Sade,2013)。

这种模式不是直接以现金或股权回报投资者,而是以实物或虚拟物品对投资者表示感谢(例如:感谢信、艺术家的签名照、影视作品的致谢名单、T恤衫、帽子等),也有向投资者邮寄产品实物或者提供虚拟物品的回报方式,这实际上是提前销售产品的一种策略(Hemer,2011)。基于回报的众筹模式是近年来的应用热点之一,并诞生了世界上最大的众筹平台Kickstarter。该平台主要包含以下4类回馈方式:① 某种实物的复制品(例如:实物产品、DIY套件);② 创新性的合作方式(例如:投资者成为漫画中的英雄,或者壁画的主角);③ 创新性的体验(例如:参观电影片场、与剧组吃饭);④ 创新性的纪念品(例如:加盖了电影拍摄地邮戳的明信片、电影鸣谢名单等)(Kuppuswamy & Bayus,2013)。

基于回报的众筹模式可细分为:① 以kickstarter为代表的"All-or-Nothing"模式;② 以Indiegogo为代表的"Keep-what-you-raise"模式(也有文献

称为"All and More"模式）（Tomczak & Brem，2013）。All-or-Nothing 是指只有当项目实际筹得的资金达到或超过预设的筹资目标后，意味着筹资成功，筹资者才能拿到筹集的全部资金（扣除平台手续费）；而 Keep-what-you-raise 是指即使筹资额度没有达到预设的目标，用户也可以支配已筹得的资金（筹资成功的项目手续费较低，而未筹资成功的项目手续费稍高）。表 2-4 给出了两种模式的代表网站及典型区别。

表 2-4 基于回报的众筹模式下的两种筹资模式的代表网站以及区别

筹资模式	All-or-Nothing	Keep-what-you-raise
代表网站	www.kickstarter.com	www.indiegogo.com
平台收费	未达到筹资目标则退款；达到筹资目标的收取 8%～10%（其中平台收取 5%，亚马逊支付系统收取 3%～5%）	分为两类：达到了筹资目标收取 4%；未达到筹资目标收取 9%。另外信用卡支付手续费 3%，非美国公民加收 25 美元通讯费
慈善项目	不支持	支持
匿名投资	不支持	支持
多人维护	不支持	支持
Alex 排名[①]	614	1 673
发起者限制	由于税收问题，暂时仅限美国公民（Kuppuswamy & Bayus，2013）	无限制
项目分类数	13	24
筹资时间	1～60 天	1～60 天
项目成功率	约 40%[②]	约 9.3%（Charles Luzar，2013）

All-or-Nothing 和 Keep-what-you-raise 各有优劣。前者优势在于：① 保护投资者。如果投资者对项目不够了解，可能会被筹资者的承诺所迷惑。但是，相当多的其他投资者总能够鉴别项目质量，由于群体决策的本质，一旦筹资目标无法达到，平台会退还已投入的资金，所以这是一种低风险的投资（Bradford，2012）；② 项目发起者会选择更加合理的筹资目标。因为如果筹资目标太高，一旦无法完成，筹资者将一无所获，因此项目发起者需精心策划，以筹集到保证项

---

① 数据截止日：2014 年 7 月 31 日星期四。
② 该数据来源：https://www.kickstarter.com/help/stats。

目正常运行的最低资金(Tomczak & Brem,2013);③ 一定程度上避免欺诈行为。精心计划得到的最低筹资金额本身就是一种检测欺诈的过程,而且投资者可以从筹资目标中判断项目的可信度,降低了筹资者的欺诈风险(Collins & Pierrakis,2012;Hildebrand & Puri et al.,2013)。

后者优势在于:① 无论筹资是否成功,项目都可以进行下去,这对决心坚决的项目发起者非常重要;② 筹资者一样需要设置合理的筹资目标,因为筹资目标没有达成的话,平台一般会收取较高的手续费,而一旦筹资目标达成,手续费将会低得多。

All-or-Nothing 和 Keep-what-you-raise 两种模式各自适应于不同领域,市场上的很多商品都是离散商品(Discrete Goods),例如:如果缺少足够的资金,生产线将不能正常启动;电影也会因为缺少摄影设备而不能拍摄;教室缺少投影仪而不能被学生正常使用,这类项目适合采用 All-or-Nothing。而对于某些项目,例如对贫困地区教育项目的支持,尽管筹集到的资金不能保证每个孩子都能享受到教育,但是多一份捐助总能使更多的孩子受益,此时 Keep-what-you-raise 更合适(Wash & Solomon,2014)。

在基于回报的众筹模式中,项目支持者的动因来自希望项目能够成功,但同时也受到筹资者的社会关系的影响(Mollick,2014)。现有的研究成果主要集中在如何甄别项目质量、项目发起者的个人能力,以及社会关系准则如何在众筹平台上发挥作用(Kuppuswamy & Bayus,2013)。表 2-5 归纳了基于回报的众筹模式的影响因素及影响关系。

表 2-5 基于回报的众筹模式的影响因素及影响关系

	正 相 关	负 相 关
筹资方因素	发起者的准备充分度(Mollick,2013) 发起者的社会关系网络(Mollick,2014) 发起者的性别(Mollick,2014;Marom & Robb,2014) 发起者之前参与的项目状况(Mollick,2014) 项目更新情况(Mollick,2014;Xu & Yang et al.,2014) 项目发起者支持其他人发起的项目历史(Younkin & Kashkooli,2013;Zvilichovsky & Inbar et al.,2013) 项目发起者之前发起的项目筹资金额较多(Burtch & Ghose et al.,2013)	由于对项目知识产权的担心,不能在项目介绍中详尽地介绍项目(Gerber & Hui,2013) 项目发起者之前发起的项目筹资金额较少(Burtch & Ghose et al.,2013)

续 表

	正 相 关	负 相 关
投资方因素	投资者之前受到项目发起者的支持,或者建立了某种关系(Gerber & Hui,2013)。	担心项目发起者滥用资金(Gerber & Hui,2013) 担心筹资者不能履行事先承诺的回报(Gerber & Hui,2013)

如表 2-5 所示,基于回报的众筹模式研究集中在筹资者、投资者以及捐赠者的行为动机分析上(Kuppuswamy & Bayus,2013)。实证结果也验证了:部分投资者并不在意项目的回报是什么,他们更关心投资项目能否带来心理上的好感,这部分用户一般是项目发起者的朋友或家人(Agrawal & Catalini,2013)。另一研究重点是如何显示项目的质量信号,项目对外传递的质量信息会显著影响项目的成功率,这包括项目的准备充分度、描述方式、其他投资者的态度、项目发起者的个人特质、信用及社会关系等(见表 2-5)。

另有学者从语义分析角度研究了项目的语言描述与项目成功率的关系,得到了以下结论:① 对于科技类项目,重点应放在创意的创新性上;② 对于艺术类项目,应专注于介绍筹资者的个人特质以及曾经取得的艺术成就(Marom & Sade,2013)。该研究结论对于本书的启示在于:有必要根据项目类别研究语言特征对融资结果的影响。

(4) 基于无偿捐赠的众筹模式

这种模式是传统的慈善活动向互联网延伸的一种方式,但筹资目的不限于慈善活动,也可能是因为个人兴趣或商业目的而向广大网民采用无偿捐赠的众筹模式。该模式对筹资者没有任何股权或者物质上的回馈,志愿者完全是由于自身的利他心理而支援捐助筹资方。这类模式的典型代表有 JustGiving(www.justgiving.com)以及 Spot.us(www.spot.us)。

基于无偿捐赠的众筹研究还没有广泛展开,大多数研究集中在项目支持者的捐赠动机分析上以及对这类众筹项目的实证性研究上。表 2-6 归纳了基于无偿捐赠的众筹模式的影响因素。

实证研究表明:无偿捐赠众筹项目一旦筹资成功,能够筹集到显著高于预设额度的资金,但同时投资人数较少。这表明,愿意为慈善项目投资的人占少数;但是一旦投资,均愿意投入较多的资金(Pitschner & Pitschner-Finn,2014)。

表 2-6 基于无偿捐赠的众筹模式的影响因素

影响方	影响因素	影响方向
筹资方	慈善机构展示出来的效率(Meer,2014)	正相关
筹资方	慈善机构所在领域的竞争情况(Meer,2014)	负相关
筹资方	筹集资金的目标越高,会阻碍投资者投资兴趣(Meer,2014)	负相关
筹资方	社会化网络资源的使用(Saxton & Wang,2013)	正相关
筹资项目	有明确筹资目标的项目筹得的资金是其他项目的两倍以上,并且更容易吸引投资者的关注和未来再次投资(Wash,2013)	正相关
投资方	其他人的投资决策(Bøg & Harmgart et al.,2012;Smith & Windmeijer et al.,2013)	正相关
投资方	项目获得的第一笔投资状况(Koning & Model,2013)	负相关

(5) 科研众筹模式

这是一种新兴的针对科研人员的众筹模式。英文表达通常为 crowd science、citizen science 或者 networked science。由于出现时间较晚,加上受众群体小,相关研究成果也较少。典型的平台有 Experiment(www.experiment.com)以及 Petridish(www.petridish.org)。科研众筹前身是科学家进行联合研究,成功案例有:生物医学中的 Foldit 项目、天文学中的 Galaxy Zoo 项目、数学领域的 Polymath 项目。广义的科研众筹不只是资金支持,还包括实验数据共享、实验设备共享、计算能力分享等。与传统的科研方式相比,科研众筹有两个显著特点:① 参与者数目众多,对参与者身份也没有明确的限制,只要能够提供项目所需的资源均可参与。而传统的科研项目中,科研人员倾向于相互选择合适的合作者(Franzoni & Sauermann,2014);② 科研众筹的研究成果是共享的,而且过程也比传统的科研项目更加透明。例如:Galaxy Zoo 项目中由志愿者分类的数据全部公开分享(Lintott & Schawinski et al.,2011)。

与科研众筹相关的另一个话题是:科研机构作为众筹平台的可能性。现有的众筹模式一般基于 Web 平台,平台作为衔接筹资者和投资者的中介,本身不对项目质量做任何评估。事实上,面对来自不同领域的众筹项目,众筹平台也难以评估每个项目的质量,这是目前标准化平台的缺点之一。而大学作为研究型机构,可能有能力对项目进行专业性评估。因此,大学作为沟通投资人和企业的中间桥梁也许更加合适(Wieck & Bretschneider,2013)。

2.1.2 影响筹资成功率的因素分析

1. 众筹平台因素

选择合适的众筹平台对成功融资至关重要(Burkett,2011),另一方面,众筹平台对项目的排序以及推荐也会影响项目的成功率。互联网信息过于丰富(Falkinger,2008;Hodas & Lerman,2013),用户面临信息过载,投资者更倾向于那些容易找到的项目,因此,出现在排序列表靠前位置的项目更容易获得成功(Qiu,2013)。

Web 平台对项目的推荐会显著影响项目的成功率。众筹平台通常会提示最新项目和即将结束的项目,这在一定程度上造成项目新上架时期和即将结束的一段时期是投资的高峰期(Nelson,2013)。此外,筹资模式也会影响项目的成功率,All-or-Nothing 和 Keep-what-you-raise 两种模式对项目筹资成功率存在显著影响(Tomczak & Brem,2013)。

2. 项目描述因素

投资者通过 Web 了解项目,描述信息是促进项目筹资成功的重要因素,因此描述信息的吸引力是项目发起者需要关注的问题(Greenberg & Pardo et al.,2013;Mollick,2014)。例如,Kickstarter 建议在首页的显著位置提供有关项目介绍的视频,使投资者以最直观的方式了解项目。研究显示,能否筹资成功与是否提供视频介绍显著相关(Greenberg & Pardo et al.,2013),并且视频制作水平越高,筹资越容易获得成功(Mollick,2014)。有学者利用文本分析方法揭示了项目描述的文本长度与可读性与筹资成功率的关系(Greenberg & Pardo et al.,2013),同时也揭示了描述文本中使用特定的词汇有助于项目筹资成功(Mitra & Gilbert,2014)。在原有模型的基础上,增加语言分析变量,可以提高约 15% 的预测成功率(Mitra & Gilbert,2014)。

项目描述信息可以看作投资劝说语言。语言的使用风格、修辞手法等都会影响到劝说效果。有学者采用亚里士多德的三种劝说模式来分析项目描述信息的劝说效果:理性模式(Ethos)、可信模式(Logos)、情感模式(Pathos)(Connor & Gladkov,2004)。理性模式是指筹资者以客观理性的方式介绍项目,语言标准且规范,不含有主观感情色彩;可信模式指筹资者以突出本人或项目的可信度为目标,重点陈述个人成就、专业水平、学历层次等;情感模式指项目介绍中较多出现表示感谢、祈求等主观感情词汇。对无偿捐赠众筹模式而言,项目介绍的可信度对成功率最为重要,而理性模式与情感模式区别不大(Goering & Connor et al.,2011)。

但是,需要指出的是,该结论是否适用于其他筹资模式,有待深入探讨。也有学者认为不同的项目类别应侧重于不同方面,例如:对于科技类项目,更新换代快,因此项目介绍应突出创意;而对于艺术类项目,筹资者的个人艺术气质更值得关注,因此项目介绍应突出筹资者的个人艺术特质(Marom & Sade,2013)。

描述文本的可读性会影响项目的成功率,可读性越高,越容易获得投资。但是较低的可读性是否意味着筹资失败?这仍是悬而未决的问题。另外,在文字介绍中使用"着重号",便于用户抓住重点,使项目更加友善,这也有助于提高筹资成功率(Goering & Connor et al.,2011)。

综上所述,修辞学策略和可读性会影响项目的成功率,但是这二者并不存在显著的交叉效应(Goering & Connor et al.,2011)。

3. 社会关系因素

众筹项目失败的一个原因是没有通过合适的渠道把项目信息传递给潜在投资者,因此挖掘筹资者的社会关系并用于众筹项目的社会化推荐是提高成功率的措施之一。把 Twitter 上好友发布的主题与 Kickstarter 项目特征结合,然后进行个性化推荐,能够达到 84% 的投资者预测准确率(An & Quercia,2014)。但这种方法理论上有效,在实践中难以操作。

已有研究认为朋友和家人的资金支持是项目初期的主要资金来源(Cumming & Johan,2013;Agrawal & Catalini et al.,2013)。Agrawal(2013)验证了众筹平台 SellaBand 上朋友和家人投资的重要性,这一结论与其他社会关系研究相一致。成功的项目往往在筹资初期能够获得社会网络中好友的支持(de Witt,2012;Steinberg,2012),这体现在 FaceBook 好友数、Twitter 粉丝数等。Mollick(2014)发现项目成功率与筹资者在 Facebook 上的好友数呈正相关。

另一种影响来自其他投资者的行为。用户行为具有集群效应,这在借贷模式众筹和无偿捐赠众筹中尤为明显(Herzenstein & Dholakia,2011;Zhang & Liu,2012;Agrawal & Catalini et al.,2013;Burtch & Ghose,2014)。用户会在其他用户投资时,才会跟进。这类似于在线社区的交流,只有其他用户对某话题热议时,才会积极参与讨论(Wash & Solomon,2014)。对于后进的投资者,早期投资者的集群效应是显示项目质量的信号,后来者可以节省判断项目质量的成本(Devenow & Welch,1996)。因此,这种集群行为可以视为个人在面对项目质量不确定性下,降低风险的理性行为。对于基于回报的众筹模式(如 Kickstarter),由于平台提供的信息量有限,用户不能直接观察到集群效应,但是用户会从已经获得的筹资情况判断项目质量,筹得资金的比例越高,表明项目质量越可靠,用户投资的意愿越强烈(Kuppuswamy & Bayus,2013)。

4. 地理位置因素

投资者与筹资者之间的距离不容忽视。任何地理位置的投资者均可参与众筹项目,但是大多数早期投资者来自距离较近的地方。地理位置接近更利于收集项目及其发起人的信息、监控项目进度以及提供必要的额外支持等,社会关系也与地理距离有一定联系(Mason,2007)。对于线下的风险投资来说,投资方与目标企业的平均地理距离仅为112.7千米(70英里)(Sorenson & Stuart,2005);而50%的天使投资与目标企业的距离也在半天行程范围内(Wong,2002)。

调查发现,约31%的早期投资来自朋友和家人(Parker,2009),这些投资者对筹资者的品行和专业能力有较客观的评价(Cumming & Johan,2009)。这种社会关系导致了对Web众筹平台不同的信息使用方式。非亲朋好友投资者更倾向于使用搜索引擎检索众筹项目,或依赖众筹平台的项目推荐功能,而朋友和家人则不然,他们不受信息检索的驱动,这种行为模式在用户首次投资时表现得尤为明显(Agrawal & Catalini,2013)。基于上述原因,早期的投资者通常距离筹资者的地理位置比较近。

早期投资行为可以视为对项目质量的肯定,这对其他投资者(地理位置较远)具有激励作用(Conti & Thursby et al.,2013)。随着时间推移,投资者的距离会逐渐扩散。荷兰的音乐家众筹网站(Sellaband.com)显示,筹资者与投资者的平均距离为5 000千米(Agrawal & Catalini,2013),说明一旦项目过了早期投资阶段,地理位置的影响会减弱。

5. 项目质量因素

在风险投资领域,有关"horse versus jokey dilemma"的争议广泛存在。对美国50家企业的调查发现,创始人经过一段时间后都会离职,而公司的核心业务会长期保持不变(Kaplan & Sensoy et al.,2009)。这表明项目质量(创意水平)比管理团队更重要。对185家以色列初创公司的研究也同样证实,项目质量对企业发展比创始人的特质更重要(Marom,2012)。

研究表明,高筹资目标的项目不容易获得投资者的认可(Mollick,2014),而低筹资目标更容易获得成功。Kickstarter的调查显示,所有项目的平均筹资目标为9 900美元,而成功的项目平均筹得3 500美元。对投资金额而言,投资者更愿意以少量资金分散投资到多个项目中。调查还发现,失败项目的筹资目标是成功项目的5倍以上(Kuppuswamy & Bayus,2013)。

另外,高质量的项目通常以高质量的视频作为卖点,同时筹资者对自身信息的披露(如所在城市、职业、学历水平等)也能显示项目质量(Mollick,2014)。除了筹资目标外,筹资时间也是显示项目质量的一个因素,筹资时间越短越容易获得成功(Kuppuswamy & Bayus,2013)。

2.1.3 众筹行为模式分析

1. 项目发起者行为模式分析

某些风险投资者注重项目创始人及其团队。换句话,投资目的与其说是支持项目,不如说是支持项目发起者(Marom & Sade,2013)。筹资经验丰富的用户,会在筹资技巧、沟通、社会关系上优于其他筹资者,因此更容易筹资成功(Zhang,2011;Marom & Sade,2013)。

项目发起者可以针对项目的进展发布更新信息,更新频率和更新模式会显著影响项目的筹资成功率。因此,Kickstarter 推荐筹资者尽量频繁的发布项目最新进展,这有助于投资者了解项目。针对 Kickstarter 的研究发现,没有更新信息的项目成功率仅为 32.6%,而提供更新的项目成功率为 58.7%($\chi^2 =$ 285.18, $p < 0.001$)(Xu & Yang et al.,2014)。

在能够找到的关于众筹信息更新模式的文献中,Xu & Yang et al.(2014)是唯一对该问题有所涉及的。该研究中作者采用 LDA(Latent Dirichlet Allocation)对更新的文本主题进行分类,然后采用人工判断对主题进行合并,最后得到了 7 类文本主题,通过 LDA 自动判断的结果与人工进行分类结果的 kappa 值达到 0.77。表 2-7 展示了项目更新信息中自动抽取出的主题及对项目的贡献值。

表 2-7 更新信息的主题和影响系数(Xu & Yang et al.,2014)

主 题	例 子	影响系数	标准差
社会化推广	Facebook,twitter,分享链接,朋友,家人,转发	1.528	0.220
项目进度报告	进度报告,最新更新,里程碑,计划完成进度,进度调整	1.818	0.196
新内容	新内容,新创意,新项目,新图片,新博客,新链接	1.187	0.155
提 醒	剩余时间,最后一周,最后一天,最后一小时	2.000	0.150
疑问解答	原因,因为,参见,问题解释部分,释疑	0.711	0.145
回报更新	新回报,更新回报,额外回报,回报水平	1.690	0.142
感 谢	衷心感谢,诚挚,热心,慷慨,谢谢支持,谢谢慷慨解囊	1.201	0.123

表2-7显示,在7个主题中,最有效的是提醒,筹资者需要反复提醒投资者项目截止日,其次是项目进度的汇报,对成功率影响最小的是疑问解答。这与很多筹资者的预想不同:不少筹资者认为,更新信息就是向投资者释疑。但疑问越多,表明投资者对项目质量的质疑也越多,而且这种质疑不是通过更新信息就能解答的。

关于项目描述方面,研究发现,标题长度、内容长度、图片数量与项目成功率正相关;而与URL链接数量、视频数量以及文本的可读性呈负相关(Xu & Yang et al.,2014)。这可能是由于投资者在查看项目更新时,希望以最高效率传递项目进展,而不愿意花太多时间在其他信息上。因此,视频、URL链接和文本的可读性并不是投资者关注的重点。

另外,是否参与慈善活动也表现了筹资者的行为模式:慈善活动可以作为项目质量的信号,参与的慈善活动越多,表明筹资者越值得信任,现实中也很少有消费者抱怨那些经常做慈善的商家(Elfenbein & Fisman,2012)。

2. 项目投资者行为模式分析

投资者参与众筹项目存在以下动机:① 获得筹资者承诺的回报;② 获得成就感;③ 支持与自己想法相同的人;④ 通过一定的资金支持加入某个社交圈子(Gerber & Hui et al.,2012);⑤ 完全出于乐趣(Shin & Jian,2012)。

众筹投资行为具有集群效应,即人们倾向那些本来就人气十足的项目。这种现象也被称为"轰动效应"(Blockbuster Effect),指人气高的项目会把其他项目的潜在投资者也吸引过来(Kickstarter,2012)。

早期的参与者会影响后来的投资者行为(Ariely & Simonson,2003)。在筹资周期内,用户会形成不同的行为模式,通常遵从U形模式,即项目启动第一周和结束前的最后一周筹资比例大,而在项目中期会进入间歇期(Ceyhan & Shi et al.,2011;Kuppuswamy & Bayus,2013)。

在项目筹资的初期和末期,家人参与投资的比例较大。在项目筹资过程中,随着项目的进行,投资者受到其他项目的邀请而变得疲惫(Goninon,2013;Maxwell,2013),这在那些筹资目标较高的项目中尤为明显。截至效应广泛存在,约2/3的成功筹资项目都是在最后一周完成的(Kuppuswamy & Bayus,2013)。

尽管集群效应广泛存在,但是用户对众筹项目的了解程度并不一致,正所谓"内行看门道,外行看热闹"。如果用户集群不是理性的,那么用户集群会自我加强而淘汰一些非理性用户;而如果集群是理性的,那么用户会对已有的集群进行甄别(Zhang & Liu,2012)。

用户的另一个行为模式是:投资者更喜欢在周中而不是在周末进行投资。通常,从周日开始逐渐增加,周四到达顶峰,然后开始下降,到周六达到最低点(Kuppuswamy & Bayus,2013)。

3. 监管者行为模式分析

美国于2012年颁布了《JOBS法案》,但是该法案主要针对股权众筹模式,而对其他众筹模式关注较少。《JOBS法案》第一次以法律的形式承认了股权众筹的合法性,并将众筹过程中产生的必要管理成本降到最低,《JOBS法案》被看作是对初创企业具有里程碑意义的法律文件(Lehner,2013)。尽管如此,市场上仍然存在一些虚假、欺诈信息。由于信息不对称以及众筹行为的集群效应,一些项目发起者利用不成熟的创意欺诈投资者。除了欺诈问题,另外一个让投资者担心的问题是资金滥用(Gerber & Hui,2013)。

即使项目能够顺利进行下去,项目发起者仍然可能不会按照事先约定的回报承诺给予投资者回报,特别是那些需要邮寄实物的项目尤为明显(Kuppuswamy & Bayus,2013)。这是投资者的普遍担忧,但有意思的是,研究发现投资者的这个担心完全是多余的,因为项目发起者总是会非常严肃的对待他们已经承诺的回报,尽量履行承诺,尤其是对于产品预售。但不得不指出,实证研究也同时发现,几乎所有的邮寄都存在延期现象(Mollick,2014)。

就众筹法律监管有关的研究,通常包括以下几个方面(Lehner,2013):① 众筹的立法和众筹企业的相关信息披露标准制定,众筹本身是一个民主行为,民主的投资势必带来管理权分散,这对初创企业有益还是有弊(Drury & Reicher,1999)? 众筹是否有利于克服传统企业中社会福利的提供掌握在少数人手里的弊端亦悬而未决(Palier,2010),这些都需要完善的法律法规进行规范;② 众筹环境下对财务度量方式及工具的挑战,资本资产定价模型(CAPM)是几乎所有财务指标的基础,在此基础上的资本加权平均成本(WACC)是被广泛接受的投资准则(Kunc & Bhandari,2011),该理论基于风险比较计算投资回报率,但是在众筹模式中投资者的动机不全是投资回报,很多投资者的投资动机在于非金钱价值和心理回报(Drury & Stott,2011),这很难以传统的财务指标进行度量;③ 从立法机构以及政府监管的角度上,如何保证来自全球的投资者参与一个项目的复杂关系以及合法性? 如何解决由此带来的税收问题及监管问题也亟待解决。

2.2　语言特征研究概述

2.2.1　语言特征分类概述

在现实生活中,文本无处不在,例如:在线评论、产品介绍、新闻报道、财务报告及政府工作报告等。文本蕴含了丰富的信息,但是由于文本处理的难度,在传统的应用中是较难量化的,因此,经济模型以及统计模型较少包含文本信息。所幸的是,最近几年由于机器学习、统计分析以及计算语言学(Computational Linguistic)的发展,使得语言特征的分析成为可能。在本节中简要概述了有关语言特征研究的进展。

语言特征(Linguistic Features)是指可以观察、验证并进行科学研究的有关语言结构的理论(Lyons,1968)。语言特征可以显示文本写作的质量(McNamara & Crossley,2010)。与之类似,语言特征会影响到众筹项目的质量显示,因此,影响到项目能否成功融资。而关于一项语义评价标准的研究表明,词语频率、上下文以及跨类的相似性3个指标对动词的语言标准具有显著影响。这表明了尽管语言特征复杂,但是还是可以借助一些方法进行分析,例如该研究就是采用的量化分析方法(Dobrić,2015)。

语言特征涵盖面很广,包括语言音韵学(Phonology)(Clements,1985)、语言形态学(Morphology)(Anderson,1982)、语义分析(Semantics)(Heim & Kratzer,1998)、句法研究(Syntactic)(Chomsky,2014)、代词使用(Zeijlstra,2011)等。在已有的关于语言特征对产品质量的显示中,往往不会涉及所有的语言特征方面,而只会挑选最具代表性的语言特征进行研究。例如:已有研究采纳了语言特征的指标检测P2P市场贷款项目的质量,包括:可读性、情感分析、主客观性、欺诈性线索(Gao & Lin,2014)。而一项根据语言特征来预测在线评论的有用性的研究中,作者选择的语言特征包括:词性、评论元数据(Review metadata features)、可读性以及主客观性特征。通过这些语言特征对在线评论的有用性预测准确率超过77%(Krishnamoorthy,2015)。

2.2.2　语言特征应用概述

文本的语言特征具有丰富的应用,除了个人决策的应用外,还包括群体决策(Sun & Liu et al.,2015)。有研究提出对于查询请求来说,查询的表达可能会造成查询难度的差异,该研究采用16种语言特征,每个语言特征都代表了一类不同的语言使用模式。研究发现,这些语言特征的使用会显著影响查询的平均准确率以及召回率(Mothe & Tanguy,2005)。这16种语言特征包括:长度、词性、介词、语义、人称介词等。同时,语言特征对维护人际关系有重要作用,以文本信息(Text Messaging)沟通为例,使用负面的情感词语会阻碍朋友之间的亲密关系,而使用正面的情感词汇可以增加朋友之间的亲密关系(Brody & Peña,2015)。

尽管研究普遍证明了语言特征的重要性,但是也有研究者指出,复杂的名词,专有名词和词义都不足以提高文本分类(Text Categorization,TC)的准确性(Moschitti & Basili,2004)。这表明语言特征的有用性是一项相对复杂的研究,需要放到具体的研究领域中进行考察。例如:对学校的教学语言特征来说,研究发现,教学语言需要借助特定的词汇与逻辑关系,但不同方面的语言特征的效用是存在很大差异的,词汇和句子的选择比韵律的选择对一致性结构的贡献大得多(Schleppegrell,2002)。

尽管众筹环境下的文本分析是一个新颖的研究领域,可从创造该文本的目的进行分析:其目的应该是相似的,均是说服文本阅读者采取文本作者期待的行动(以资金支持众筹项目)。之前的研究发现,语言特征能够在一定程度上揭示项目及项目发起者的质量(Pennebaker & Mehl et al.,2003)。更具体地说,已经有大量研究发现,文本的修辞风格、内容偏向性、可读性、情感倾向、主客观性、欺诈暗示、文本主题等都可以通过文本挖掘进行识别(Petty & DeSteno et al.,2001;Petty & Fabrigar et al.,2003;Chen & Yao et al.,2009;Ghose & Ipeirotis,2011;Ghose & Ipeirotis et al.,2012),这为本书的研究提供了基础。

2.3 语言修辞风格及其效用

2.3.1 语言修辞风格分类

早期对语言风格的研究是针对庭辩中对修辞技巧的使用。亚里士多德在《修辞学》(Rhetoric)一书中,对修辞的定义是"不管遇到什么事情,都能够发现可资利用的说服手段的那种能力"(the faculty of observing in any given case the available means of persuasion)(Aristotle,1954)。这是一个很宽泛的定义,但正是这个宽泛的定义,构成了现代对修辞学分析的基础。亚里士多德把劝说分为3种模式(要素,Ingredient):① 诉诸人格(Ethos,Credibility):指演讲者在演讲中(尤其是开始阶段)要向观众展示自己的知识和道德水平,目的在于表现演讲者的个人特质是值得信任的,以此说服听众;② 诉诸情感(Pathos,Emotional):指演讲者在演讲中动用所有深刻的情感来唤起听众的共鸣,这类似于中文中的"动之以情";③ 诉诸逻辑(Logos,Logical):指演讲者在演讲中强调逻辑,以逻辑推演的方式证明自己的观点,而否定对方的观点,这类似于中文中的"晓之以理"。亚里士多德的修辞三元组为众筹项目的语言风格研究提供了基础。在一项众筹项目的调查中,研究发现在最流行的项目文本介绍中,项目发起者均不同程度的采用了这三种修辞方法(Tirdatov,2014)。

亚里士多德把语言劝说分为3种模式,但是这种语言使用环境是为庭辩专门设置的。而庭辩的参与方与众筹项目显然不同,而且参与者涉及的经济关系也各不相同。就本书分析的大量众筹项目文本来说,这三类修辞模式并不能概括用户所采用的全部语言风格。

首先,潜在投资者的投资行为会受到项目发起者的承诺回报的影响。在文本介绍中涉及与回报有关的内容可能会影响项目筹资。研究者已经注意到,项目发起者许诺的回报是潜在投资者是否参与项目的重要因素(Gerber & Hui,2013),这种回报可能是实物回报,也可能是精神上的回报(Van & Ryan,2011)。实证研究发现,承诺给予实物回报的项目比那些没有承诺实物回报的项目更容易获得成功(Mollick,2014)。

其次,用户经常在项目描述中采用夸张的描述方法,很多项目描述文本故意夸大甚至略带吹嘘,例如:"最好的","最酷的","第一"等,比较典型的例子有"*The best of your iPhone front and center*"[①]。已有研究指出,在广告中使用夸张的手法不利于消费者品牌认知,甚至会对零售用户的购买意愿形成负面影响(Krishnan & Dutta et al.,2013)。同样,在为政治领导人拍摄传记电影的时候,如果采用夸张方法的话,会使观众觉得缺乏真实感(Weber & Wirth,2014)。在这些研究中,普遍认为夸张的语言风格是不利于信息传播的。但是,在众筹项目描述中,夸张手法是否有效不得而知。

---

① https://www.kickstarter.com/projects/devium/dash-the-smart-phone-car-stereo.

2.3.2 语言修辞风格对投资行为的效用分析

语言风格的使用对目标用户参与热情影响甚大,一个典型的例子是:对调查问卷的参与热情。实验表明,采用特定的语言风格能够显著提高问卷的回收率,例如:诉诸可信的方式。作为建立信任关系的一种方法,当宣称调查问卷是由学生发起时,其回收率显著高于由教师发起的比率。这可能是由于受众更容易与学生建立信任关系(Rife,2010)。

同时,在决策过程中,人们总是非常顺从专家或权威意见。换句话说,当请求者是某个领域的专家或权威的时候,人们更容易被他的这种专家身份说服(Cialdini,2001)。在信息不对称的市场中,"信号显示"被认为能够解决市场参与双方的信息不对称(Kirmani & Rao,2000)。其中,信誉策略(Chu & Chu,1994)是有效地减弱信息不对称的策略之一。对筹资信件的语言有用性调查发现,采用可信策略对筹资信件的影响比采用其他任何语言风格的影响都大(Goering & Connor,2009)。在众筹项目中,也存在类似现象,项目文本中突出筹资者的专家身份可以获得更多的投资者支持(Kuppuswamy & Bayus,2013)。这些内容包括项目发起者在一个领域内的专业水平和专业经验,在某些专业比赛中获得的奖励等。有关可信度的文本,能够降低潜在投资者的学习成本,帮助投资者快速了解项目发起人的专业能力,进而显著提高投资者的投资意愿。

在众筹项目中,项目发起者一般许诺以实物或虚拟物品对投资者表示回报(例如:感谢信、艺术家的签名照、影视作品的致谢名单、T恤衫、帽子等)(Hemer,2011)。有关回报的语言驱动了投资者的投资意愿。无论从哪个角度看,诉诸回报的语言风格都对投资者的投资意愿有正面影响。但是,项目发起者可能不能履行预先承诺的回报,这也是投资者的普遍担心(Gerber & Hui,2013)。

带有情感的文本会影响用户的消费行为(Archak & Ghose et al.,2011),情感分析是文本挖掘的重要方面,在线评论中的情感观点形成的网络口碑会对产品销量产生显著影响(Xiong & Bharadwaj,2014)。研究表明在考虑项目的文本描述及文本情感等因素后,能够提高众筹项目筹资成功率预测的准确性(Greenberg & Pardo et al.,2013)。具体来说,在考虑情感语言模型后,能够达到58.56%的预测准确率,这部分归功于文本的语言说服效果(Mitra & Gilbert,2014)。

众筹项目可以看作是项目发起者对项目投资者的一种诉求,这种诉求常常是带有情感倾向的。而已有的关于情感分析的研究大多集中在对在线评论的分析上。关于众筹文本的情感分析研究较少,与此最类似的研究是1998年进行的一项以信件方式筹集资金的调查,研究者通过分析信件的内容,得到不同语言风格对投资者投资意愿的影响。实验结果表明,情感性的表述比逻辑性的表述使用更加频繁(分别约为60%和40%)。但是相对于逻辑语言风格,情感语言表达对筹资信件的效用有限(Ritzenhein,1998)。在后续研究中,亚里士多德学派的研究者采用了说服模型三元组:人格、情感和逻辑来分析筹资信件的效应。该实验与Ritzenhein(1998)的实验过程类似,其结论也基本一致(Goering & Connor,2009)。在对慈善筹款倡议的文本内容分析后发现:情感诉求对筹资效果的影响不大,投资者更加关心文本内容,正是文本内容搅动了受众的情绪,而非文本中采用的情感修辞方式(Myers,2007)。

与其他语言风格不同的是,逻辑性的表达是拆穿虚假信息有效方式。诉诸逻辑的表达方式常常是粉碎流言的有效手段(Gentes & Selker,2013)。在一些正式场合,诉诸逻辑的方式几乎是演讲者唯一的选择,例如哲学和法律领域(Pigliucci & Boudry,2014)。在一项关于广告传播效应研究上,研究者发现除了广告的美学效果外,广告展示的逻辑体系也对广告效果具有显著影响(Soon & Joun,2011)。

在逻辑语言风格与众筹项目的关系研究中,调查指出:在所有13个最成功的众筹项目中,项目发起者均在项目介绍中不同程度的采用了逻辑性的语言表达(Tirdatov,2014)。

研究者考察了夸张的语言风格在日常会话中的作用,夸张在日常会话中常常具有互动性,夸张的作用受制于会话的上下文,并且还受到交流双方性格的影响,但最大的决定因素还是在于语言接收方对于极端事物的接受度,这类似于是创造一个新词还是循规蹈矩的使用已经存在的词(McCarthy & Carter,2004)。

研究者普遍认为用户倾向于把在线文本视作已经夸大的描述,即使这些文本内容本身是客观的。具体来说,信息的接收方通常认为在线文本是被信息发布者故意夸大的。因此,当根据在线文本评估产品质量时,用户倾向于对在线文本的价值进行一定程度的折扣(Cho & Lee et al.,2009)。在众筹项目中,由于项目支持者需要付出实实在在的金钱,因此,相对于夸张的文本描述,用户可能更倾向于接受客观准确的描述。但是,有趣的是,项目发起者却往往背离这个方向:在项目介绍中广泛采用夸张甚至吹嘘的语言风格。调查发现,夸张的手法会降低用户对产品形象的认知;而如果对人物进行夸张,可能降低公众对该人物的评价,特别是该对象是名人或者政客时(Krishnan & Dutta et al.,2013;Weber & Wirth,2014)。

2.4 文本情感分析相关研究

2.4.1 情感分析方法研究

情感分析(Sentiment analysis)也称意见挖掘(Opinion mining),是利用文本挖掘技术,对文本进行语义分析,旨在识别用户的情感趋向是"高兴"还是"伤悲",或判断用户的观点是"赞同"还是"反对"(王洪伟 & 郑丽娟 et al.,2013)。情感分析涉及多种技术,例如自然语言处理、机器学习、信息抽取等。因此情感分析涵盖多个研究任务,例如文本的主客观检测(Balahur & Mihalcea et al.,2014);不同粒度的情感分析(Wang & Yin et al.,2014;冀俊忠 & 张玲玲 et al.,2014);产品"特征-观点对"提取等(Guo & Peng et al.,2013;李纲 & 刘广兴 et al.,2014)。

从分析粒度来看,情感分析包括粗粒度和细粒度两种分析方法。粗粒度分析是对文本的整体情感极性进行判断,包含基于模型的方法(陆浩 & 牛振东 et al.,2014)、无监督(Chen & Chen et al.,2012;Paltoglou & Thelwall et al.,2012)、半监督(Kim & Lee,2014)以及监督机器学习方法(杜锐 & 朱艳辉 et al.,2013;Bharti & Singh,2015)。细粒度分析是对特征观点的词语级的情感极性和强度分析(Kanayama & Nasukawa,2012),通常步骤是:首先计算词典中词语的原子极性,并根据该原子极性计算词语之间的相关性得出每个评价词的情感,再综合词语的情感得到句子的情感极性和强度,最后根据句子情感计算文本情感(史伟 & 王洪伟 et al.,2014)。从技术方法来看,有两类方向:一类是基于语义分析(杨佳能 & 阳爱民 et al.,2014;周哲 & 商琳,2015),另一类是基于机器学习(曹丽娜 & 唐锡晋,2011;Zhang & Ye et al.,2012)。而从应用上看,情感分析主要应用于评论效用分析(郝媛媛 & 叶强 et al.,2010;杨铭 & 祁巍 et al.,2012;李常洪 & 高培霞 et al.,2014)、金融市场辅助决策(刘锋 & 叶强 et al.,2014;蒋翠清 & 梁坤 et al.,2015)以及社会舆情监督(黄卫东 & 陈凌云 et al.,2014;吴方照 & 王丙坤 et al.,2014)等。

极性相同的词汇所表达的情感强度有可能不同,例如"好"和"优秀",情感极性都是正面,但是后者比前者的强度大得多。已有研究专门探讨了词语的情感强度问题。值得指出的是 SentiStrength 情感强度识别系统(Thelwall & Buckley et al.,2012),该系统先识别非标准格式文本中可能的情感词,然后使用 SVM 进行情感极性分类和强度检测,在社会化文本中表现优异。此外,文本情感倾向也受到社会因素(殷国鹏,2012)以及句法结构的影响(邸鹏 & 李爱萍 et al.,2014)。

2.4.2 情感分析在投资领域的应用

本书的情感分析已经有较多的研究,但是现有的关于文本情感与产品销量的研究大多是关于对商品的评价,即用户首先购买了该产品,并且尝试试用了该产品后有感而发,这是一种用户对产品的评价信息(例如:Krishnamoorthy,2015)。

但是在众筹项目的文本情感分析中,代表了不一样的含义,投资者并没有获得筹资者承诺的回报,而仅仅代表潜在投资者对于项目描述文本的情感信息的接受程度。

文本情感反映了文本作者的态度以及心理状态,之前研究表明那些倾向于写作正面情感(在文本中使用较多的正面词汇)的作者,往往性格乐观并且自信较高(Tausczik & Pennebaker,2010)。乐观主义者往往意味着对创造新事物的激情,在有关研究中已经表明,有激情的研究者更容易获得成功(Wheat & Wang et al.,2013)。

但是项目发起者可能会因为过于自信(Taylor & Brown,1988),而导致项目筹资失败。在类似研究中已经表明,在 P2P 市场中,过于乐观的借款者可能不能按期偿还借款(Gao & Lin,2013),这表明了文本的情感效应可能不是严格的线性关系,即当项目的文本情感过于正面(超过某个阈值),可能会存在对投资行为的抑制作用。

与情感分析相关联的研究之一是文本的主客观检测,一般来说文本含有越多的感情色彩就会越主观(Barbosa & Feng,2010)。文本的主客观性研究已经有较多的研究成果,例如:在金融筹资中客观性的描述比主观性的描述更容易获得投资者的青睐。与之类似,在风险投资领域,风险投资者面对各种各样的项目,他们更喜欢投资那些描述得比较客观的项目而不太喜欢那些采用主观方式描述的项目。对此,研究者的解释是:越是客观的信息,文本作者越是采用更多的事实论据来支持他们的观点;而主观文本恰恰相反,文本中可能包含较多的推测性的信息,因而缺乏足够的事实证明(Chen & Yao et al.,2009)。

2.5 投资目标偏向性研究

2.5.1 投资目标偏向性概述

具有传奇色彩的风险投资者阿瑟·罗克(Arthur Rock)曾经说过:"我投资的是创业者,而不是他的创意"("I invest in people, not ideas!")。他的观点是,一个具有极强的管理能力与运营能力的团队总能够找到合适的机会取得成功,即使他们最后从事的行业距离当初计划的行业非常远。飞桥资本(flybridge capital)的合伙人之一 Jeffrey Bussgang 也曾公开表示:"你喜不喜欢创业者提出的创意并不重要,关键是你要相信该团队不是为了钱而努力。"在一项关于创业者的性别与投资者决策的分析研究中,研究者选择了以科技行业作为背景,试图区别在评估企业价值时企业从事的业务和创业者的价值(that of the venture and that of the entrepreneur),而研究结论显示创业者的性别对于决策的影响最大,其次才是企业从事的业务(Tinkler & Whittington et al.,2015)。这从一个侧面反映了"人"的因素比"项目"的因素更加重要。持类似观点的研究还有:受过高等教育的创业者,他们往往能够创造更加务实且正式的商业计划(advanced academic education leads nascent entrepreneurs to engage in business planning activities and create formal business plans)(Brinckmann & Kim,2015)。而在高度动态的环境下,管理经验有助于显著提升企业对人力资本及社会资本的吸收能力(Debrulle & Maes et al.,2014),这亦表明来自"人"的因素更重要。

但是,反面的观点也非常普遍,在投资领域关于 horse(项目创意)和 jockey(创业者)的争议广泛存在,例如红杉资本(Sequoia Capital)的 Don Valentine 曾表示:"我们首先寻找的是一个能够快速增长的市场,其次再考虑创业团队"(Marom & Sade,2013),换句话说,他们认为项目比创业团队更重要。同样,最近的一项研究指出:在1998年到2007年间,对获得过风险投资的628家英国企业的分析发现,企业的区域特色(Regional Characteristics)是影响风险投资公司评估是否参与投资的重要因素(Munari & Toschi,2015)。这表明,在该样本下,投资者更加看重创意而非投资者。而中国的创业者,金山软件及小米公司的创始人雷军曾说:"站在风口,猪都能飞起来。"更是毫无遮掩地表达了创业公司的项目比创业者更重要。

为了吸引潜在投资者,创业者可以采取多种手段来说服投资者。归纳起来,有两种截然不同的趋向:① 较多的对商业创意进行描述和包装;② 强调创业者(创业团队)的个人能力,例如:姓名、简历、专业素质、已经取得的成就等。由于时间和资源的有限性,类似于电梯测试(Elevator Pitch)(Pincus,2007),突出了某一方面势必会削弱另外一方面(Marom & Sade,2013)。这两种偏向性本质上是"人力资本"与"非人力资本"之间的选择,要么选择突出"人"的方面,要么选择突出"项目"的方面。

2.5.2 目标偏向性在投资领域中的研究

尽管对于风险投资领域来说,这个问题非常重要,但是在能够找到的学术文献中,相关的研究却很少。究其原因,可能是很难找到足够多的数据来支撑研究;另外一个问题是如何定义成功的风险投资也存在争议(Marom & Sade,2013)。在众筹领域,可以尝试回答这个问题。

已有研究认为朋友和家人的资金支持是项目初期的主要资金来源(Cumming & Johan,2013;Agrawal & Catalini et al.,2013)。Agrawal(2013)验证了众筹平台 SellaBand 上朋友和家人投资的重要性,这一结论与其他社会关系研究相一致。成功的项目往往在筹资初期能够获得社会网络中好友的支持(de Witt,2012;Steinberg,2012),这些社会化网络体现在 Facebook 好友数、Twitter 粉丝数等。Mollick(2014)发现项目融资成功率与项目发起者在 Facebook 上的好友数呈正相关。这表明在项目筹资中,项目发起者的社会关系发挥了较大的作用,也就是说,创业者的身份可能能够吸引投资者。

在一项关于众筹项目的类似研究中,在不考虑项目类别的前提下,得到的初步结论是投资者投资的是项目发起者而非项目创意(Marom & Sade,2013)。但是该研究对于项目描述文本偏向性分析存在以下不足:① 缺少对不同项目类别的细粒度分析,而本书认为不同的项目类别可能需要突出不同的方面;② 该研究的样本与事实样本存在较大的差异,在该研究样本中项目的成功率约为 80%(成功项目为 16 641 个,失败项目为 4 128 个),成功率过高导致正例与负例样本差异太大;而且,如此高的项目成功率与事实是不太相符的,Kickstarter 上的项目成功率约为 40%左右。

2.6 文本欺诈性线索检测

2.6.1 文本欺诈性线索检测方法

从心理语言学(Psycholinguist)上分析,伪造的故事与真实的故事在语法的使用上是存在显著差异的(Pennebaker & Mehl et al.,2003),这为检测众筹项目的文本欺诈线索提供了思路。例如,在一项关于保险行业的电话诈骗研究中,研究者得出了这样的结论:真实的受害者倾向于使用准确的词语,而那些骗保者总是使用很多似是而非、模棱两可的词汇(Leal & Vrij et al.,2015)。这表明从文本语言本身进行研究,是能够识别文本的欺诈性线索的。在众筹项目的描述文本中,项目发起者总是期望以一个引人入胜的故事说服投资者对项目进行投资,因此,那些在文本描述中包含较多欺诈线索的项目可以认为是较劣质的项目,因为这部分项目极有可能不能兑现承诺。

欺骗者通常需要投入较多的认知资源,对于文本作者来说,欺诈者编造的故事往往具有较高的认知负荷(Vrij,2000),并由此产生较低复杂度的故事(Newman & Pennebaker,2003)。因此,认知负荷的识别是检测欺诈的一个合理手段,例如:认知负荷理论被用来检测内部审计员的舞弊情况判断(Carpenter & Reimers et al.,2011)。文本检测上,认知负荷通常采用简洁性(Concreteness)以及内敛性(Cohesion)来衡量(Duran & Hall et al.,2010)。欺诈的故事通常具有较高的简洁性(这很好理解,欺骗者编造的故事总是希望简洁,因为一些细节的情节较难编造,而且越是编造复杂的情节,越是容易被识破)及较低的内敛性(这也很有道理,因为相对于真实的故事,编造的故事总是更加支离破碎)。

类似地,现实检测理论(Reality Monitoring Theory)显示:从真实历经中回顾的故事,往往包含较多的空间信息(Spatial)及时间信息(Temporal);而这些信息在臆想的故事情节中较少出现(Johnson & Raye,1981)。这是因为,相对于真实的经历,那些刻意编造的事件很难出现详细的时间指示词以及空间指示词。在编造的故事中,一旦出现较多的时间指示词和空间指示词,就很容易被文本阅读者根据该时间和地点判断故事的真伪。

从心理学上分析,欺骗带来的心理道德愧疚通常需要释放负面情绪(Vrij,2000;Toma & Hancock,2012),所以,在欺诈性文本中,欺诈者较多使用否定词(negation words)。需要注意的是,这里的否定词与文本情感并不相同,欺诈者可能使用否定词表达正面的情感,也可能通过否定词表达负面的情感,二者不可混为一谈。同样,从心理学上分析发现,欺诈性的文本更加倾向于避免使用第一人称的人物指示代词(例如:I,me,us),而会大量使用非第一人称的人物指示代词(例如:he,him,her)。其目的是由于撒谎的愧疚感,文本作者希望把自身与臆造的情节区分开来(Hancock & Curry et al.,2007;Toma & Hancock,2012)。

文本欺诈性线索也与文本可读性紧密相关(Zhou & Burgoon et al.,2004;Othman & Hasan et al.,2012)。一般来说文本的可读性越高,能够代表文本的欺诈线索越弱(Othman & Hasan et al.,2012)。文本的可读性检测是文本分析最悠久的研究任务之一,它一般指文本能够多大程度上被阅读者理解(Klare,1974)。文本的可读性是一个比较容易量化的指标,尽管简单,但是可读性可以反映文本作者的教育水平、社会地位等信息(Tausczik & Pennebaker,2010)。

2.6.2　文本欺诈性线索对投资行为的影响研究

筹资者为了筹得运行项目的资金,市场上必然存在一些虚假、欺诈信息。由于信息不对称以及众筹行为的集群效应,一些项目发起者可能利用不成熟的创意欺诈投资者;另外,筹资者可能为了吸引投资者而故意夸大事实,使文本描述显得不真实。除了欺诈问题,另外一个让投资者担心的问题是资金滥用(Gerber & Hui,2013),广义上说,资金滥用也是欺诈行为的一种,因为筹资者没有严格按照事先承诺的方式使用资金。

而在文本挖掘领域,已经提出了一些关于如何识别欺诈的方法,这些方法是依据文本语言特征来进行估计的。例如:财务报告中的欺诈信息对于证券市场来说是一种非常严重的误导行为,因为公众(投资者)往往把企业公开的财务报告当作事实依据,并在此基础上做出投资决策。大公司被卷入欺诈中,往往规模也很大,严重损害投资者的利益,例如:Enron、WorldCom以及Tyco。因此,识别财务报告中的欺诈信息对于建立健康稳定有序的金融市场至关重要。由于欺诈性的财务报告中往往把那些不利于企业的信息以及那些可能会阻碍投资者进行投资的信息故意隐藏或者篡改(Wallace,1995),这可能会形成一些固定的语言模式,采用文本分析方法可以识别这些欺诈性的信息。现实中,为了迎合华尔街的期望,企业管理者总是期望夸大正面消息而削弱或者隐藏负面消息,而外部审查员只能发现约12%的财务欺诈报告(KPMG,2003)。采用机器学习方法

(朴素贝叶斯以及 C4.5 算法),对文本内容进行分析,抽取欺诈信息的特征,有研究者建立了一个包含 4 个变量的决策模型,该模型的识别准确率达到了 67.3%(Humpherys & Moffitt et al.,2011)。

文本的可读性常用来衡量在线评论及其他社会化媒体的效用,可读性能够影响潜在消费者的购买意愿(Korfiatis & García-Bariocanal et al.,2012)。在其他条件相同时,项目描述文本越容易理解(可读性越高),越是能够表明项目发起者可能受过更好的教育、拥有更稳定的收入以及更高的社会地位(Gregorio & Lee,2002);因此,这样的项目发起者更值得信任(Campbell & Dietrich,1983)。

2.7　文本信息更新在众筹项目中的研究

2.7.1　文本主题分类

在科研和工业领域,文本挖掘方法广泛应用于发现非结构化文本的模式。已有研究证明电影台词和剧本中的特定关键字,能够预测电影的票房收入(Eliashberg & Hui,2007)。通过在线评论建立网站与访客的信任关系中,在线评论被分为热心评论与信任评论,使用文本挖掘方法,在对 eBay 上的在线评论进行分析后,可以通过这两类评论较准确地抽取数码相机的产品特征以及与品牌相对的市场定位(Pavlou & Dimoka,2006)。这类直接根据关键字进行文本分析的方法,并没有采用到文本主题分类,却为文本主题分类提供了基础。

在文本主题模型中,最著名的模型莫过于 LDA(Latent Dirichlet Allocation)(Blei & Ng et al.,2003)。LDA 可以将文档集中每篇文档的主题按照概率分布的形式给出,同时它是一种无监督学习算法,在训练时不需要手工标注训练集,需要的仅仅是文档集作为语料以及指定主题的数量 k 即可。此外 LDA 的另一个优点则是,对于每一个主题均可找出一些词语来描述它(代表词语)。目前 LDA 在文本挖掘领域包括文本主题识别、文本分类以及文本相似度计算方面都有应用。例如:在一项众筹更新文本的研究中,作者就使用了 LDA 对更新文本主题进行分类,并得到了 7 类文本主题(Xu & Yang,2014)。

但是,不得不注意的是除了 LDA 外,还有相当多的其他文本主题模型。例如:层次聚类(Hierarchical Clustering),层次聚类一般是先计算样本之间的距离(例如:余弦距离、欧几里得距离、欧拉距离等),然后按照距离大小得到类簇。层次聚类也是一种非监督算法,但是需要人工指定分为多少类合适,因此,不同的人员采用层次聚类完全可能得到不一样的分类结果。层次聚类本身是一个通用的算法,可以应用到各个领域中(Cai & Zhang et al.,2014)。而文本层次聚类则是专门应用于文本聚类的方法。而即使是用于文本聚类,也有粗粒度的针对文档级的文本分类(例如:Basu & Murthy,2015),也有细粒度的针对词语级别的主题分类(例如:Wei & Lu et al.,2015),这表明了层次聚类的广泛适用性。

2.7.2 文本信息更新模式研究在投资领域中的应用

众筹项目的更新文本是一种典型的 UGC(User Generated Content),项目发起者可以在任何时间采用任何形式、任何主题对项目进行信息更新。投资者通过 Web 了解项目,文本描述信息是项目成功的重要因素,因此描述信息的吸引力是项目发起者需要关注的问题(Mollick,2014;Mitra & Gilbert,2014)。有学者利用文本分析方法揭示了文本描述的长度与可读性与筹资成功率的关系(Mitra & Gilbert,2014),同时也揭示了描述文本中使用特定词汇有助于项目筹资成功。

项目发起者可以针对项目进展发布更新信息,更新频率和更新模式都会显著影响项目的成功率。因此,Kickstarter 推荐筹资者应尽量频繁的发布项目最新进展,这有助于投资者了解项目信息。针对 Kickstarter 的研究发现,没有更新信息的项目成功率仅为 32.6%,而提供信息更新的项目成功率为 58.7%($\chi^2=285.18, p<0.001$)(Xu & Yang,2014)。

Xu & Yang(2014)采用 LDA(Latent Dirichlet Allocation)对更新的文本主题进行分类,然后采用人工判断对主题进行合并,最后得到了 7 类文本主题。研究显示,最有效的是提醒,筹资者需要反复提醒投资者项目截止时间,其次是项目进度汇报,对成功率影响最小的是疑问解答。但是该研究没有试图解决在不同的项目类别下是否应该采用不同的信息更新策略。由于每种项目类别下的投资者的关注点可能并不相同,因此,需要在不同项目类别下,检测不同的信息更新策略。

2.8 研究评述

对众筹模式研究的一个关键点在于:哪些因素导致了一些项目成功,而另一些项目失败呢? 之前的研究表明了项目的展示方式(例如:文本描述)会影响项目的融资成功率。因此,研究者们建议筹资者应该提高项目展示质量,例如:采用更好的文字描述(Mollick,2014)。在有关文本的研究中,一些研究者重点关注项目的文字表达,他们研究了项目描述的文本长度与可读性,得到的结论是:融资成功率与文本长度负相关,且与文本可读性负相关(Xu & Yang et al.,2014),但也有研究得到了相反的结论(Marom & Sade,2013)。

尽管已有研究涉及众筹文本描述,但是之前的关于众筹项目文本描述的研究都缺乏系统性,一般都是把文本属性作为模型的控制变量,而缺少语言特征对项目成功融资影响的系统性研究。文本挖掘技术已经在其他研究领域广泛展开,并且已经取得了不俗的研究成果。但是,据我们能够找到的文献,还很少有系统研究众筹文本本身及其语言特征的文献记录。可以认为项目发起者通过项目介绍"销售"自己的创意,而之前研究已经证实商品的描述信息会影响消费者的购买意愿,进而影响产品销量,这种影响可能是通过网络口碑传递的,也可能是通过质量信号传递的(Gao & Lin,2013;Lee & Raghu,2014;Tang & Guo,2015)。因此,在众筹领域,存在巨大的理论研究和现实的差距,这个差距是促成本书研究的动机之一。本书研究的另外一个动机来自项目发起者的现实需求,在实际中,不少项目发起者已经意识到文本描述对于项目成功融资的重要性,但是还缺乏可以提供指导的研究结论,因此,本书研究亦是对项目发起者实际需求的回应,满足项目发起者关于本书描述方面的实际需求。所以,本书研究既弥补了理论研究的不足,也具有丰富的实用价值。具体分析如下。

1. 缺乏对文本语言修辞风格对投资意愿的影响研究

之前的研究均没有注意到项目简介文本的语言风格对项目成功融资的影响,语言风格是指在语言表达中采用的技巧和策略(Burgers & de Graaf,2013)。项目简介作为潜在投资者了解项目最直接的渠道,受到了众筹平台的重视(字体加粗、字号加大、位置突出、Meta Data)。作为典型的 UGC 内容,项目发起者可以采用任何语言风格来描述项目。但是分析现有研究,有关语言风格方面还至少存在以下不足:① 项目发起者经常采用了哪些语言风格,如何定义每种语言风格,并对已有的项目描述文本进行分类;② 分析每种语言风格在不同项目类别下的效应。各种语言风格如何影响融资成功率? ③ 根据每种语言风格对融资成功率的影响,提出管理建议,指导筹资者在不同类别的项目中采用最佳语言风格。

2. 情感分析较多的集中在方法的探讨,而很少有研究专注于文本情感与主客观性与项目成功筹资的关系分析

对于文本情感以及文本主客观性分析来说,已经有研究提出较多的方法进

行情感分析,例如基于语义分析、机器学习等;也有研究更进一步,分析了文本的情感信息对于产品销量的影响(例如:Krishnamoorthy,2015)。但是,不得不注意到:现有研究大多是对反馈文本的分析,即消费者购买并体验了某个商品后有感而发,在网络上发布自己的使用感受。而众筹领域的背景显然不同于这种体验后发布的文本,在众筹项目中,文本描述是由筹资者创造的;而在商品评论中,评论是由购买者创造的。除了文本来源的差异外,对于众筹文本的情感以及主客观性研究几乎找不到有关文献,这个领域的研究仍然存在空白。

3. 风险投资领域对于"创业者"与"项目"的争议广泛存在,且并无定论

对于文本内容偏向性来说,为了吸引投资者,项目发起者可以采取多种手段来说服投资者,有两种截然不同的趋向:① 较多的对商业创意进行描述;② 强调创业者(创业团队)的个人能力。在风险投资领域,这两种趋向都有投资者支持也都有投资者反对,有的投资者更加看重创业者的身份和特长(人力资本);而有的投资者更加看重项目创意(非人力资本)。尽管对于风险投资领域来说,这个问题非常重要,但是在我们能够找到的学术文献中,相关的研究却很少。究其原因,可能是很难找到足够多的数据来支撑投资决策的观点;另外一个问题是如何定义成功的风险投资也存在争议(Marom & Sade,2013)。而在众筹领域中,由于能够获得大量的项目信息以及筹得资金的实际状况,可以对这个问题进行验证。

4. 几乎没有研究探讨文本的欺诈性线索对众筹项目的影响

关于文本的欺诈性属性方面,已有研究提出了一些如何识别文本的欺诈性线索方面的方法,因为从心理语言学(Psycholinguist)上分析,编造的故事与真实的故事在语法的使用上是存在显著差异的(Pennebaker & Mehl et al.,2003),这为我们检测众筹项目的文本欺诈线索提供了思路。众筹项目的筹资者可能会为了融资成功,在项目描述中采用一些不是那么真实的文本。但是,现有研究中几乎没有涉及这个问题。更具体地说,众筹领域的文本欺诈性属性方面还存在以下不足:① 采纳哪些文本指标估计众筹项目的欺诈性属性;② 欺诈性线索对众筹项目的成功筹资有哪些影响?

5. 对含有时间信息的信息更新模式缺乏深入研究

对于文本更新模式来说,不可否认,众筹项目能否取得融资成功,受到诸多方面因素的影响,信息更新只是其中一个方面。但是在已有研究中,还很少涉及信息更新模式、信息更新时间、不同项目类别下的信息更新差异研究。具体来说,还缺乏足够的研究文献回答以下问题:① 项目发起者对项目有哪些更新模

式？其更新主题有哪些？每种更新模式出现的频率是什么？② 项目发起者在筹资过程的不同阶段应该更新什么内容？③ 不同项目类别是否应该采用不同的信息更新策略？如果有差异，其差异是什么？④ 不同的筹资模式下，信息更新对融资成功率的影响是否有差异？

6. 众筹项目实际运作时缺乏足够的理论指导

在众筹项目筹资者在实际运作众筹项目时，总是期望有足够的理论研究进行指导。但是，由于众筹模式出现时间晚，发展时间不长，纵观现有的研究成果，很难对筹资者的实际操作提供完善的理论指导。另外一方面，对众筹平台来说，也面临相似的困境，尽管众筹平台熙熙攘攘、人头攒动，但是成功筹资的项目比例不足40%，众筹平台的实际需求之一也是需要提供给筹资者有关众筹项目文本描述方面的指导。而这方面的需求在目前的理论研究中，还几乎是一片空白。

2.9 本章小结

本章对与本书研究有关的文献进行了详细梳理。首先，对有关众筹模式的研究进行了总结，总体来说有关众筹的研究并不广泛，分别从定义、分类、影响因素、行为模式及法律监管等方面对研究现状进行了介绍；然后，对语言的修辞风格分类及说服效用进行了归纳；接下来，对与本书有关的文本挖掘研究现状进行了概述，分别归纳了文本情感分析和文本主客观性、文本描述内容偏向性，及文本欺诈线索检测的研究进展；其次，对本书有关的信息更新研究进行了介绍；最后，评述了现有研究不足，并对现有研究的不足进行了针对性的分析。

第3章
众筹背景介绍、研究框架及研究数据

众筹模式作为一类崭新的融资手段,不同于以往的融资方式(如银行贷款、风险投资、天使投资等)。这种新的融资手段诞生于一种新的时代背景,其筹资流程也显著不同。

3.1 众筹背景介绍

选择 Kickstarter 作为本书的研究对象是基于以下原因:① Kickstarter 平台相对公开,可以根据项目的 URL 地址采集到所有的众筹项目,包括筹资成功的项目和筹资失败的项目;② 由于 Kickstarter 采用"All or Nothing"筹资模式,项目发起者需要在项目开始之前就设定筹资目标,达到筹资目标表明项目筹资成功;否则意味着筹资失败。因此,可以很容易定义项目融资成功与否;③ Kickstarter作为全球最大的众筹平台,项目数量足够多,数据具有代表性;④ Kickstarter具有良好的分类,目前把项目一共分为 15 类,这为进行不同类别项目的横向对比研究提供了可能性,在不同项目类别中,潜在投资者关注的重点可能是不一样的,因此,采用的语言特征也应该有所区别。

本书主要使用来自众筹网站 Kickstarter.com 上的数据,部分鲁棒性检测数据来自 Indiegogo.com。由于二者的相似性,只选择 Kickstarter 作为重点介绍对象。Kickstarter是世界上最大的众筹网站,采用"All or Nothing"筹资模式,即项目发起者会在项目开始的时候设置一个筹资目标,如果项目筹资期结束时筹资金额达到或者超过预设的筹资目标,那么筹资者可以获得全部已经筹得的资金(扣除手续费);而如果筹资金额没有达到预设的筹资目标的话,项目筹资失败,需要把已经筹得的资金返还给投资者。这种只有两个状态的特性(成功或者失败),促使本书后面的计量模型主要采用了虚拟变量。

Kickstarter 于 2009 年上线,发展时间并不长,目前 Alexa 全球排名为 544 名(美国地区 234 名)。主要受众统计如表 3-1 所示①。可以看到,超过一半的访客来自美国。

表 3-1 Kickstarter 访问数据来源统计

国 别	访问来源	所在国 Alexa 排名
美 国	54.4%	234
英 国	4.6%	365
加拿大	3.6%	305
印 度	3.3%	1 588
俄罗斯	2.0%	1 437

Kickstarter 上的每个项目主页都可以看作是一个简短的商业计划书(Mitra,2012),项目发起者在这个页面上展示项目创意及披露自身信息。筹资者通过对自身能力以及创意的展示获取投资者的支持,Kickstarter 平台提供了主要 6 种方式展示项目,分别如下:

① 项目基本信息:项目标题(Title)、简介(Blurb)(文本)。

② 项目的视频介绍及图片信息。

③ 详细介绍区域(About),这是筹资者需要花费大量时间组织的富文本区域(文本)。

④ 回报信息区域(Reward)(文本)。

⑤ 筹资者自身信息披露,用于专门描述筹资者的区域。

⑥ 与投资者沟通的区域(Comment 以及回复、Update 区域)。

由于本书专注于分析文本描述对众筹项目成功融资的影响,文本以外的其他影响因素均视为控制变量。尽管 Kickstarter 平台对文本介绍没有长度上的限制,但是投资者的精力是有限的,项目发起者必须充分利用这块区域最大可能的吸引投资者参与。

有必要介绍 Kickstarter 的筹资过程,尤其是与本书研究有关的一些关于众筹项目的特点。更加详细的有关众筹模式的介绍可以参见众筹模式研究的综述

---

① http://www.alexa.com/siteinfo/www.kickstarter.com。

文章(例如:Tomczak & Brem,2013)。要在 Kickstarter 成为项目发起者或者项目投资者,需要首先注册用户并完成验证邮箱等身份认证。每个注册账号都具有双重身份,即既是项目发起者也是项目投资者。然后,可以发起一个项目(Start a project),发起项目的步骤如表 3-2 所示。

表 3-2 发起项目的步骤

步骤	步骤说明	需要提供内容
1	开始设置	项目类别,只能从预设的 15 个类别中选择 项目标题(上限 60 个字符) 筹资者所在国家(目前仅在以下国家开放:United States, the United Kingdom, Canada, Australia, New Zealand, the Netherlands, Sweden, Denmark, Norway, and Ireland)
2	基本信息	项目图片,纵横比例 4∶3,上限 50 M 短摘要:以一小段文字来概括项目,类似于论文的摘要(上限 135 个字符) 发起者地址 项目筹资期限(1~60 天自行选择,一旦项目上线不可更改) 筹资目标(Kickstarter 收取 5% 的手续费,另有 3%~5% 的信用卡交易手续费)
3	回报设置	投资金额 回报描述 邮寄期限,时间,方式 数量限制
4	具体描述	视频介绍:纵横比 4∶3,640×480 像素分辨率,上限 5 G 项目描述:文字、图片、音频等富文本混合编辑 风险声明 项目问答(F&Q)
5	身份介绍	发起者照片 发起者姓名 Facebook 主页地址 个人简历 所在城市 个人主页介绍
6	财务信息	邮箱验证 手机号码验证 账户验证

续 表

步骤	步骤说明	需要提供内容
7	项目发布 & 维护	项目发布 筹资期限内更新信息 筹资期限内回答投资者疑问
8	筹资结束	筹资成功的项目获得资金,推进下一步工作 筹资失败的项目退还已经筹得的资金

在 Kickstarter 上发布项目必须遵循以下规范。

（1）所发布的项目必须在预定义的 15 个项目类别中。

（2）筹得的资金只能用于所描述的项目,而非其他用途。

（3）每个项目需要有明确的筹资目标以及筹资的开始和截止时间。

（4）不接受慈善项目。

（5）不接受个人福利提供项目,例如：为了满足个人目的的旅游筹资、为了大学学费而进行筹资等。

（6）不接受在 Kickstarter 预定义的 15 个项目类别以外的项目,例如：酒类、电子监控设备、武器、实体资产、宠物等。

（7）在科技及设计等项目类别中,有一些特殊的附加规范,例如：软件项目必须筹资者自己测试并运行,不论是否开源。

3.2 文本挖掘方法在众筹项目分析中的作用

尽管众筹项目包含多种描述方式：文本、视频及图片等。但是从所占篇幅来说,文本所占的篇幅是最大的。类似于创业计划书,项目创意的主要内容也是通过文本进行传递的,所以,文本描述在众筹项目的分析中不可忽略。而作为分析文本描述的方法,文本挖掘方法自然不可或缺。

文本挖掘方法在在线社区的交流中已经被广泛采用,社会化媒体逐渐成为商家与用户之间交流的新渠道,UGC 文本内容急剧增长,但是遗憾的是由于非结构化文本的处理难度,文本挖掘在商业领域的应用直到最近几年才成为研究热点。社会化媒体的内容包含用户的观点、兴趣,对社会化媒体的深入挖掘可以识别很多有用信息,这其中的观点挖掘包括文本分析的框架、方法、技术、工具、可视化、商业智能支持(Kim & Jeong,2015)。这些不断涌现的文本挖掘方法和应用为我们提供了以下启示：① 文本挖掘的方法能够识别非结构化文本隐含的信息；② 文本挖掘能够应用于社会化媒体的处理，并取得不错的效果；③ 由于众筹文本描述也是UGC文本的一类，我们可以尝试对众筹项目采用文本挖掘的方法进行研究。

文本挖掘应用于UGC分析可以预测产品销量，基于在线评论形成的用户口碑可以影响消费者的购买意愿，进行影响商品销量(Archak & Ghose et al.,2011;Ghose & Ipeirotis,2011)；类似的研究还有影评对于电影票房的影响(Yu & Liu et al.,2012)。而对这些在线评论文本的处理几乎都毫无例外的使用了文本挖掘的方法。因此，文本挖掘方法是识别产品的市场潜力的一种途径(Onishi & Manchanda,2012)。

不仅如此，文本挖掘还以用以识别产品的设计缺陷。产品缺陷识别一般是基于情感识别，因为在线评论中包含广泛的用户观点，而对这些观点的识别是判断商品的质量是否合格的标准之一。产品特征以及对特征的情感观点是产品缺陷的重要指针(Abrahams & Fan et al.,2015)。例如，有研究提出基于在线评论情感分析的产品缺陷识别方法，将关于产品特征评价信息分为比较评价和非比较评价。依据自标注产品特征提取方法，抽取评论中的比较特征观点对。然后分别采用有向网络方法和情感分析算法，计算各个产品特征的权威得分和情感得分。最后综合二者得分得到产品特征总体评价得分，依据该得分排序，挖掘出产品缺陷(Wang & Wang,2014)。

文本挖掘方法也有应用于众筹项目的分析，但是并不多见。有研究者采用文本挖掘的方法，采用亚里士多德的说服模型分析了众筹项目文本的修辞模式(Tirdatov,2014)。该研究为众筹项目成功融资创建了一套修辞学技巧，这代表了修辞学在吸引投资者中的效用。正如作者指出的那样，该结论包含了一些假设，但是它还是可以作为筹资者在创建项目文本的时候提供了基准。该研究使用的方法就是文本挖掘中的文本编码(Text Coding)及基于字典的统计，取得了不错的效果。这提供给本书足够的信心来采用文本挖掘的方法处理众筹文本。

3.3 研究框架

图3-1中展示了本书的主体研究框架。主要是围绕众筹项目的文本描述

展开的。首先,对于研究对象来说,由于众筹项目提供了较多的区域展示文本内容,因此,有必要分析不同区域文本的语言特征。本书的文本研究对象包括:文本标题、文本简介(即项目摘要)、详细描述文本的前100词、详细描述文本、回报文本及信息更新文本。这些文本对象几乎涵盖了一个众筹项目所涉及的所有文本内容,因此,本书对众筹项目的文本研究从研究对象来说应该是比较全面的。

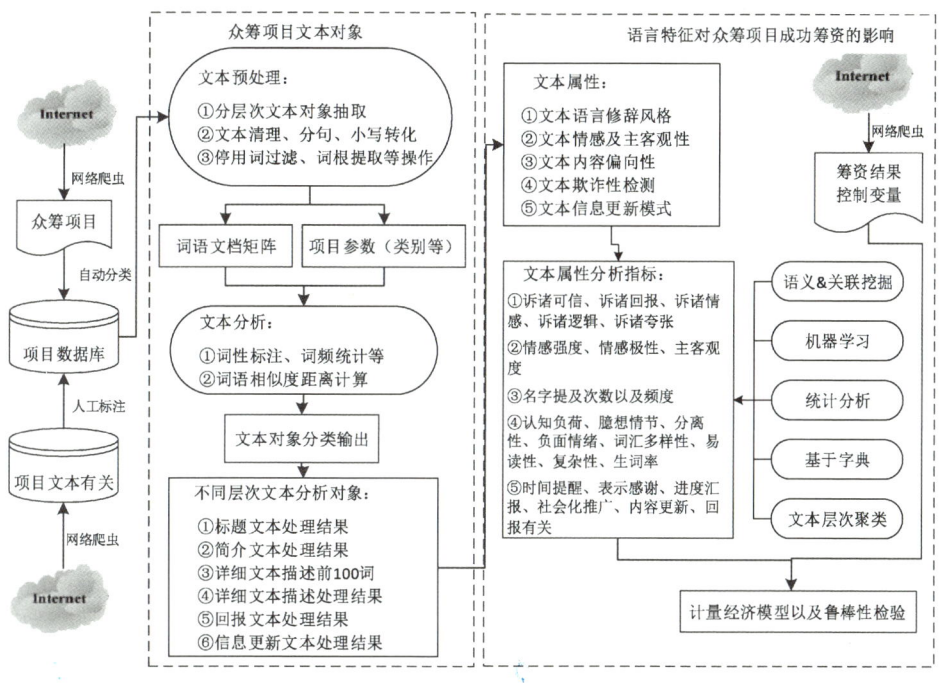

图3-1 本书的研究框架

这里有必要单独解释详细描述文本的前100词的研究意义。如果用户在审查项目的时候,开头文字不能吸引投资者兴趣,那么投资者很可能选择关闭该网页,因此,位于文本介绍后方的文本根本没有获得投资者查看的机会。所以,位于文本介绍前面一段的内容可能会更加重要。在一些已有的类似研究文献中,当文本长度较长时,也通常截断文本,只提取前面的若干文本字符(例如:Marom & Sade,2013;Xu & Yang et al.,2014)。表3-3中展示了本书研究的文本层次、定义及例子。

其次,本书对于文本属性的研究上,包括以下文本属性:文本的语言修辞风格、文本的情感分析及主客观性、文本的内容偏向性、文本的欺诈性检测以及文

表 3-3　本书研究的文本层次、定义及例子

文本层次	定　义	例　子①
标题文本	项目的标题文本	Color Me Sad: A Coloring Book of Melancholy Artists
简介文本	项目的简介文本（项目摘要）	Do you appreciate sad artists? Do you enjoy weird illustrations? Do you like to color? If so, let's make this happen!
详细描述文本的前100词	从详细描述文本中截取的前100个词	I have always been fascinated by sad artists, especially actors and musicians. And I also like to doodle…
详细描述文本	完整的详细描述文本	省略
回报文本	投资回报区域的文本介绍	You'll receive the the book (8.5×11″ pages, 70♯ pages, 80♯ cover, staple bound) and the digital version via email. Your name will also be included in the book's acknowledgments section.

本信息更新模式。这些文本属性纵然不能涵盖文本挖掘的方方面面，但是对于用户消费意愿（投资意愿）却有显著影响，这些文本属性是值得深入挖掘的。表 3-4 中展示了本书研究的文本属性、定义及例子。

表 3-4　本书研究的文本属性、定义及例子

文本属性	定　义	例　子
语言修辞风格	采用何种语言修辞风格进行描述	The best game in the world.（诉诸夸张）
情感分析以及主客观性	文本的情感倾向及文本的主客观性	It is really a good idea.（正面/主观文本）
文本内容偏向性	文本偏向描述"人"还是偏向描述"项目"	We are experts in the industry.（偏向"人"）
文本欺诈性线索	文本隐含的欺诈性目的线索检测	The earth will explode tomorrow.（臆想情节）
文本信息更新模型	信息更新的文本主题及时间等信息	99% funded!（进度汇报）

---

① 例子地址：https://www.kickstarter.com/projects/ronfelten/color-me-sad-a-coloring-book-of-melancholy-artists.

3.4 研 究 数 据

3.4.1 数据采集说明

尽管 Kickstarter 对匿名用户公开,但是访客均只能查看到已经筹资成功的项目以及正在进行筹资的项目;而不能查看筹资失败的项目。但 Kickstarter 本身是不会删除任何项目的,只是一旦项目过期且筹资失败就不能再被搜索引擎检索,但项目 URL 仍然有效,可以从用户支持列表中抓取用户所有支持过的项目(成功的以及失败的),这就为所有项目的成功采集提供了思路。图 3-2 中展示了本书数据采集的基本流程。

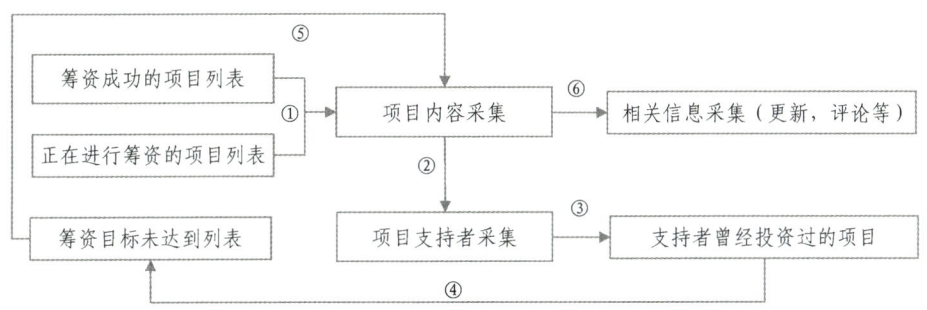

图 3-2 数据采集基本流程

使用自己编写的爬虫程序抓取众筹项目的各种信息(见附录中的关键代码片段 1)。由于网站的一些功能模块采用 Ajax 方式,需要采用特殊的爬虫策略。爬虫的技巧包括修改 HTTP 头信息、字符编码转化、json 格式解析等。抓取的信息全部保存在数据库中(见附录 B 关键数据表结构)。常见的爬虫策略有深度优先策略和广度优先策略。为了提高爬虫效率,本书采取类似 Bootstrap 的策略(更加类似于深度优先),即设置在已知的全局广度上,试图挖掘全部深度,直到所有深度的项目都被全部采集完成。

数据采集分为 7 个步骤:① 抓取筹资成功的项目列表及正在进行筹资的项目列表,形成初始采集项目列表;② 根据项目列表,采集项目内容(发布者,发布日期,筹资金额,进度等);③ 根据项目采集内容,解析项目支持者列表;④ 根据项目支持者列表,抓取投资者曾经支持过的项目(包括筹资成功与筹资失败的项目);⑤ 过滤未达到筹资目标的项目,形成新的未采集项目列表;⑥ 根据未采集项目列表,采集项目内容信息,并且重复步骤②～步骤⑥,直到所有项目内容信息与支持者列表采集完毕;⑦ 根据项目内容信息,采集相关信息(项目的更新信息,评论信息等)。

采用 Python 作为脚本语言,MySQL 作为数据库,抓取了所有项目信息。本书采用了所有能被抓取到的数据,而不对数据进行筛选,因为在比较大的数据集上进行分析,得到的结果往往比抽样减少了样本的随机性,结论也更为可靠。但是为了保证数据的准确性,仍然需要剔除以下项目:① 目前正在进行筹资的项目且筹得资金的比例不足100%,这类项目由于并不能判断能否筹资成功,对模型没有意义;② 被取消的(Cancel)项目,这类项目是在项目的进行过程中,由于各种原因被取消,也可能没有筹资是否成功的状态信息(接下来专门探讨了这部分取消项目的具体处理方式);③ 已经不对公众公开展示的项目。详细过程讨论如下。

采集数据的具体步骤是:首先从 Kickstarter 的主页出发,采集正在进行筹资的项目;然后采集正在进行筹资的项目的支持者以及项目发起者的用户信息;接下来,采集项目支持者及项目发起者曾经支持过以及曾经发起的项目;最后,迭代整个过程,直到没有新的项目出现为止。这样就可以采集到 Kickstarter 上的几乎所有项目以及用户信息。但是,仍然有一部分项目不能成功采集到:筹资者只发起了一个项目并且该筹资者没有支持过其他项目的记录,且该项目没有一个支持者。这部分项目的存在也是导致本书采集的数据与 Kickstarter 官方公布的数据在项目筹资成功率上有差异的原因。

Kickstarter 是从 2009 年开始上线的,所采用项目数据也是从那个时候开始的。本次一共采集了 136 309 个原始项目,但是这些项目中包含正在进行筹资的项目(筹得资金的比例不足 100%),这部分项目必须首先从样本中剔除,因为不能判断这部分项目筹资能否取得成功,对研究没有意义。

另外一类值得特别讨论的项目是:已经取消的项目,图 3-3 中展示了 Kickstarter 上的一个已经取消的项目例子①,可以看到的是该项目没有明确的筹资成功或者失败的状态信息。该例子是在筹资过程中,项目发起者取消了该项目(预定的计划筹资截止时间是 February 28,2014,但是在筹资进行过程中的 February 21,2014,项目发起者取消了该项目,此时项目已经筹得了 244 923

---

① 该例子目前可以公开访问:https://www.kickstarter.com/projects/1553662364/ozobot-intelligent-game-piece-for-physical-and-dig。

美元,达到预定计划的 24%)。即使项目已经筹资成功,但是由于筹资者计划的改变或者发现了之前项目计划的漏洞,也可能取消项目。

图 3-3　Kickstarter 上已经取消的项目的例子

在采集的全部数据中,取消的项目数量为 9 791 个,占全部采集项目的 7% 左右。面对如此大比例的取消项目,本书认为不能简单地忽略这部分项目。由于本书研究的对象是文本语言描述对项目筹资结果的影响,因此,对这部分取消的项目采用以下方法处理:① 如果项目在取消时,筹资进度已经达到或者超过 100%,则该项目视为筹资成功的项目,因为实际筹得资金已经达到了预设的筹资目标,这类例子中的一个典型项目是: *Soda Drinker Pro SipStarter*①;② 如果在项目取消时,筹资进度没有达到 100%,这部分项目不能判断最终筹资状态,把这部分项目从语料中删除。

经过上面的处理步骤,最终的数据如表 3-5 所示。按照 Kickstarter 官方

---

① 该项目可以公开访问:https://www. kickstarter. com/projects/506623852/soda-drinker-pro-sipstarter.

公布的资料,其项目的平均成功率为40%①,而本书采集的项目成功率为52%左右,这部分差异来自有一些众筹项目没有一个项目支持者,因此,不能采集到这些项目。但是对样本数据中约一半的失败项目进行深入研究仍然能够窥见语言特征对项目筹资结果的影响;另外一个剔除这部分项目而不影响本书研究结论的原因在于:一个投资者都没有的项目往往是在某些方面出了重大问题,这可能与语言特征并无关联,保留这部分项目反而可能会对文本分析结果造成负面影响。

表 3-5 本书采纳的众筹项目的统计信息汇总

项目	数量	项目	数量
所有原始项目数量	136 309	最晚项目时间	2014-07-24
实际研究采纳项目数量	126 593	最高计划筹资	£100 000 000
成功项目数量	66 059	最低计划筹资	$0②
失败项目数量	60 534	平均计划筹资	18 867
成功率	52.18%	平均实际筹资	9 343
筹资者人数	107 548	平均筹资进度	245.71%
平均每个筹资者发起项目数量	1.18	筹资成功项目的平均筹资进度	458.71%
投资者人数	6 430 772	筹资失败项目的平均筹资进度	13.26%
投资者参与人次	16 700 471	计划筹资总额	2 388 417 185
项目平均投资人数	132	实际筹资总额	1 182 792 542
每个投资者平均参与项目数量	3	项目类别数	15③
最早项目时间	2009-04-21		

3.4.2 数据概述

表 3-6 中展示了数据分类汇总,总体来说,在所有众筹项目中,所占比例较大的是电影、音乐类别的项目;而筹资成功率最高的是舞蹈、戏剧及音乐类项目;时尚类项目是最不容易筹资成功的。

---

① 该数据来源为:https://www.kickstarter.com/help/stats。
② 本书也为这个筹资计划为 0 的项目感到惊奇,但是它却确实存在,该项目的地址是:https://www.kickstarter.com/projects/jerry/loveland-round-6-a-force-more-powerful。
③ Kickstarter 官方提供预定义类别数为 15,这个类别可能会调整,这里展示了类别:https://www.kickstarter.com/learn?ref=nav。

表 3-6 数据分类汇总

项目类别	数 量	比 例	平均筹资目标	筹资目标比例	平均筹得资金	筹得资金比例	筹资成功率
Art	10 420	8.23%	20 549	8.96%	3 686	3.25%	56.56%
Comics	3 740	2.95%	8 312	1.30%	7 772	2.46%	56.18%
Crafts	1 112	0.88%	5 076	0.24%	2 731	0.26%	47.30%
Dance	1 817	1.44%	5 537	0.42%	3 740	0.57%	75.34%
Design	7 091	5.60%	23 451	6.96%	25 268	15.15%	45.89%
Fashion	4 988	3.94%	11 727	2.45%	7 322	3.09%	38.07%
Film & Video	29 524	23.32%	28 509	35.24%	7 395	18.46%	49.60%
Food	5 793	4.58%	17 528	4.25%	8 185	4.01%	44.61%
Games	8 519	6.73%	32 141	11.46%	28 655	20.64%	45.10%
Journalism	813	0.64%	39 198	1.33%	5 004	0.34%	45.88%
Music	25 584	20.21%	7 885	8.45%	4 496	9.73%	64.82%
Photography	3 796	3.00%	7 627	1.21%	3 656	1.17%	44.15%
Publishing	13 582	10.73%	8 950	5.09%	3 726	4.28%	40.98%
Technology	4 172	3.30%	57 731	10.08%	41 108	14.50%	41.23%
Theater	5 642	4.46%	10 759	2.54%	4 403	2.10%	71.38%
合 计	126 593	52.18%	18 867		9 343		52.18%

具体来说,在所有的项目类别中,戏剧类(Theater)项目的筹资成功率最高,达到了71%;而时尚类(Fashion)项目的成功率最低,仅为38%。所有项目的平均成功率为52%,这与之前研究采集到的数据样本基本一致(例如:Kuppuswamy & Bayus,2013)。而从筹资目标上看,科技类项目平均筹资目标最高,达到了57 731美元;而手工艺品类(Crafts)项目的平均筹资目标最低,仅为5 076美元。但与此对应的实际筹资最高的是科技类(Technology)项目,达到41 108美元;而实际筹资最低的是手工艺品类(Crafts)项目,平均筹得资金2 731美元。平均筹资时长在33~37天。关于项目平均参与人数上,游戏类(Games)项目参与人数最多,艺术类(Art)项目的参与人数最少,这表明在互联

网上关注游戏的用户数大于艺术类项目的关注人数,但有意思的是,艺术类项目的成功率比游戏类项目的成功率却高得多(分别为56%和45%)。

由于本书使用到了项目更新信息文本,因此,这里专门列出有关信息更新的统计信息。表3-7中展示了项目信息更新统计。从表3-7中可以得到最直观的启示是:无更新信息的项目的筹资成功率实在太低了,仅为15%,这与52%的总体筹资成功率形成鲜明的对比。另外,本数据总共包含407 582条信息更新,但是只有243 730条信息更新是在筹资期内的更新,约占所有更新的60%。

表3-7 项目信息更新数据汇总

项目数量	总体筹资成功率	无更新信息的成功率	筹资期内更新数量	所有更新数量
126 593	52.18%	15.06%	243 730	407 582

图3-4中展示了本书所采用的样本的筹资进度分析结果。可以看到,相当多的项目筹得资金的比例都在20%以下;而在筹资成功的项目中,大多数项目筹得资金的比例都在100%到120%之间。筹资进度呈现了典型的双峰分布。

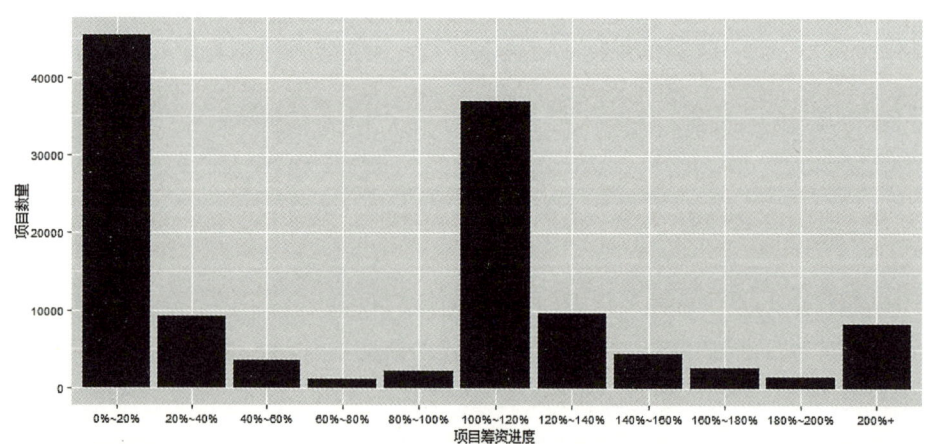

图3-4 项目筹资进度分析

图3-5中展示了本书数据的趋势,包括每月新上线的项目数量、项目的平均筹资成功率。该数据统计以月为周期,以项目开始筹资的日期所在月作为划分项目时间的指标。从项目的数量统计来看,项目数量呈现递增趋势,其中在2012年以前的增长最为迅猛,而在2013年以后数量波动不大。最后一个月

第 3 章 众筹背景介绍、研究框架及研究数据

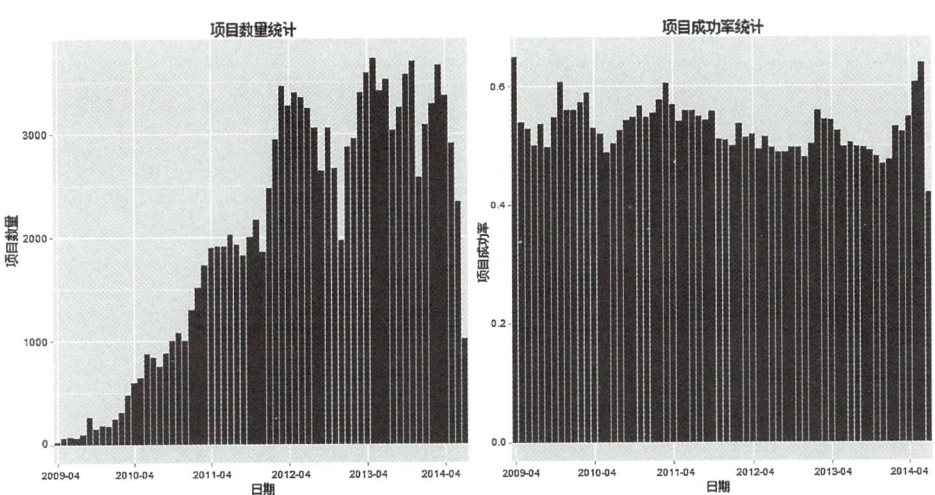

图 3-5 本书数据样本的趋势统计

(2014 年 7 月)的项目数量相对较少(1 013 个项目),这是因为在采集数据中,数据截止到该月中旬即停止。从项目融资成功率上看,项目融资成功率基本保持平稳,在 50% 左右。这表明,在该数据样本中,没有其他显著因素影响项目融资成功率异常波动,这部分数据具有研究价值。

Kickstarter 并不限制币种,表 3-8 中展示了本书数据样本采用的币种统计信息。可以看到,约 95% 的项目采用以美元为币种,但是也存在相当一部分项目使用了其他币种。由于本书建立的计量模型因变量是一个虚拟变量:0 代表项目筹资失败;而 1 代表项目筹资成功。因此,采用何种币种对研究结论并无影响。但是从表 3-8 的统计中,还是可以清楚地看到:以美元为币种的项目筹资成功率高于其他币种。

表 3-8 本书数据样本所采用的币种统计

币 种	项目数量	比 例	成功项目数	筹资成功率
$(美元)	120 082	94.86%	62 711	52.22%
£(英镑)	6 446	5.09%	3 322	51.54%
€(欧元)	65	0.05%	26	40.00%

表 3-9 中显示了项目发起者所在国籍及筹资成功率对比。可以看到来自美国的项目发起者的项目筹资成功率显著高于来自其他国家的项目发起者。

表 3-9 项目发起者所在国籍与项目成功率统计

发起者国籍	项 目 数	所占比例	成功项目数	筹资成功率
美 国	114 201	90.21%	60 253	52.76%
其他国家	12 392	9.79%	5 806	46.85%

3.5 计 量 模 型

首先需要解决模型因变量的问题,总结起来,至少有 3 种不同的因变量:① 虚拟变量(Dummy Variable),即项目筹得的资金是否达到了预设的筹资目标,如果达到了,因变量设为 1;反之,因变量设为 0;② 项目筹得资金的比例,达到或者超过 100%,意味着项目融资成功;否则意味着融资失败。项目筹得资金的比例越大,表明项目的吸引力越强(超筹越多);③ 参与投资的人数,参与投资的人数越多,表明项目越被看好(Marom & Sade,2013)。这三个指标都可以对众筹项目文本描述的说服效应进行度量,但是,结合实际应用环境,第一个指标应该是最有效的,因为在 Kickstarter 下,项目筹资的最终结局只有两种:成功或者失败。只有筹资成功的项目才能拿到筹得的资金,因此,虚拟变量是比较自然的选择,在已有研究中大量采用该指标作为模型的因变量(例如:Colombo & Franzoni et al.,2015)。但是,也不能忽略后面两种度量方式的作用,他们从另外一个方面衡量了文本的说服效应,因此,采用后两个因变量作为鲁棒性检测的手段之一。

本书建立的计量模型如式(3-1)所示。

$$Project\_status_i = \alpha + Language\_aspects_i'.\beta + Control\_variables_i'.\gamma + \varepsilon_i \quad (3-1)$$

其中,$Project\_status_i$ 代表项目 i 的筹资状态,这是一个虚拟变量,0 代表项目筹资失败,1 代表项目筹资成功。$Language\_aspects_i'$ 代表项目 i 的有关语言特征方面的变量集合;$Control\_variables_i'$ 表示控制变量向量;α 表示截距;β 和 γ 表示有关语言特征的系数以及控制变量的系数;ε_i 代表对模型的随机扰动因素,通常被假设为服从正态分布,即 $\varepsilon = N(0, \delta^2)$。

为了进行本书研究的鲁棒性检验,同时建立了以下 4 个模型用于检验研究结论的稳健性。

模型 2：筹资进度模型（LOG）。式（3-2）展示了筹资进度模型，其中，$Project\_progresss_i$ 表示项目 i 的筹资进度，其最小值是 0。

$$\log(Project\_progresss_i) = \alpha + Language\_aspects'_i \cdot \beta + Control\_variables'_i \cdot \gamma + \varepsilon_i \quad (3-2)$$

模型 3：参与投资的人数模型。式（3-3）展示了参与投资人数模型，其中 $Backers\_count_i$ 表示项目 i 的参与投资人数。参与投资的人数越多，表明投资者对项目的兴趣越大，但是并不能认为这就能 100% 导致项目筹资成功，因为如果项目的筹资目标设置得过高的话，即使有很多投资者参与也不能保证项目筹得的资金达到预定的筹资目标。

$$Backers\_count_i = \alpha + Language\_aspects'_i \cdot \beta + Control\_variables'_i \cdot \gamma + \varepsilon_i \quad (3-3)$$

模型 4：Logit 回归模型。与模型 1 类似，因变量是虚拟变量，0 代表筹资失败，1 代表筹资成功。其计算方法如式（3-4）所示。

$$\Pr(Y=1 \mid X) = [1+e^{-X'\beta}]^{-1} \quad (3-4)$$

模型 5：Probit 回归模型。其计算方法如式（3-5）所示。

$$\Pr(Y=1 \mid X) = \Phi(X'\beta) \quad (3-5)$$

Logit 模型和 Probit 模型的区别在于 Probit 假设样本数据服从正态分布；而 Logit 假设样本数据服从逻辑分布。二者各有优劣：Logit 可以更好地解释模型，因为模型通过 Log 函数进行计算；而 Probit 是一种累计概率函数，可以更快地逼近曲线。

图 3-6 中显示了本书研究的模型示意图，展示了文本属性与文本层次的对应关系。更详细地说，第 4 章的模型是关于项目摘要文本的语言修辞风格研究；第 5 章是关于项目标题、摘要、详细描述文本的前 100 词、详细描述文本及回报文本的情感分析，以及主客观性检测；第 6 章是关于项目标题、摘要、详细描述文本的前 100 词以及详细描述文本的内容偏向性研究；第 7 章是关于项目标题、摘要、详细描述文本的前 100 词、详细描述文本及回报文本的欺诈性属性检测；第 8 是更新文本层次的文本更新模式研究。

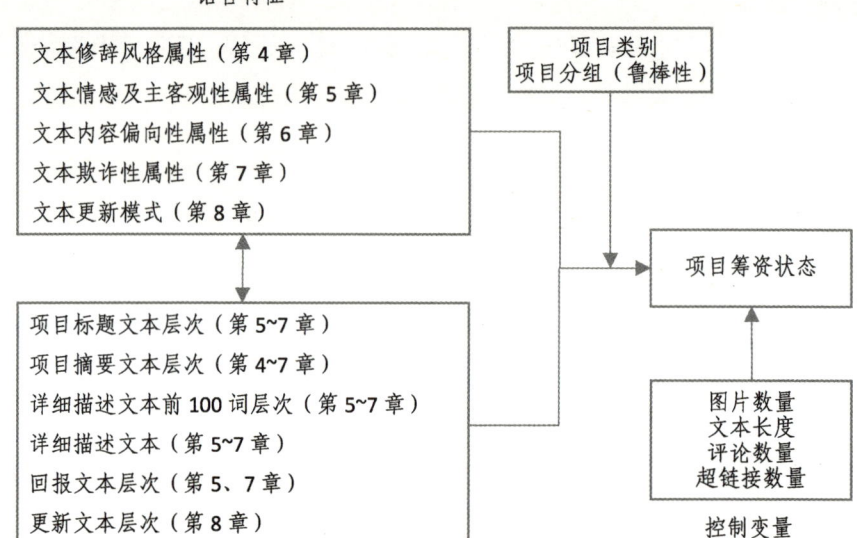

图3-6 模型示意图

3.6 控制变量及其效应

根据已有的研究文献(例如:Kuppuswamy & Bayus,2014;Mollick,2014),采用了表3-10所示的18个变量作为模型的控制变量。

表3-10 模型的控制变量说明

变量名称	变量说明	最小值	最大值	均值	标准差
updates_count	更新次数	0	301	5.88	9.40
comment_count	评论次数	0	313 876	41.92	1 319.64
project_goal	筹资目标	0.01	100 000 000	18 866.9	374 394.9
funding_lastdays	项目筹资时长	1	91	35.02	13.97
len_full_description	项目描述长度	13	203 273	5 480.99	6 013.13
pledge_level_number	回报等级数量	0	227	9.00	5.53

第3章　众筹背景介绍、研究框架及研究数据

续　表

变量名称	变量说明	最小值	最大值	均值	标准差
is_video	是否有视频介绍	0	1	0.83	0.37
$image\_number$	图片数量	0	173	4.03	7.90
$hyperlink\_number$	超链接数量	0	2 399	2.59	8.62
$Category$	项目类别（大类）	1	15	8.52	3.82
$preceding\_project\_number$	项目发起者之前支持的项目数量	0	96	0.35	2.12
$is\_first\_project$	是否是项目发起者的第一个项目	0	1	0.86	0.35
$facebook\_followers\_number$	Facebook 好友数量	0	5 981	492.93	814.72
$is\_facebook\_connected$	是否有 Facebook（twitter）推广链接	0	1	0.58	0.49
min_pledge_money	最低参与投资金额	1	1 000	8.85	81.56
max_pledge_money	最高参与投资金额	1	1 000	2 079.55	2 905.74
avg_pledge_money	平均参与投资金额	1	1 000	393.71	519.43
$is\_founder\_us$	发起人地址是否是在美国	0	1	0.90	0.30

值得特别说明的是：关于发起人是否在美国（$is\_founder\_us$），是根据项目发起者所居住的城市进行区分。可以抓取到项目发起者所在的城市，例如："$Philadelphia,PA$"或者"$Oshawa,Canada$"，然后建立了美国50个州及哥伦比亚特区的数据表，见附表3-1；最后根据项目发起者所在的城市进行文本匹配，如果一致，则该地址位于美国；否则属于美国以外的区域。在上一节中，分别统计了不同地区的项目发起者所发布的项目筹资成功率，具有直观的启示。另外，项目类别（$Category$）为对15类项目进行编号（1~15）。

表3-11中展示了控制变量对于众筹项目成功融资的效应。首先，对于项目更新的数量，所有模型均能支持更新数量越多，项目融资的成功率越大，这是由

于更新信息传递了较多的项目进展给潜在投资者,使投资者能够更加有效的评价项目质量(在第8章中,专门探讨了更新文本的效用)。其次,评论文本数量尽管在模型1中显著负相关,但是由于其相关系数太小(<-0.000),几乎可以忽略不计。项目筹资目标显著与筹资成功率负相关,即筹资目标越高,项目的融资成功率越低。

表3-11 本书的控制变量效应

变量名称	模型1	模型2	模型3	模型4	模型5
updates_count	.022***	.024***	4.253***	1.463***	.833***
comment_count	−.000***	.000***	−.006***	.755***	.425***
project_goal	−.000***	−.000***	.000	−1.236***	−.697***
funding_lastdays	−.005***	−.004***	−.203***	−.694***	−.394***
len_full_description	−.000***	−.000***	.002***	.005	.002
pledge_level_number	.006***	.005***	1.805***	.609***	.346***
is_video	.098***	.051***	14.81***	.563***	.320***
image_number	−.003***	.003***	.949***	−.300***	−.171***
hyperlink_number	.002***	.001***	.292***	.032**	.019**
category	.002***	.001*	.498***	.088***	.049***
preceding_project_number	.001 2	.005 2***	.397 1**	−.180 8***	−.100***
is_first_project	−.040***	−.100***	−6.817***	−.010	.001
facebook_followers_number	.000***	.000***	.011***	.427***	.234***
is_facebook_connected	−.068***	−.063***	−11.55***	−2.778***	−1.525***
min_pledge_money	.000	.000	.018***	.400***	.224***
max_pledge_money	−.000***	−.000***	.006***	−.125***	−.072***
avg_pledge_money	−.000***	−.000***	−.020***	.421***	.238***
is_founder_us	.040***	.035***	−.454	.249***	.143***
截距	.496***	.557***	7.51***	6.430***	3.619***
R-squared	0.222	0.279	0.248	—	—

*** $p<0.001$,** $p<0.01$,* $p<0.05$

但是,稍显意外的是,项目的筹资时间(funding_lastdays)与项目成功率的关系呈现显著负相关,这意味着筹资时间越长,项目的成功率越低。筹资者可以自定义筹资时长,实验表明当筹资者选择的时长越长,越不利于项目成功,这可能是由于项目的筹资一般呈 U 型趋势,即项目开始的第一周与结束前的最后一周筹得的资金最多,而中间时间段作为用户疲怠期(Fatigue Period),投资者参与性不高(Ceyhan & Shi et al. ,2011)。且疲怠期越长,对筹资冲刺阶段的动量越小(Kuppuswamy & Bayus,2013;Mollick,2014)。另外,Kickstarter 官方的统计数据也建议筹资者不要选择太长的筹资时间,验证了本书结果的正确性。

在文本长度方面,研究结果显示,文本的长度对项目的成功率并无显著关系。而描述文本中的图片数量与项目的融资成功率负相关,这表明在文本描述中堆砌太多的图片以此试图吸引投资者的关注是没有意义的。另外,视频信息能够显著提升项目的成功率,这与 Kickstarter 对所有项目发起者的建议是一致的:所有项目均应该包含 1 个或者多个高质量的视频介绍。同时,项目介绍中的超链接数量也可以提高项目的融资成功率,这表明潜在投资者对具有较多引用的内容更加感兴趣。超链接常常是对项目的补充描述,表明筹资者对项目准备较充分(Greenberg & Pardo et al. ,2013),这能够更好地展示项目质量。

最后,值得讨论的是项目的回报信息。筹资者如何设置回报是一个没有太多研究成果的问题,本书的控制变量包含了 4 个有关回报信息的变量:$pledge\_level\_number$,min_pledge_money,max_pledge_money,avg_pledge_money。回报等级数量($pledge\_level\_number$)越多,越能够促成项目融资成功;而筹资的最低参与额度(min_pledge_money)应该尽可能低一些,以吸引那些还在犹豫的投资者;类似地,最高参与额度(max_pledge_money)应该适当降低。这促使本书对筹资者提出了以下建议:① 应该多设置一些参与等级,以此体现众筹概念中的"众";② 在最低参与额度上,应该设置较低的参与门槛;③ 降低平均参与门槛,以多吸引参与者来弥补降低参与额度的损失。但是这样也会带来一些问题:例如参与人数太多导致的管理问题及后期的回报实施成本问题等,这需要筹资者视情况斟酌。

3.7 本章小结

本章首先介绍了众筹项目的背景,以 Kickstarter 为例,归纳了在 Kickstarter 上发起一个众筹项目所需要的步骤;然后提出了研究框架,该研究框架重点包含了两个方面：其一是有关众筹文本研究对象，包括项目标题、项目简介（文本摘要）、详细描述文本的前 100 个词、详细描述文本、回报文本及信息更新文本；其二是对这些文本对象的主要属性进行了归纳，包括以下文本属性：文本的语言修辞风格、文本的情感分析及主客观性、文本的内容偏向性、文本的欺诈性检测及文本信息更新模式。接下来介绍了本书的研究数据，包括数据采集及一些初步的数据分析结果。接着，对研究的计量模型进行了介绍，建立了一个以虚拟变量为因变量的模型作为主要检测模型，另外还建立了 4 个模型用于鲁棒性检测。最后，对模型的控制变量及效应进行了讨论。

第4章
文本语言修辞风格对成功融资的影响

在互联网上,用户常常面临信息过载(Ghose & Ipeirotis et al.,2014)。类似地,在众筹社区中,每天都会有大量的项目上线,投资者不可能仔细阅读每个项目的详细文本,只会有选择性的看部分项目的介绍。而众筹项目的文本简介(摘要),提供了类似学术论文摘要的功能。在阅读学术论文的时候,读者一般选择先阅读摘要,要是能引起兴趣才会详细的研究论文。在众筹项目中,投资者也会先阅读众筹项目的简介,感兴趣的话才会继续深入评估项目并参与投资。因此,本书认为,众筹项目的文本简介值得仔细研究。

图4-1中展示了Kickstarter上的一个典型项目,其中实线框部分是项目简介(Blurb,类似于论文的摘要)。这部分内容比较短小,一般只有100个字符左右,但是展示的位置位于视频介绍的正下方,并且使用了加大字体吸引访客注意;HTML代码的Meta Data部分也重点突出了Blurb,有助于搜索引擎检索。在一些众筹文本研究文献中,当文本长度较长时,也通常截断文本,只提取前面的若干文本字符(例如:Marom & Sade,2013;Xu & Yang et al.,2014),而项目简介正具有这种短小的文本特征。因此,这段文本对潜在投资者的投资意愿具有一定影响。从分析的大量项目的文本上看,这部分内容采用了不同的语言风格,例如图4-1中的项目,就采用了较强的情感呼吁式的表达。

为了分析项目文本简介对筹资成功率的影响,以众筹项目作为研究对象,研究众筹项目文本描述中如何有针对性的采取合适的语言修辞风格,才能有效打动投资者。更明确地,本章提出了以下研究问题:① 项目发起者经常采用了哪些语言风格,如何定义每种语言风格,并对已有的项目描述文本进行分类;② 分析每种语言风格在不同项目类别下的效应。各种语言风格如何影响众筹项目筹资成功率?③ 根据每种语言风格对筹资成功率的影响,提出管理建议,指导筹资者在不同类别的项目中采用最佳语言风格。

图 4-1　众筹项目展示页面

4.1　语言修辞风格分类与研究假设

4.1.1　霍夫兰德说服模型及亚里士多德修辞技巧

说服是引起人的态度改变的有效途径,即通过给予一定诉求,引导接受者的态度和行为趋向于劝说者的预定方向。在霍夫兰德的说服模型中,说服者、说服对象、说服信息和说服情境构成了态度改变的四个基本要素,其中说服者、说服信息和说服情境是态度改变的外部刺激(Hovland & Weiss,1951;Janis & Hovland et al.,1959)。而在众筹项目中,文本描述属于说服信息,其体现出的说服性是影响投资决策的重要因素之一。语言的说服性带来态度的改变,并最终导致行为的差异(Ajzen & Fishbein,1980)。例如,在筹资倡议中,姓名出现在文本中的次数会显著影响捐赠者的积极性(Turner & Yeakel,1994)。文本语言说服性的影响是多方面的,即使是对相同内容的描述,由于采用不同的文本语言表达技巧可以导致不同的说服效应,典型的例子有：关于灾情的描述中,"伤亡人数"与"幸存人数"相比,后者由于采用正面的信息传递方式,说服效果会好得多(Tversky & Kahneman,1981)。

早期的说服风格研究主要是关于庭辩中的修辞技巧。亚里士多德在《修辞学》一书中,对修辞的定义是"一种发现存在于每一种可行事例中说服方式的能力"(Aristotle,1954)。这一定义很宽泛,却构成了现代语言修辞学的基础。通常认为,修辞是对听众的一种说服,让听众形成某种判断,认同、赞成并采纳自己所持的观点或采取某种行动。亚里士多德把说服分为3种模式：① 诉诸人格(Ethos)：指演讲者在演讲中(尤其是开始阶段)要向观众展示自己的知识和道德水平,目的在于表现演讲者的个人特质是值得信任的,以此说服听众,这类似于中文的"以德服人";② 诉诸逻辑(Logos)：指演讲者在演讲中强调逻辑,以逻辑推演的方式证明自己的观点,而否定对方的观点,这类似于中文的"晓之以理";③ 诉诸情感(Pathos)：指演讲者在演讲中动用所有深刻的情感来唤起听众的共鸣,这类似于中文的"动之以情"。实际上,上述3种说服模式与中国倡导的"喻德、喻理、喻情",不谋而合。

亚里士多德的修辞三元组为众筹项目的语言说服风格研究提供了基础。关于众筹的一项调查发现,在最流行的项目中,发起者不同程度地在文本描述中采用这3种语言说服风格(Tirdatov,2014)。因此,对于众筹而言,采纳修辞风格三元组构建说服风格模型是合理的。

亚里士多德把语言劝说分为3种模式,但是这种语言使用环境是为庭辩专门设置的。而庭辩的参与方与众筹项目显然不同,而且参与者涉及的经济关系也各不相同。对众筹项目而言,这3类语言模式并不能概括用户所采用的全部说服风格。我们发现,以下因素对众筹项目的投资意向同样具有显著的影响。

首先,大多数众筹项目都不是慈善活动,因此,潜在投资者的投资行为会受到发起者承诺回报的影响。在文本介绍中涉及与回报有关的内容可能会影响项目能否成功筹资。众筹项目往往是基于回报的,这个特点显著不同于亚里士多德那个时代提出的辩论技巧3要素。研究者已经注意到,项目发起者许诺的回报是潜在投资者是否参与项目的重要因素(Gerber & Hui,2013),这种回报可能是实物回报,也可能是精神上的回报。实证研究发现,承诺给予实物回报的项目比那些没有承诺实物回报的项目更容易获得成功(Mollick,2014),但这并不能否认在项目描述文本中突出回报的意义。

其次,发起者常采用夸大甚至吹嘘的方法描述项目,以图提高说服性。例如:"最好的"、"最酷的"、"第一"等。已有研究指出,信息传递过程中,理性的夸张与反夸张会对信息接受者产生不同的说服效用(Rausser & Simon et al.,2015),这表明夸张的说服风格会影响投资决策。而广告宣传使用夸张的手法不利于消费者品牌认知,甚至会对用户的购买意愿形成负面影响(Krishnan & Dutta et al.,2013)。类似地,政治领导人的传记电影,如果采用夸张的方法,会令民众觉得缺乏真实感(Weber & Wirth,2014)。在这些研究中,普遍认为夸张风格是不利于信息传播的。但是,在众筹项目描述中,夸张手法是否有效悬而未决。

4.1.2 基于扎根理论的说服风格分类

文本的语言风格各式各样,依据亚里士多德的修辞学方法结合扎根理论进行挖掘。具体步骤如下,首先,在开放式登录中,阅读了大量众筹文本描述,对其中使用的有关语言风格的词汇进行了详细登录,如"请支持、回报、请转发、最好的、最酷的、最先进的、第一、权威、请、求、逻辑、因此、所以、容忍、情感交流、热情、温暖、亲密、报答、可信、圈子、安全、物有所值、专家、高学历、经验、奖励、团队、感谢、领先、请求、辛勤、辛苦、推理、因果、奖励"等。在这一步骤中,没有对语言风格词汇进行任何形式的合并和处理,全部词汇原样登录。

然后,关联式登录中,在上述典型语言风格的词汇之间找到了一些联系,如图4-2中所示,关联式登录分为2个方面:分别是描述对象关联及语义关联。在描述对象关联中,包含3个描述对象:有关"人"的描述、有关"项目"的描述以及描述语言策略。而在语义方面,可以由5个主要类属将这些概念连接起来:"专业性、请求、逻辑、回报和夸大"。这5个主要类属具有以下特征:① 每个类属并没有严格区分开来,部分语义类属上存在重叠,例如专业性与夸大(一个典型的例子是"第一",既可以登录为专业性表述,也可以登录为夸张性表述);② 在每一个主要类属下面又分别有相关的分类属,比如在"请求"类属下面有"请求支持、请求转发、请求推广、请求投资、请求提意见"等;在"专业性"类属下面有"专家、学历、经验、奖励、认证、博士、教育"等。

最后,在所有的类属和类属关系都建立起来以后,核心式登录的过程中将核心类属定为"文本语言如何有效地说服众筹项目的投资者进行投资",如图4-3中所示。在这个理论框架下对原始词语进行进一步的分析以后,建立了以下扎

第 4 章 文本语言修辞风格对成功融资的影响

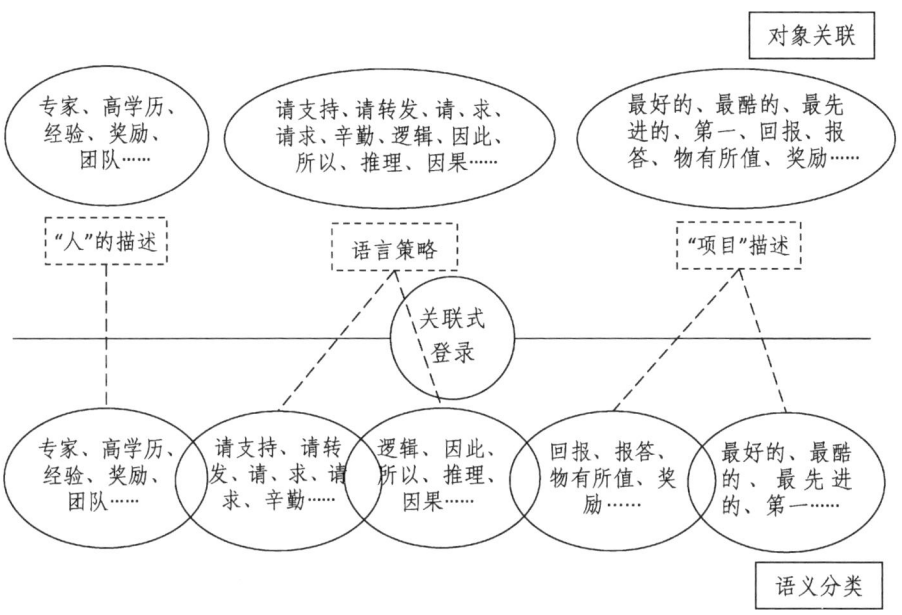

图 4-2 关联式登录

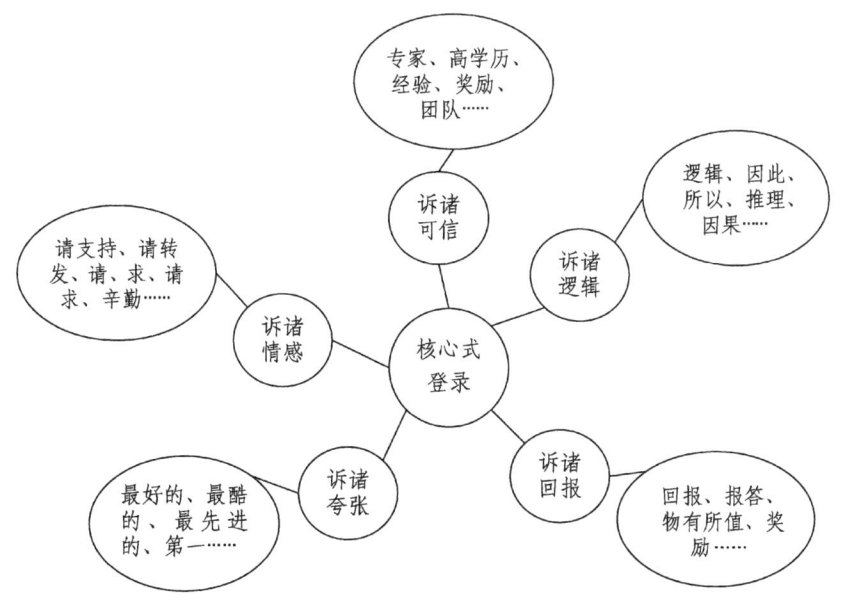

图 4-3 核心式登录

根理论：① 在核心式登录中，语言的说服性可以划分为 5 种方式，即诉诸可信、诉诸情感、诉诸逻辑、诉诸夸张和诉诸回报，每种说服方式之间具有排他性；② 5 个主要类属的语言说服效应具有差异，并且可能在不同的项目类别中表现并不一致，需要分别讨论。

4.1.3　说服风格的初始关键词识别

关键词是一组代表文本特征的词汇，关键词匹配是实现文本分类的有效方法。例如，在专利研究领域，关键词分析是常用的方法(Noh & Jo et al.,2015)。已有研究曾提出关于说服风格的关键词，但是不全面(例如：Goering & Connor et al.,2011)。另外，基于关键词的文本分类也存在一些不足：关键词的多义性可能会导致语义偏离(Yoon & Lee et al.,2010)，因此，在关键词的抽取和选择上需要足够重视。

依据已有研究(Clifton & Cooley et al.,2004)，把文本关键词抽取归纳为 3 个问题：代表文本的最合适的元素选择；关键词抽取方法；关键词数量的确定，其流程如图 4-4 所示。

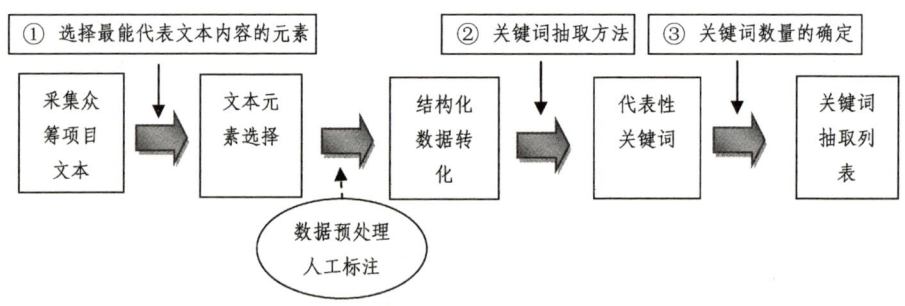

图 4-4　初始关键字提取流程示意图

首先，选择最能代表文本内容的元素。众筹平台提供了多个文本描述区域，有项目标题、项目简介、详细描述文本、回报文本、信息更新文本等。以项目简介为研究对象，原因如下：① 具有高度概括性。读者对摘要感兴趣，才会阅读全文，众筹项目的摘要以简短的文本概括了项目，是发起者吸引投资者的第一层次，鉴于这种重要性，语言的说服性能够更好地发挥作用；② 全文太长，介绍了项目的各个方面，包含较多的噪声，不易处理(Clifton & Cooley et al.,2004)；③ 从摘要中抽取关键词比从全文中提取的准确性更高，相对于详细介绍，摘要的结构和词汇较单一，因此更容易得到一致性的结果。例如，对于专利的识别，基于摘要进行关键词抽取被证明是可行的方法(Xie & Miyazaki,2013);④ 项目摘要由于其简短,能够人工进行大量阅读和判断,结合文本挖掘方法,可以得到较高的文本分类准确性。已有研究中,当文本较长时,也通常截断文本(例如:Xu & Yang et al.,2014)。

其次,关键词抽取方法的选择。通常是以词频最高的词语作为文本的关键词,但该方法也有一定的缺点:① 高频词汇可能是通用词汇,不具有区分性;② 依据词频抽取的关键词极有可能使文本说服风格分类游移到其他分类标准中。因此,采用监督分类的方式提取关键词。首先对文本预处理,并人工标注语言说服风格的类型。然后,把文本转化为文档词语矩阵结构,计算TF-IDF值。已有研究证明,基于词频和逆文档频率的方法可以有效提取具有代表性的关键词,同时避免语料中不具区分性的常规词汇(Usui & Palmes et al.,2007)。

最后,关键词抽取数量的确定。关键词过多,就会包含不具有区分度的词汇;相反,如果数量太少,关键词可能只在特定的文本中出现过,很难代表一类说服风格的通用特征。实际应用中,有研究者选择较少数量的关键词,例如 10 个(Seol & Lee et al.,2011);另有研究倾向于较多的关键词,以增加覆盖面,例如500 个以上(Lee & Lee et al.,2008);还有研究介于二者之间,选择 30~50 个关键词(Lee & Yoon et al.,2009)。UGC 在语言使用上规范性不高,用户并非按照严格的语法创作文本(Liu & Xu et al.,2015)。因此,初始关键词不宜过多,而应该根据用户的使用习惯来扩大关键词列表。

表 4-1 中展示了语言说服风格对应的初始关键词,它们是对众筹项目进行文本分类的种子词汇。没有必要统一词性,否则会影响关键词的提取。另外,后面的实验都是基于关键词的词根展开的,因此限定词性的意义也不大。

表 4-1 众筹项目的语言说服风格分类及其初始关键词

说服风格	说 明	初 始 关 键 词
诉诸可信	突出发起者的专业性、权威性、获得的荣誉	specialist, trustworthiness, credibility, reliability, expert, proficient, authority, veteran, prize
诉诸情感	采用呼吁式的情感文本,以强烈的情感打动投资者	please, help, pity, support, alm, charity, goodness, appreciate, gratitude, thanksgiving, thank
诉诸逻辑	以严密的逻辑讲述项目,以获得支持	fact, case, statistics, experiment, logical, analogy, anecdote, reason, why, then, so

续表

说服风格	说　　明	初　始　关　键　词
诉诸回报	在文本中突出投资回报，许诺给予投资者回馈	delivery, reward, souvenir, transport, postage, post, bonus, shipment, in return
诉诸夸张	以夸张的方式描述项目，常带有吹嘘的成分	best, coolest, first, number 1, country, all over, most success, the most

为了验证表4-1中关键词列表对说服风格分类的有效性，随机选取300个众筹项目的摘要文本，对其人工标注。标注人员具有语言学背景，依据文本内容，判断每个项目摘要的说服风格能否被上述说服风格所覆盖。实验表明，该300个项目摘要均能分类到5类说服风格中，并不会出现无法分类或分类重叠问题。

4.1.4　研究假设

在决策过程中，人们总是非常顺从专家意见或权威意见。换句话说，当请求者是某个领域的专家或者权威的时候，人们更容易被他的这种专家身份说服(Cialdini,2001)。在众筹项目中，也广泛存在类似的现象，项目文本中突出筹资者的专家身份可以获得更多的投资者支持(Kuppuswamy & Bayus,2013)。这些内容包括项目发起者在一个领域内的专业水平和专业经验，在某些专业比赛中获得的奖励等。有关可信度的文本，能够降低潜在投资者的学习成本，帮助投资者快速了解项目发起人的专业能力，进而显著影响投资者的投资意愿。因此，提出如下假设。

假设4-1：诉诸可信的语言风格有助于众筹项目筹资成功

在众筹项目中，项目发起者一般许诺以实物或虚拟物品对投资者表示回报(例如：感谢信、艺术家的签名照、影视作品的致谢名单、T恤衫、帽子等)(Hemer, 2011)。有关回报的语言风格驱动了投资者的投资意愿。无论从哪个角度看，诉诸回报的语言风格都对投资者的投资意愿有正面影响，因此，提出了如下的假设。

假设4-2：诉诸回报的语言风格有助于众筹项目筹资成功

众筹项目可以看作是项目发起者对项目参与者的一种诉求，这种诉求常常是带有情感倾向的。而已有的关于情感分析的研究大多集中在对在线评论的分析上。关于众筹文本的情感分析研究较少，与此最类似的研究是1998年进行的一项以信件方式筹集资金的调查，研究者通过分析信件的内容，得到不同语言风格对投资者投资意愿的影响。实验结果表明，相对于逻辑语言风格，情感语言表达对筹资信件的效用有限(Ritzenhein,1998)。在后续研究中，亚里士多德学派的研究者采用了说服模型三元组：人格、情感和逻辑来分析筹资信件的效应。该实验与 Ritzenhein(1998)的实验过程类似，其结论也基本一致(Goering & Connor,2009)。在对慈善筹款倡议的文本内容分析后发现：情感诉求对筹资效果的影响不大，投资者更加关心文本内容,正是文本内容搅动了听众的情绪,而非文本中采用的情感修辞方式(Myers,2007)。因此,提出了如下的研究假设。

假设 4-3：诉诸情感的语言风格不利于众筹项目筹资成功

与其他语言风格不同的是,逻辑性的表达是应对虚假信息的有效方式。在一项关于广告的传播效应研究上,研究者发现除了广告的美学效果外,广告展示的逻辑体系也对广告效果具有显著影响 (Soon & Joun,2011)。调查指出：在所有 13 个最成功的众筹项目中,项目发起者均在项目介绍中不同程度的采用了逻辑性的语言表达 (Tirdatov,2014)。因此,提出了如下的研究假设。

假设 4-4：诉诸逻辑的语言风格有助于众筹项目筹资成功

在众筹项目中,由于项目支持者需要付出实实在在的金钱,因此,相对于夸张的文本描述,用户可能更倾向于接受客观准确的描述。但是,有趣的是,项目发起者却往往背离这个方向：在项目介绍中广泛采用夸张甚至吹嘘的语言风格。调查发现,夸张的手法会降低用户对产品形象的认知；而如果对人物进行夸张的话,可能降低公众对该人物的评价,特别是该对象是名人或者政客时 (Krishnan & Dutta et al.,2013;Weber & Wirth,2014)。因此,本章认为夸张的语言风格可能对众筹项目的成功具有负面效应,这促使本章提出了如下假设。

假设 4-5：诉诸夸张的语言风格不利于众筹项目筹资成功

图 4-5 中显示了本章的研究模型,文本语言风格会影响众筹项目的质量显示,并对用户投资意愿形成影响,因此会影响众筹项目能否筹资成功。

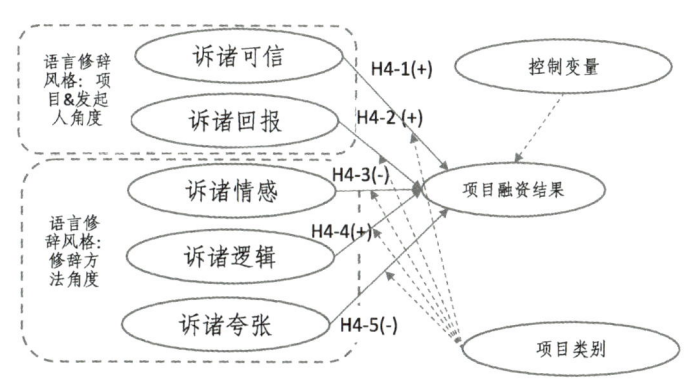

图 4-5 本章的研究模型

4.2 基于文本挖掘的语言修辞风格识别方法

4.2.1 同义词扩展关键词列表

表4-1中展示的种子词汇是最能代表一种语言风格的词汇,但是种子词汇数量有限,不能对所有项目文本进行有效分类。需要对种子词汇进行扩展,获得更全面的词汇列表。

首先从语义上扩展原始关键词列表,通过语义来扩展初始关键词列表在已有研究中已经被证明是有效的(例如:Hu & Liu,2004a;2004b)。*WordNet*(Miller,1995)具有同义词列表,*NLTK* 内置了 *WordNet*,而 *synsets* 包是 *NLTK* 工具包中实现的一个同义词库(Bird,2006),采用 *NLTK* 的 *synsets* 包进行同义词提取处理,算法4-1展示了伪码。

算法 4-1 同义词提取

输入:初始关键词列表 *Keyword_list* = {$K_1, K_2, \cdots, K_n$}.
输出:同义词列表

1. `import nltk`
2. **For** keyword *k* in *Keyword_list*
3.   `synonym_list = wordnet.synsets(`*k*`);`
4.   **For** *sl* in *synonym_list*
5.   `sim = `*sl*`.similar_tos();`
6.   **If** *sim* > *threshold*
7.   Add to output *list*;
8. `Output;`

算法4-1使用了两重循环,第一重循环输出目标关键词的直接同义词;第二重循环输出同义词的同义词(间接同义词)。寻找同义词的同义词有两个好处:① 快速扩大同义词列表;② 对遗漏的同义词能够最大程度的补全。例如:采用算法4-1,查询关键词"*expert*",输出的结果列表为"*adept*"、"*skilled*"以及"*technical*"。但是这也会导致一个缺点:同义词的同义词可能与原来的词语相似性并不大,特别是在词性不一致的情况下,因此,需要结合共现文本分析的结果对同义词进行筛选。

4.2.2 共现文本分析扩展关键词列表

在 UGC(User Generated Content)中,用户对词汇的使用可能并不严格遵循语义,但频繁共现的词语往往具有较大的关联性(Mathiesen & Angheluta et al.,2014)。通过频繁共现词汇来挖掘语义相似的关联词在已有文献中被广泛采用,这种方法可以挖掘用户采用的语言模式(Leung & Chan et al.,2006)。采用文本挖掘方法对文本语料进行分析,在 R 中使用 tm 和 NLP 包完成,具体步骤如下:

(1) 从硬盘中读入语料;
(2) 语料清洗,去除多余的空格以及无意义的字符;
(3) 小写转换,所有文字均转化为小写字母;
(4) 移除文本中的标点符号;移除文本中的超链接;
(5) 移除文本中的停用词,在中文中"的"、"地"、"得"、"你"、"我"、"等"都没有明确的含义,会影响文本挖掘的准确性。同理,英文中的"the"、"is"、"to"、"and"等词都以极高的频率出现,但是并没有实际意义;
(6) 词根提取,在英文中词语有过去式、过去分词、现在分词、完成时等变形,通过词根提取把所有词语的变形都还原为词的原始结构。例如:"plays"、"played"、"playing"、"play"的词根都是"play";
(7) 转化为词语文档矩阵,每行代表一个词语,每列代表一个文档;
(8) 计算词语之间的相似度,采用欧几里得距离函数;
(9) 输出相似度大于阈值的关键词列表。

值得特别说明的是,对于文本乱码的处理:在原始语料中,不可避免地会出现乱码,这不是文本采集的问题,而是用户在发表文本内容时,本身就含有标准英文字符集以外的其他文本字符,例如:韩文、日文、梵文等。这部分语料的存在会影响程序的正常运行,tm 包不能处理这类特殊字符。采用以下正则表达式进行过滤:[^0-9|a-z|A-Z ,.!\t&%#;;\n\r],凡是没有出现在正则表达式中的字符,全部替换为空格。算法 4-2 是 R 语言算法的伪码描述。

算法 4-2 共现词提取

输入:初始关键词列表 $Keyword\_list = \{K_1, K_2, \cdots, K_n\}$.

输出:共现词列表

1. library(SnowballC)

```
2.    library(tm)
3.    Corpus = LoadCorpus(data_file);
4.    Corpus = Tolower(Corpus);
5.    Corpus = RemovePunctuation(Corpus);
6.    Corpus = RemoveStopwords(Corpus);
7.    Corpus = PlainTextDocument (Corpus);
8.    Corpus = stemDocument(Corpus);
9.    Corpus_Matrix = TermDocumentMatrix(Corpus);
10.   For keyword k in Keyword_list
11.       k_assoc = findAssocs(Corpus_Matrix,k);
12.       Assoc_list = subset (k_assoc,threshold);
13.   Output;
```

算法4-2生成了关联度大于阈值的关联词列表,并标识了每个关联词的距离,距离度量方法采用欧几里得距离函数(Milligan & Cooper,1988),图4-6中展示了关键词"*please*"的共现文本分析结果的柱状图(由于篇幅所限,这里实际上只展示了部分共现词)。

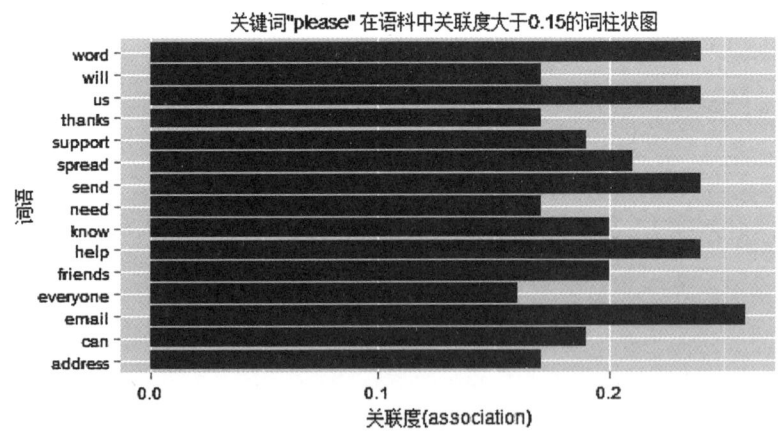

图4-6 共现文本分析例子(部分)

但是,如图4-6所示的关联词列表中,存在一些与原有关键字意义不一致的词。为了保证分类的准确性,需要结合上一小节的同义词列表,对关联词列表进行分析,过滤无关词语。

4.2.3 文本描述策略关键词列表及文本分类

采用以上方法生成了最终的关键词列表,附表4-1中展示了本章采用的文本描述语言风格及典型的关键词列表以及例子。

由于众筹项目的简介通常比较简短(大约100个字符),在有限的文本长度中,不太可能同时采用多种语言风格。因此,把语言风格作为分类变量,即语言修辞风格具有排他性,每个众筹项目的文本简介只属于1类语言风格。

依据关键词列表,依次扫描文本,一旦出现某个类别的关键词就把该描述文本归为该类别。当然,有一些描述文本中同时出现了两类或者两类以上的关键词,分别记录这类描述的关键词数量,采用存在数量较多的语言风格作为该文本的分类标准。如果两类语言风格出现的关键词数量一样,则进行人工分类。

为了验证本章采用的文本挖掘算法对文本分类的准确性,采用人工标注方法进行准确性验证。具体过程如下:① 对两位标注者进行培训,介绍语言风格的类别,定义及例子;② 两位标注者共同在一个较小的数据集上进行试标注,并解决标注的分歧,形成一致的评价标准;③ 从项目数据库中随机抽取300条项目简介;④ 两位标注者分别独自对这300条项目简介进行语言风格分类;⑤ 对于不一致的标注结果,采用第三人进行判断。结果显示,人工分类结果与文本挖掘得到的分类结果高度一致,kappa值为0.76,表明了本章采用的文本挖掘模型的有效性。

本章的模型框架如图4-7所示,主要分6步:① 数据收集;② 文本预处

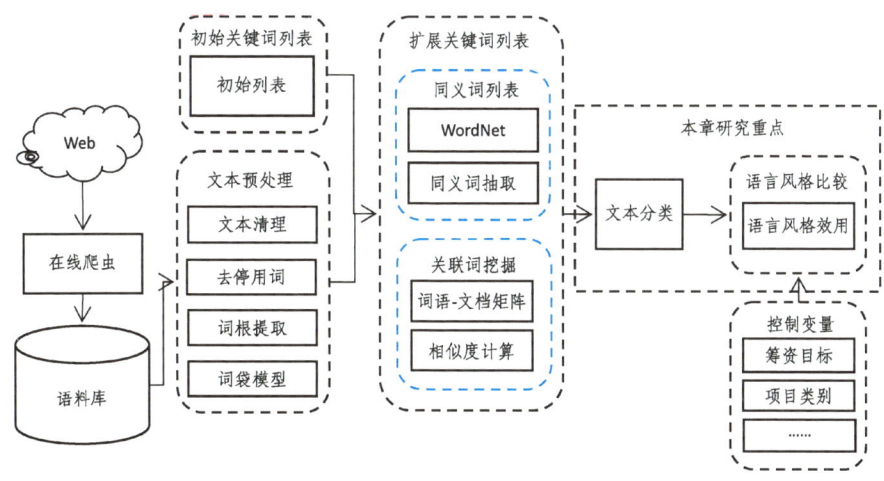

图4-7 本章研究模型框架

理;③ 构建初始关键词列表;④ 通过两种方法扩展关键词列表:同义词扩展以及关联词挖掘;⑤ 文本语言风格分类;⑥ 语言风格效用的比较分析。

4.2.4 关键文本片段的选择

从投资者的行为模式分析,已有研究文献证明:读者在阅读一篇论文时,如果摘要不能引起读者的兴趣,那么读者很可能不会仔细阅读该论文(Ohtani,2008)。类似的,如果众筹项目的摘要文本不能吸引投资者兴趣的话,投资者肯定不会仔细阅读项目的详细内容,并评估是否值得投资。所以,相对来说,摘要文本起到了吸引投资者第一层次的作用。为了验证这个论断,我们分三个步骤对该问题进行了详细讨论:① 实际调查结论(问卷);② 已有的理论研究支持;③ 更深入地,如果前两个步骤的工作在众筹项目分析中还是不够全面(说服性仍然不足),那么我们相信标题、摘要、详细描述文本的语言特征至少会共同决定一个项目的吸引力,因此,我们在鲁棒性检测中,对这些文本内容均进行了深入分析。

调查表(见附录)的目的在于评估众筹项目每个文本片段的重要度及阅读顺序,对博士研究生、MBA 学生、EMBA 学生及企业白领发放,采用不记名方式回答。被调查者具有以下特点:① 均听说过或者阅读过有关"众筹"的新闻报道或者文献资料,对众筹的概念有基本了解;② 约 10% 的被调查者表示曾经仔细阅读过至少一个众筹项目,并尝试参与众筹项目。本次调查一共回收了 321 份问卷,剔除回答不合格的问卷,实际可用问卷为 307 份。主要调查结果如表 4-2 所示。

表 4-2 问卷调查结果

文 本 片 段	重要度 (均值/方差)	阅读先后顺序 (均值/方差)
项目名称(标题)	4.00(2.00)	1.44(1.78)
项目摘要(简介)	3.89(0.61)	2.11(0.61)
详细介绍的前若干字符(例如:前 1 段或者前 100 个字符)	3.56(1.03)	2.89(0.86)
完整的详细描述	3.67(1.75)	4.00(1.00)
项目回报介绍	3.78(1.94)	3.33(1.50)

首先分析调查结果中的重要度,所有的文本片段都是比较重要的,均值均大

于3.5,这表明众筹项目所有文本描述片段都是值得筹资者仔细撰写的。尽管如此,不同的文本区域还是表现出较大区别,具体来说,项目名称被认为是最重要的,这可能源于项目名称可以直接向投资者传递第一印象;其次是项目简介,接下来是项目回报和完整的项目描述。更加值得留意的是方差,可以看到项目简介的方差是最小的(0.61),远远小于其他文本片段,这表明大多数被调查者对于项目简介的重要性是持一致观点的;与此相反的是项目名称,其方差最大(2.00),这表明对于项目名称的重要性是存在较大分歧的。因此,可以认为在所有的文本区域中,项目简介的重要性非常高,也是非常值得研究的。

其次,关于阅读的先后顺序来说,众筹项目描述可以看成是结构化文本,包含标题、摘要、正文、回报等。阅读的先后顺序能够一定程度的反映文本的重要度,因为越是重要的文本,投资者越有可能优先阅读。在20世纪早期的研究就已经发现,字词的位置对阅读理解有显著的影响(Chou,1929 & 1930)。从调查结果上看,受访者会首先阅读众筹项目的标题、其次是摘要、详细介绍的前面若干字符、回报介绍及详细文本描述。从阅读顺序上看,项目标题一般是最先看到的,但是项目标题的方差也是最大的(1.78),这表明受访者尽管对项目标题有很大的重视,但是同时也存在很大的分歧。而项目摘要文本,在受访者看来是仅次于项目标题阅读顺序的,而且方差最小(0.61),这表明受访者普遍一致认为项目摘要需要先进行阅读,然后根据摘要信息决定是否进行后续的阅读。如果项目摘要不能让投资者产生兴趣,那么很有可能投资者不会仔细阅读后续的其他文本片段。

鉴于重要度和阅读顺序两方面的调查,尽管项目标题也在一定程度上表现出了重要性,但是项目标题非常简短,很难有语言风格上的区分。而项目摘要无论是重要度评估还是阅读的先后顺序来说,都表现出了很大的优先性,摘要文本是值得详细探究的。

从现有理论来说,以英文学术论文为例,很多普通读者只会阅读论文的标题和摘要,而不会严肃对待论文的详细讨论及分析过程(Ohtani,2008),因此,只有当论文的标题和摘要能够吸引读者的时候,该论文才可能被读者仔细阅读。鉴于摘要的重要性,在摘要中如果包含不依赖于事实论据的误导性推测,这样的表达极容易给读者造成困惑和误解(Ohtani,2008),这些表述方式包括夸张、主观性表达等,这与众筹项目研究的思路是一致的。

鉴于本书对文本描述摘要的研究需求,对总体样本进行了一些处理后,得到本章文本语言修辞风格研究的语料集,这是文本所有研究数据的一个子集,参见表4-3。Kickstarter对项目进行分类,在所有的项目类别中,戏剧类成功率最高,达到69%;而科技类成功率最低,仅为36%。所有项目的平均成功率约为47%,与之前研究采集到的数据样本基本一致(Kuppuswamy & Bayus,2013)。从筹资目标上看,科技类平均筹资目标最高,达到59 145美元;而漫画类平均筹资目标最低,仅为8 167美元。实际筹资最高的项目是科技类,实际筹资最低的是摄影类项目。平均筹资时长在33~37天。关于项目平均参与人数,游戏类参与人数最多,艺术类最少。这表明,在互联网上关注游戏的用户数大于艺术项目的关注人数。但有意思的是,艺术类的筹资成功率比游戏类却高得多(分别为53%和38%)。

表4-3 实验数据样本汇总

项目类别	数量	成功率	平均目标($)	实际筹资($)	平均筹资天数	平均投资人数
艺术(Art)	10 534	53.63%	20 938.83	3 566.94	33.62	49.74
漫画(Comics)	3 848	52.26%	8 167.99	7 436.32	36.50	149.70
设计(Design)	7 527	40.16%	25 044.48	23 557.94	34.78	279.96
时尚(Fashion)	5 233	34.28%	12 835.29	6 692.56	33.28	88.67
电影(Film & Video)	30 741	45.87%	32 308.24	6 986.22	36.37	79.30
食品(Food)	5 902	41.55%	17 429.24	7 905.11	34.26	94.23
游戏(Games)	9 551	38.07%	38 317.90	25 691.30	33.80	428.07
杂志(Journalism)	865	42.31%	38 010.52	4 706.21	37.24	77.75
音乐(Music)	25 985	61.77%	9 066.27	4 324.36	36.13	64.43
摄影(Photograph)	3 931	41.39%	10 458.30	3 479.56	35.51	107.26
出版物(Publishing)	14 132	38.17%	9 455.86	3 558.91	34.88	62.20
技术(Technology)	4 465	36.24%	59 145.46	38 044.18	35.73	335.43
戏剧(Theater)	5 631	69.10%	11 070.85	4 310.54	34.00	54.67
合计	128 345	47.09%	22 543.85	9 547.59	35.28	124.73

4.3 实验结果及讨论

4.3.1 主要效应讨论

由于语言风格为分类变量,分类变量需要选择一个合适的分类作为比较基准(Wooldridge,2010)。选择"诉诸回报"作为比较基准。选择"诉诸回报"作为

第 4 章 文本语言修辞风格对成功融资的影响

比较基准是基于以下两个原因：① 在项目简介中采用回报这种语言风格的数量不多，在本语料中不足 10%；② 更重要的是，众筹项目都有专门的文本区域用于介绍该项目的回报。表 4-4 中展示了文本语言风格对项目成功率的分析结果。其中，众筹项目被分为了两类：水平区分与垂直区分。在经济学中，研究者通常依据消费者是否具有一致的评价标准把产品分为水平区分产品与垂直区分产品。垂直区分产品表示存在统一的标准评价的产品，而水平区分产品代表不存在统一的标准评价（Gabszewicz & Wauthy, 2012）。父类别依据项目类别的本质进行划分。

表 4-4 文本语言修辞风格对项目成功率的分析结果

质量显示类别	父类别	项目类别	诉诸回报	诉诸可信	诉诸情感	诉诸逻辑	诉诸夸张
水平区分	艺术类	Art	—	0.255*	0.135***	0.208	0.106**
		Film&Video	—	0.132**	0.048***	0.170**	0.106***
		Fashion	—	0.153	0.087***	0.259*	0.130***
		Music	—	0.159	0.156***	0.153	0.162***
		Theater	—	0.352	0.279	0.298	0.198*
	生活类	Food	—	0.206**	0.102***	0.526	0.063
		Journalism	—	0.113	0.253**	0.039	0.178
		Photograph	—	0.036	0.075**	0.128	−0.085
		Publishing	—	0.150	0.057**	0.087	0.009
垂直区分	体验类	Comics		0.021	−0.086***	−0.277 2*	−0.005
		Design		0.084	0.002	−0.120***	−0.002
		Games		−0.222***	−0.157***	−0.257*	−0.174***
		Technology		−0.002	−0.066***	−0.051	0.001

* $p<0.01$；** $p<0.005$；*** $p<0.001$

从表 4-4 中，最直观的启示是对于水平区分项目不应该强调"回报"，而应该重点采用"诉诸情感"的语言风格。相反，对于垂直区分的项目，应该在文本描述中突出"回报"，而尽量避免采用"情感"，"逻辑"和"夸张"的语言风格。

具体来说，对于艺术有关的项目类别中，"诉诸可信"，"诉诸情感"以及"诉诸夸张"对于"艺术"（Art）和"电影"（Film&Video）非常有效。这可能是由于在电影和艺术行业中,投资者常常因为项目发起者的个人专业水平而支持项目,例如:电影演员的名气、导演的水平或者艺术家曾经取得的艺术成就。对于"时尚"(Fashion)、"视频"(Film&Video)、"音乐"(Music)及"戏剧"(Theater)项目来说,"诉诸情感"和"诉诸夸张"都是比较有效的语言风格。采用夸张的修辞风格在艺术类项目中与融资成功率显著正相关,这表明用户欣赏夸张的项目描述,以下是几句摘录自筹资成功项目的例子:"最好的剧本"(*the best movie plot*)、"最潮的时尚"(*the most fashionable tide*)、"最佳音乐效果"(*best musical effect*)、"最成功的视觉效果"(*the most successful visual effects*)、"第一潮流"(*the number 1 fashion*)。这表明使用夸张修辞风格描述项目时,能够唤起投资者的共鸣。另一方面,"诉诸情感"能够打动艺术项目投资者,这可能是由于关注这些项目的用户很可能从事与艺术有关的行业,他们更容易被筹资者的情绪所打动。对于时尚项目来说,逻辑性的描述也能够促进项目成功,可能的原因在于:时尚类项目在所有项目类别中的平均成功率最低,仅为38%,这导致以清晰的逻辑条理来介绍时尚项目时,能够更容易获得投资者的认可。但是,这也不如"情感"和"夸张"带来的效果显著。逻辑描述与电影也显著正相关,这可能是因为对于电影来说,除了突出演员的经验和名气(诉诸可信)外,在项目简介中,最可能介绍的内容就是逻辑性的剧情介绍,采用这种方式介绍电影项目能够获得潜在投资者的认可。这也从一个侧面表明:对于电影来说,不应该采取"诉诸回报"的策略,换句话说,用户参与电影项目的投资不是期望某个电影能够给他们带来什么回报。

对于生活类项目,"诉诸情感"的语言风格是最有效的策略。这可能是由于,对于大多数人来说,生活不是单调和静止的,而是有乐趣的一种方式。因此,在众筹文本中"诉诸情感"能够唤起投资者的情感共鸣。除了"诉诸情感"外,特别值得一提的是,对于"食品"(Food)类项目,"诉诸可信"能够显著提高食品类项目的筹资成功率。食品项目中对可信度的关注可能源于人们对食品安全的考虑,这直接关系到健康问题。因此,当在食品类项目的描述中突出可信度时可以显著提高项目的融资成功率。换句话说,在食品项目中,"诉诸可信"比"诉诸逻辑"和"诉诸夸张"更加有效。

体验类项目隶属于垂直区分的项目类别。"诉诸逻辑"的语言风格对于该类别下的所有项目都呈显著负相关,这意味着逻辑性的表达方式对投资者没有任何说服效应,反而会阻止投资者的投资意向。在"游戏"(Games)、"科技"(Technology)、"漫画"(Comics)类项目中,"诉诸情感"的修辞风格与项目的筹资成功率显著负相关,这表明,潜在投资者在评价这三个类别的项目时,对"祈求"、"呼吁"、"诉求"这类表达方式可能感到厌倦;在所有的项目类别中,只有设计类项目与诉诸情感的表达没有显著相关性。对于"游戏"类项目,诉诸回报的语言风格是最有效的方式,其他任何语言风格都与项目的筹资成功率显著负相关,类似的项目类别还包括"科技"类项目。在"游戏"类别中,"诉诸可信"的语言风格具有显著负效应,这可能是由于用户对游戏的关注重点在于好玩、新奇,而与开发者的经验并无太大关联,换句话说,用户可能更关心游戏的创意而不是开发者曾经取得的成绩。值得一提的是,"诉诸夸张"的语言不应该出现在游戏类项目中,这可能是因为游戏类项目已经频繁使用夸张的表达方式,几乎所有的游戏项目都宣称自己是最好玩、最有创意的游戏,这可能导致潜在投资者对这类修辞风格反感。

表 4-5 中展示了语言修辞风格假设检验结果汇总,可以看到有关语言风格的假设都只能在部分项目类别中获得支持,这表明了在应该根据项目所在类别进行合理的语言风格设置。

表 4-5　语言修辞风格假设检验结果汇总

假　　设	检验结果	支　持　部　分	不支持部分
H4-1:诉诸可信的语言风格有助于众筹项目筹资成功。	部分支持	艺术类、电影 & 视频类、食品类项目	游戏类项目
H4-2:诉诸回报的语言风格有助于众筹项目筹资成功。	部分支持	游戏类项目	艺术类、电影 & 视频类、时尚类、音乐类、戏剧类项目
H4-3:诉诸情感的语言风格不利于众筹项目筹资成功。	部分支持	艺术类、电影 & 视频类、时尚类、音乐类、戏剧类、食品、杂志、摄影、印刷类项目	漫画、游戏、科技类项目
H4-4:诉诸逻辑的语言风格有助于众筹项目筹资成功。	部分支持	电影 & 视频、时尚类项目	漫画、设计、游戏类项目
H4-5:诉诸夸张的语言风格不利于众筹项目筹资成功。	部分支持	艺术类、电影 & 视频类、时尚类、音乐类	游戏类项目

4.3.2　鲁棒性检验

表 4-6 中展示了本章模型概述,在只有控制变量的基础模型中,调整 R 方

为 0.380 8，在而加上语言修辞风格变量后，调整 R 方增加为 0.392 7。同时，两个模型都是显著的，证明了模型的有效性。

表 4-6 模型概述

模 型	Adj R-squared	P	Root MSE	df
控制变量	0.380 8	$<10^{-15}$	0.362 27	9
控制变量+语言风格	0.392 7	$<10^{-15}$	0.358 76	63

表 4-7 中描述了模型的方差膨胀因子（Variance Inflation Factors，VIF）。在所有模型变量中 VIF 最大的变量为描述文本的长度，VIF 值为 3.54，表明变量之间不存在共线性关系。

表 4-7 方差膨胀因子

	Value	变 量
Max. VIF	3.54	len_full_description
Min. VIF	1	Category_food* Logical
Mean VIF	1.13	—

本书主要实验数据来自 Kickstarter，Kickstarter 采用的筹资模式是"Nothing or More"，即只有筹得资金大于预设的筹资金额，项目才算筹资成功，筹资者才可以支配已经筹集的资金。为了验证在"Nothing or More"模式下结论的外部有效性，我们进行了以下鲁棒性检测：① 不同的语料，见表 4-8 所示；② 不同的文本区域，例如详细描述文本。

表 4-8 鲁棒性检测数据源

数据来源	众筹模式	项目数	成功率/进度/参与人数	其他说明
Experiment.com	科研众筹	415	38%/53%/23	由于实验性的科研项目通常是多个研究领域的交叉，例如生物和医学，因此，很难进行项目分类
Indiegogo.com	混合模式（由发起者决定）	20 000	7.7%/16%/10	该数据集由筹资者决定采用哪种融资模式，有两种选择："All-or-Nothing"或者"All and More"

续　表

数据来源	众筹模式	项目数	成功率/进度/参与人数	其他说明
Rockethub.com	All and More	6 359	14%/19%/18	采用"All and More"筹资模式，筹资者在项目开始前设置一个筹资目标，不管筹资结果如何，筹资者都可以拿到已经筹得的资金

采用同样的方法采集数据，得到的语料集如表 4-8 所示，包含了 3 个语料集，分别是：Experiment、Indiegogo 及 Rockethub，详细数据见表 4-8 所示。

Experiment 是少有的科研众筹平台，该平台中研究人员（不只是高校和研究所，还可能是企业研究人员）通常有一个很前沿的研究计划，但是缺少资金支持而在网络上采用众筹的方式筹集研究经费，该平台与世界知名高校和研究所均有合作关系。

表 4-9 展示了在 Experiment 语料上的鲁棒性检测结果，从 Experiment 数据集上看，语言风格对科研众筹融资效果的鲁棒性检测并无显著影响。具体来说，在 3 个鲁棒性检测模型中，语言风格都没有形成显著的影响，与更新次数、讨论次数及筹资目标相比，语言风格有关的变量在 3 个模型中均不显著，这表明在科学研究的融资中，本书提出的 5 种语言风格并不能显著影响筹资结果。

表 4-9　语言风格对科研众筹融资效果的鲁棒性检测结果

变量类别	变　量	虚拟变量模型	融资进度模型	参与投资人数模型
控制变量	更新次数	0.034***	3.595***	2.016***
	讨论次数	0.008***	1.264***	0.622***
	筹资目标	−0.147***	−20.057***	6.174***
	视频展示	0.064	6.717	2.745
语言风格	诉诸回报	—	—	—
	诉诸可信	−0.052	−1.001	0.271
	诉诸情感	0.017	9.365	3.489
	诉诸逻辑	−0.023	0.622	−2.657
	诉诸夸张	0.012	5.909	6.708

* $p<0.01$；** $p<0.005$；*** $p<0.001$

从表 4-10 中分析,在 Indiegogo 语料中,语言风格对筹资进度有显著影响。具体来说,诉诸情感是比较有效的语言风格,这与本书研究的主要结论是一致的,其次是诉诸可信。但是,诉诸逻辑和诉诸夸张在所有 3 个鲁棒性检测模型中都不显著。

表 4-10　语言风格对 Indiegogo 语料的鲁棒性检测结果

变量类别	变　量	虚拟变量模型	融资进度模型	参与投资人数模型
控制变量	更新次数	0.004***	0.440***	0.003
	讨论次数	0.006***	1.085***	1.449***
	筹资目标	0.006***	−0.820***	0.154***
	视频展示	0.005	2.198**	1.098***
语言风格	诉诸回报	—	—	—
	诉诸可信	0.005	3.169***	0.802*
	诉诸情感	0.023***	3.912***	0.610*
	诉诸逻辑	0.012	1.536	1.057
	诉诸夸张	0.001	1.536	−0.005

* $p<0.01$；** $p<0.005$；*** $p<0.001$

Indiegogo 语料中把项目分为了 24 类,为了更加清晰的分析语言风格是否在每个项目类别中存在差异,我们在表 4-11 中展示了每个类别下的语言风格的效用。值得特别说明的是,由于 Indiegogo 采用混合筹资模式,很多项目尽管没有筹资成功,但是筹资者仍然可以支配已经筹得的资金,因此,在表 4-11 的汇报中,我们采用了融资进度模型。

表 4-11　Indiegogo 语料中每个项目类别的效用分析

项目类别	诉诸回报	诉诸可信	诉诸情感	诉诸逻辑	诉诸夸张
Music	—	7.139*	4.077*	−1.850	−1.168
Film	—	1.323	3.501***	3.501	−0.925
Writing	—	6.478*	5.901*	2.840	2.672
Health	—	13.290*	1.694	11.672	−2.367
Education	—	3.835	2.246	−8.144	−3.866

续　表

项 目 类 别	诉诸回报	诉诸可信	诉诸情感	诉诸逻辑	诉诸夸张
Technology	—	−0.645	5.305*	−1.601	3.229
Comic	—	−4.883	2.584	8.710	−13.551
Art	—	2.495	−0.591	−18.381	−2.508
Environment	—	−0.474	5.027	−5.394	3.509
Video/Web	—	1.092	4.204*	7.418	3.817
Politics	—	−13.144	3.428	−7.085	2.584
Food	—	−4.445	0.272	−7.647	−3.820
Gaming	—	87.692***	−1.663	10.774	−1.404
Photography	—	1.282	6.409**	30.057**	−0.377
Community	—	−0.041	2.601	0.352	4.648*
Small Business	—	1.111	−0.426	5.880*	−0.125
Fashion	—	0.117	1.348	0.491	−7.942
Design	—	−0.654	−5.445	12.801	−14.265
Theater	—	−2.755	3.818	−1.753	3.280
Transmedia	—	6.544	6.544*	−1.397	4.926
Dance	—	11.007	4.875	−3.221*	5.854
Sports	—	−1.393	6.549*	47.259***	7.584
Animals	—	0.250	3.427	8.926	9.497
Religion	—	16.563	7.296	−4.460	1.713

* $p<0.01$；** $p<0.005$；*** $p<0.001$

从表 4-11 的结果上看，语言风格在不同项目类别的效用是不一样的，与 Kickstarter 上的结果对比后发现，二者存在很大的不一致性，例如在"Photography"类别中，Kickstarter 上只有"诉诸情感"的显著有效的，而 Indiegogo 上，"诉诸情感"和"诉诸逻辑"都是有效的语言风格。

Rockethub 模式是筹集多少资金就可以使用多少资金，因此在该数据集上的检验，虚拟变量并不是最合适的，该数据集上的项目筹资成功率非常低，仅为 14% 左右。该数据集的平均融资进度是 19%，更加符合实际的是融资进度模型，因为无论筹集到多少资金，筹资者都可以支配这部分资金。

表 4-12　语言风格对 Rockethub 语料的鲁棒性检测结果

变量类别	变　量	虚拟变量模型	融资进度模型	参与投资人数模型
控制变量	讨论次数	0.001***	0.586***	1.153***
	筹资目标	0.042***	5.511***	2.671***
	视频展示	0.074***	5.569***	9.384***
	回报等级数量	0.005***	1.059***	1.818***
语言风格	诉诸回报	−0.003	−0.154	0.367
	诉诸可信	0.000	−0.217	0.188
	诉诸情感	0.002***	0.310***	0.144
	诉诸逻辑	−0.000 2	−0.236	−0.429
	诉诸夸张	−0.005***	−0.516**	0.469

* $p<0.01$；** $p<0.005$；*** $p<0.001$

表 4-12 中的结果需要做特殊说明：该结论研究的对象不是摘要而是项目描述全文，之所以选择 Rockethub 语料全文是由两个原因导致的：① Rockethub 语料集中没有项目摘要；② 作为完整的鲁棒性检测，需要在不同的文本片段上测试。由于项目的完整描述文本很长，较长文本中作者可能同时采用多种语言风格，因此语言风格并不适合采用分类变量，本实验中是计算每个语言风格的代表词汇在完整描述中出现的次数。

从表 4-12 的结果来看，诉诸情感是有正面说服性效果，这与 Kickstarter 数据集上的结论基本一致；而诉诸夸张的说服性效应是显著负面的，这意味着在项目的完整描述中应该尽量避免"第一"、"世界最佳"等夸张性词汇，这与 Kickstarter 上的结论存在一定差异。

本书鲁棒性检测的数据来源全部都是与众筹项目有关，在其他领域，相关的研究很少，在能够找到的相关研究中，最类似的研究是文本主题分类有关的研究，例如非监督文本聚类在信息更新模式上对于产品销量的影响（Xu & Yang et al.，2014）。但是，从方法上看，非监督聚类很难保证算法是以语言的说服风格这一标准进行文本分类，很有可能游离到其他分类标准中；另外，在其他的研究领域，例如手机 APP 的描述，采用有针对性的文本语言说服风格是否有效，这方面的工作还没有展开，这是未来的研究方向之一。

4.3.3 理论解释与理论贡献

投资决策的做出既受到客观因素的影响,例如:当前利润、创业资本、资本设备、收入分配和体制因素(Kalecki & Toporowski,1986),以凯恩斯为代表的经济学家认为投资决策也同时受到主观因素的影响,例如:资本边际效率的预期、流动性偏好和冒险精神等(Keynes,2006)。相对来说,后者更好的解释了由于对经济预期的改变而导致的经济危机,这一定程度上表明了主观因素对于投资决策的重要性。显然,众筹投资行为很大程度上是由投资者的主观因素决定的,这种对主观判断的影响来源之一就是语言的说服性。

众筹的投资行为是由很多投资者共同做出的,这类似于一种民主投票机制,在民主投票机制中,已经证明有策略的在选票上印刷合适的语言可以提高选票的支持率(Burnett & Kogan,2015),而投票者的这种行为是受到心理因素和选民的政治认知共同决定的。类似的,在众筹项目的民主投票中,语言的说服性会影响投资者的心理行为与认知行为。由于投资者的认知偏差会造成主观心理感受的差异,进而导致投资者不能完全理性、客观的做出投资决策。心理账户理论认为:无论是个体、家庭还是集团、公司,都存在一个或多个明确或者潜在的账户体系,这些账户体系往往会遵循一些有悖于经济学规律的潜在心理运算规则,这些规则无论是在记账方式上还是在行为决策上都与理性的经济学和数学运算方式存在显著差异,从而在个体做经济决策时常常以非预期的形式影响着个体,使个体的决策违背最简单的经济法则(Thaler,1985)。正因为心理账户的作用,使得决策者常常偏离基本的"经济人"理性原则做出非理性投资行为,人的情感状态会影响风险感知和风险选择,是个人层面分析中的一个重要因素(Rottenstreich & Hsee,2001)。

心理账户是一种认知幻觉,这种认知幻觉影响市场的投资者,使投资者们失去对价格的理性关注,从而产生非理性投资行为。多项研究表明,心理账户对个体的经济行为决策具有重要影响(Tversky & Kahneman,1981)。决策结果假设是指人们在衡量风险和选择相关的报酬后做出的行为判断,本书亦采用这一假设解释框架(Seo & Goldfarb,2010),见图4-8所示。

在图4-8所示的框架效应中,认知过程和心理状态同时调节投资行为,而语言说服性可以对这2个变量产生影响,本书归纳的5种语言风格归纳如表4-13所示。

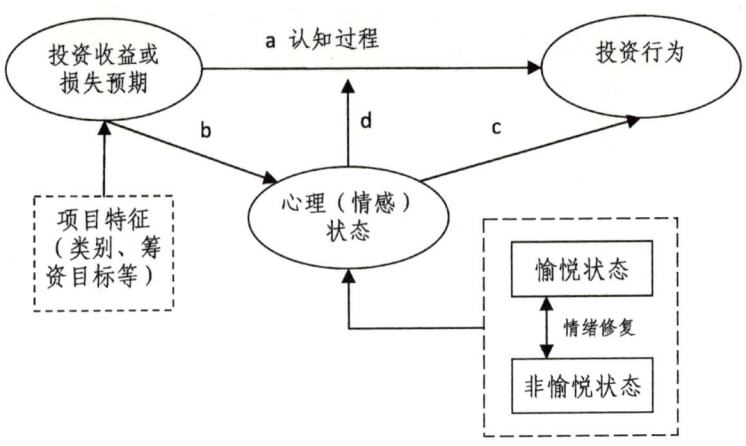

图 4-8　框架效应中认知过程和心理状态的调节效应示意图

表 4-13　语言风格在框架效应中归类

框架效应中的调节效应	语言风格
认知过程效应	诉诸逻辑
	诉诸回报
心理（情感）效应	诉诸可信
	诉诸情感
	诉诸夸张

以往的研究已经显示出情感对风险选择影响类型的复杂性和不稳定性，这意味着即使采用相同的说服性语言，在不同的接受者看来，其心理影响力大小是有差异的。

从图4-8所示的模型中，项目特征会影响投资者对于投资收益的预期，这类项目特征包括项目的类别、筹资目标等。以广告业为例，不同的广告对象，采用的最佳广告策略是有显著差异的，例如：女性服饰这一产品类别适合采用戏剧性的故事描述方法来唤起女性化情感（爱、浪漫、伤心等）；相反男性服饰这一产品类别更加适合采用插图式广告以有效唤起共鸣。研究者对这一现象的解释是广告说服效应的作用是与用户的情感接受有关，而不同的产品类别在唤起受众的情感同情路径是不同的，因此，不同的产品类别对应的最佳广告说服策略也是有差异的（Park & Lee，2014）。在品牌人格度量研究中，借助于 IBPs（Industrial Brand Personality Scale），研究者发现不同的行业在性能、感知和信誉上存在的差异,这间接证明了在众筹项目中,投资者对不同类别众筹项目的认知标准上存在差异(Herbst & Merz,2011)。手机 APP 销量研究亦证明,不同类别的手机 APP 采取的销售策略(描述语言、质量更新等)也不相同,开发者应该根据 APP 的类别和特点进行有针对性的营销(Lee & Raghu,2014)。因此,我们有理由相信,不同类别的众筹项目适用的最佳说服语言风格存在差异。

而相对于投资者,筹资者对语言的使用上也存在不一致性。筹资者由于经验或者教育背景的差异,对于语言的表述是存在很大不同,一项医学文献的研究发现,来自医学行业的作者与非医学行业的作者在形容词的使用上存在显著差异,例如:耐受性好(well tolerated)、意义重大(meaningful)等词语较多出现在医学行业作者的结论和摘要中,而可行的(feasible)这类词汇在非医学行业作者写作中常出现。形容词的过度使用可能导致语义的不准确,歧义和误解(Cepeda & Berlin et al.,2015),而筹资者可能并没有意识到这个问题,已有的研究文献和实证结果也没有这方面的结论。因此,本书的第一个理论贡献在于提出了筹资者采用合适的语言风格对于筹资结果是有影响的。对于众筹项目的文本摘要尤其如此,事实上,对于学术论文来说,摘要是论文的重要载体,但是很少有研究关注摘要本身的语言特征(Kim & Na,2012),在一项关于学术论文摘要的语言特征的研究中发现,相比有经验的写作者,新手会过度使用某些较单一的语法、被动语态以及情态动词(Kim & Na,2012)。这表明对于项目摘要的写作在有经验的筹资者和没有经验的筹资者之间,亦存在差异。

关于阅读的研究发现,词汇质量假设认为,熟练的阅读需要高质量的词汇展示方式(Perfetti & Hart,2002),之后的研究确认了词汇的质量是作用于特定领域的,准确且详尽的词汇表达有利于读者的理解(Luke & Henderson et al.,2015)。这表明在众筹项目描述中,采用合适的词汇可以显著提高投资者对于项目的了解,提升筹资成功率。后续的研究表明文本的难度与阅读的顺序同时具有正面和负面的激励作用(Mills & D'Mello et al.,2015),这要求项目发起者在描述项目时需要同时考虑文本的难易程度与排版的先后顺序。关于英语阅读的研究也发现,应用正常句法对字词的认知要比应用不正常或违反正常句法时要好得多(Miller & Bruner et al.,1954),这亦表明众筹文本表述对项目理解的重要性。但是需要同时指出的是,由于语言的不同,不同语言之间可能存在差异(王爱平 & 古丽扎等,2013)。对于学术论文同行评审来说,研究方法上的差异会决定学术论文的语言风格,例如:历史类论文与实验类论文在语言风格上存在功能词频率、计算文体学,以及功能语言学词汇特征上的显著差异,这种语言风格的差异是影响同行评审结果的因素之一(Argamon & Dodick,2008)。类似的,我们尝试解决众筹项目的语言风格对于投资者参与意愿的影响,这在已有的研究中还很难找到相关文献。这是本书研究的第二个理论贡献。

4.4 管理启示

文本语言修辞风格对于众筹项目的运营管理具有丰富的启示,不但能够对项目发起者如何描述项目吸引潜在投资者提供了指导,对于项目投资者以及众筹平台来说也具有重要启示。

首先,最重要的意义在于给予项目发起者在描写项目简介时提供了参考。由于众筹平台一般都对项目简介有明确的字数限制(例如:Kickstarter 限 135 个字符;Indiegogo 限 100 个字符),这使项目发起者只能使用有限的文字来对项目进行说明。不同用户倾向于采用不同的语言修辞风格,这可能是用户长期形成的习惯,这种习惯形成的语言风格对众筹项目的市场表现会有一定程度的影响,但是筹资者可能并没有意识到这种影响(Ludwig & de et al.,2013)。研究表明,为了促进项目筹资成功,项目发起者必须抛弃长期形成的习惯,采用合理的语言修辞风格来描述项目。不同领域应该采用不同的语言修辞方式吸引投资者,例如,对于食品类项目,应该结合使用诉诸可信和诉诸情感的表达方式。

其次,对于众筹平台来说,本书也具有重要意义。众筹平台的收入一般是收取成功筹资项目的手续费,例如:对于 Kickstarter 来说,未达到筹资目标则全额退款;达到筹资目标的收取 8%~10% 的手续费(其中平台收取 5%,亚马逊支付系统收取 3%~5%)。换句话说,如果众筹项目没有成功,众筹平台不能获得任何收入。因此,众筹平台最迫切的需求之一就是尽量提高项目的融资成功率,尽可能撮合筹资成功。在筹资者编辑和发布项目时,众筹平台可以根据项目类别来判断项目简介文本是否合适,并给予一些描述上的提示和建议,这有助于提高众筹项目的成功率。

最后,对于项目投资者来说,是否投资一个项目受到多方面因素的影响(Mollick,2014),项目描述只是其中一个因素。本书对于项目投资者来说,可以帮助他们更加理性的评估项目质量。Kickstarter 采用 All-or-nothing 模式,如果筹资没有达到预定的筹资目标,筹资者将一无所获,因此筹资者总是期望提高筹资成功率(Greenberg & Pardo et al.,2013)。可以看到,在几乎所有水平区分项目中,诉诸情感的表达都是有效的吸引投资的方式,而这一点对于有经验的筹资者来说,应该是可以观察到的。因此,他们可能会在文本中大量采用诉诸情感的表达,这要求投资者除了对项目简介文本进行分析外,还需要通过其他方面来综合评估项目质量及是否值得投资。

4.5 本章小结

本章研究了众筹项目文本简介的语言风格对项目筹资成功率的影响,首先把项目文本中的语言风格分为 5 类:诉诸可信、诉诸情感、诉诸逻辑、诉诸回报和诉诸夸张。然后定义每个类别的初始关键字列表。初始关键字列表数量有限,不能有效分类所有众筹文本,采用 WordNet 同义词库及共现文本挖掘方法扩展关键词列表,得到用于分类众筹文本描述的语料库。最后采用计量模型分析了每种语言风格对于众筹项目融资成功率的影响。总体来说在水平区分项目中,使用诉诸情感的表达更容易获得投资者的青睐;但是在垂直区分项目中,应该谨慎采用诉诸情感的表达方式。在时尚、音乐和戏剧等类别中,夸张的语言风格最有效果;在食品、电影、艺术等项目中应该突出可信度。本章结论可以指导筹资者如何描述众筹项目的摘要,对项目投资者和众筹平台也具有很好的辅助作用。

但是,应该看到本章的研究对象是项目摘要,在投资者对项目摘要感兴趣后,接下来就是仔细查看项目的详细描述。这是接下来几章的研究对象,很自然地,过渡到对众筹项目详细描述文本的分析。

第5章
文本情感及主客观性对成功融资的影响

已有研究证明,文本的情感信息可以预测商品的销量,典型的例子有影评的情感与电影票房关系预测(Mishne & Glance,2006)、预售商品市场表现预测(Xiong & Bharadwaj,2014)。文本的情感倾向能够传递文本作者的个性及心理状态(Tausczik & Pennebaker,2010),表现在众筹项目上就是项目描述文本的情感倾向可能会对项目的筹资成功率产生影响。本章首先研究了文本的情感倾向对众筹项目筹资成功率的影响。

接下来,与情感分析紧密相连的另外一个话题是有关文本的主客观性,一般说来,情感倾向越强烈文本就越是带有强烈的主观性,因为情感表达本身就是主观感受。最后,分析了众筹项目文本描述的主客观性对项目筹资成功率的影响。

5.1 研究假设

文本的情感信息反映了文本作者的态度及心理状态,之前研究表明那些倾向于写作正面情感(在文本中使用较多的正面词汇)的作者,往往性格乐观并且自信较高(Tausczik & Pennebaker,2010)。在众筹项目中,乐观的项目发起者对于项目成功筹资更有信心。相对于那些悲观的用户,乐观的用户更容易在项目筹资成功后继续推进项目。乐观主义者往往意味着对创造新事物的激情,在有关研究中已经表明,有激情的研究者更容易获得成功(Wheat & Wang et al.,2013)。因此,可以假设在其他条件相同的情况下,乐观的用户比悲观的用户更容易获得投资者的支持。

另外一方面,有一些肆无忌惮的项目发起者可能假装是乐观主义者,这在不需要严格验证项目发起者身份的情况下不可避免,但是这种情况并不会对本假设具有实质性的影响,因为悲观主义者可能为了项目能够筹资成功而伪装成乐观主义者;但是很少有乐观主义者会伪装成悲观主义者。

但是项目发起者可能会因为过于自信(Taylor & Brown,1988),而导致项目筹资失败。已有的类似研究中已经表明,在 P2P 市场中,过于乐观的借款者可能并不能按期偿还借款(Gao & Lin,2013),这表明了文本的情感效应可能不是严格的线性关系,而是具有曲线效应,即当文本情感过于正面(超过某个阈值),会存在对投资行为的抑制作用。因此,提出了以下关于文本情感的假设。

H5-1a(文本情感假设):项目描述文本的情感越正面,越容易获得投资者支持。

H5-1b(文本情感假设):项目描述文本的情感效应具有曲线关系,即如果项目描述文本过于正面,会存在对投资行为的抑制作用。

在金融筹资中客观性的描述比主观性的描述更容易获得投资者的青睐。类似的,在风险投资领域,风险投资者面对各种各样的项目,他们更喜欢投资那些描述得比较客观的项目而不太喜欢那些采用主观方式描述的项目。对此,研究者的解释是:越是客观的信息,项目作者越是采用了更多的事实论据来支持他们的观点;而主观文本恰恰相反,文本中可能包含较多的推测性信息,而缺乏足够的事实基础(Chen & Yao et al.,2009)。因此,有理由假设项目描述文本越客观,越容易获得投资者的支持。

H5-2(文本客观性假设):项目描述文本越客观,越容易获得投资者支持。

5.2 基于文本挖掘的文本情感及主客观识别模型

5.2.1 基于文本挖掘的情感识别模型

情感分析是文本挖掘的一个重要方面。一般来说,文本的情感分析有两类方法:① 基于词汇字典的方法;② 基于机器学习的方法。在众筹项目的文本描述领域,文本的情感分析是一个较新的领域,没有研究能够证明哪种方法能够获得更好的情感识别准确性。因此,需要首先确定哪种方法能获得较好的情感分类准确率。

首先,对基于词典的分类方法,采用已有的关联规则挖掘算法(Chen & Qi et al.,2012)。关联规则算法描述为:以 $I=\{i_1, i_2, \cdots, i_n\}$ 表示项的集合,i_n 为项;$D=\{d_1, d_2, \cdots, d_m\}$ 为事务文件,任何事务文件都是项集 I 的一个子集。

关联规则可以实现一种 $X \rightarrow Y$ 的映射,并要求 $X \subset I, Y \subset I$,且 $X \cap Y = \Phi$。D 的支持度 s 是指 D 中至少有 $s\%$ 的事务满足 $X \cup Y$;置信度 c 是指 D 中至少有 $c\%$ 的事务既支持 X,也支持 Y。关联规则的目标就是在 D 中识别出所有满足最小支持度和最小置信度的事务。

机器学习算法我们采用了条件随机场(Conditional Random Fields,CRF)以及支持向量机(Support Vector Machines,SVM)进行对比。分别介绍如下。

1. 基于条件随机场的情感词识别方法

情感分析通常通过对观点词的提取和识别来实现(Xia & Cambria et al., 2015)。在产品特征观点识别中,马尔可夫模型要求序列数据严格相互独立才能保证推导的正确性。然而,在产品特征观点的识别中,构成句子的词大多具有较强的依赖关系,难以表示成一系列独立的事件。针对这种情况,条件随机场(CRF)采用概率图来避免这种强假设。CRF 具有长距离依赖性和交叠性特征,能够较好地解决标注偏置,而且所有特征都可以由归一化得到全局最优解。

CRF 基于无向图的概率分布(Wang & Ren et al.,2014),其定义为:对于图形 $G=(V, E)$,令 X 为待标注的目标序列,在本书中代表构成文本的词的组合,令 $Y = (Y_v)_{v \in V}$ 为 G 的满足马尔可夫属性的随机变量标注集,本书中指对一个句子各个部分可能的特征标注(即哪一个词是情感词),则 (X, Y) 构成一个条件随机场,因此该问题可以描述为条件概率形式:

$$P(y \mid x) = \frac{1}{Z(X)} \prod_{i \in N} \Phi_i(y_i, x_i) \tag{5-1}$$

其中,$Z(X) = \sum_y \prod_{i \in N}(y_i, x_i)$ 是对序列 X 的归一化因子,$\Phi_i(y_i, x_i)$ 定义为以下形式:

$$\Phi_i(y_i, x_i) = \exp\left(\sum_k \lambda_k f_k(y_i, x_i)\right) \tag{5-2}$$

因此,与马尔可夫模型类似,问题转化为求解式(5-3)中函数的最大值。

$$\hat{Y} = \arg\max_y P(y \mid x) \tag{5-3}$$

CRF 的学习和训练比较繁琐,已有方法采用状态转移结构进行学习,用 L-BFGS 算法(Liu & Nocedal,1989)进行训练。

2. 基于支持向量机的情感词识别方法

支持向量机(SVM)分为线性可分和线性不可分两类问题(Liu,2007)。线性可分问题是寻找超平面的优化问题,以使样本到达超平面的距离最大化。式(5-4)展示了最大化超平面的计算方法。

$$\text{MAX } margin = d_+ + d_- = \frac{2}{\|W\|} \tag{5-4}$$

其中,d_+ 和 d_- 分别为分割的超平面距离正例与负例的距离;W 为超平面的法向量;$\|W\|$ 表示 W 的距离范数,可以采用欧式距离计算。

对于线性不可分问题,SVM 分为训练阶段和测试阶段。在训练阶段,寻找一个超平面 $\vec{w}$,使 $\vec{w}$ 不但能区分训练集,还能使训练集的区分度越大越好。寻找超平面是一个约束优化问题,即假设 $c_j = \{-1, 0, 1\}$(分别代表负面、中性和正面情感)代表了对文本 d_j 的预设分类,则约束优化问题可表示为式(5-5)。

$$\vec{w} = \sum_j \alpha_j c_j \vec{d_j}, \ \alpha_j \geqslant 0 \tag{5-5}$$

其中,α_j 表示对原问题对偶问题的最优解;$\vec{d_j}$ 代表 α_j 值大于 0 的 d_j 向量,称为支持向量,因为只有 $\alpha_j > 0$ 时,d_j 才对 $\vec{w}$ 有正向贡献。

在测试阶段,采用训练好的模型在测试集上进行分割,以确定测试数据落在超平面 $\vec{w}$ 的哪一边,式(5-6)展示了最终的分类决策准则。

$$\sum_{i=1}^{n} y_i \alpha_i \langle \Phi(x_i) \times \Phi(x) \rangle + b \tag{5-6}$$

其中,运算符 Φ 表示将数据从输入空间 x 映射到另外一个空间;x_i 为输入空间 x 的第 i 个样本向量;y_i 为训练集中的分类表示;运算符 $\langle \Phi(x_i) \times \Phi(x) \rangle$ 表示计算 $\Phi(x_i)$ 和 $\Phi(x)$ 的点积;b 为度量偏置。

我们提出的基于 SVM 的情感词抽取算法,可以视为线性不可分问题。因为众多的词汇和语法规则下,很难找到一个线性准则把一个词抽取为产品特征或者特征观点(情感词)。因此,SVM 在观点词的抽取上,计算量较大,需要反复迭代。

机器学习算法还有一个特殊设置:词在句子中的位置信息。将预处理后的语料结果进行分割,每词占一行,词语的顺序严格按照词语在句子中的出现次序。每句话之后留一个空行,代表句子结束标识。算法处理的基本流程见图 5-1。

机器学习采用交叉验证($N=8$),即把语料随机分为 8 份,选取其中 7 份作为训练集,剩余 1 份为测试集。每次使用不同的测试集,重复 8 次实验,取 8 次实验的平均值为最终结果。测试结果采用准确率、召回率进行对比。

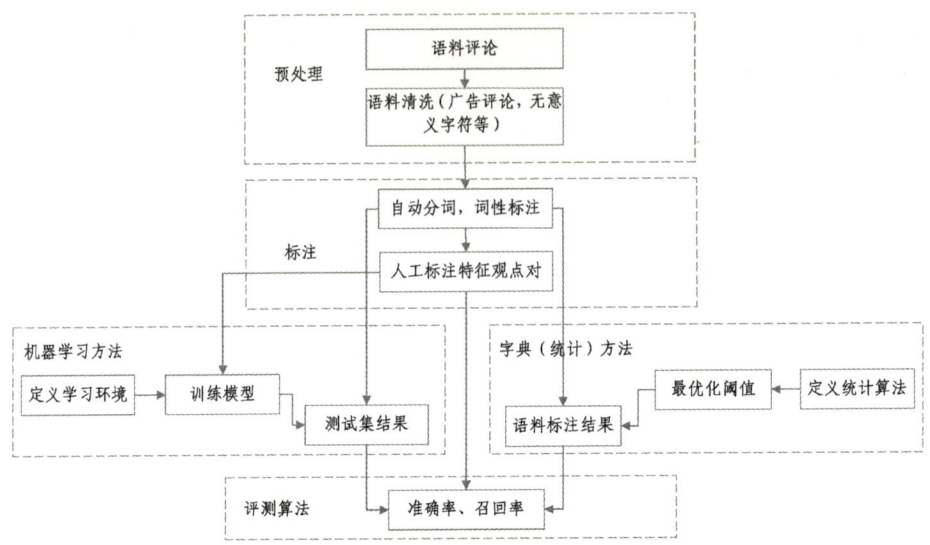

图 5-1 文本情感分析的基本流程

对于语料标识，NLTK 包含网络用语（*twitter*）以及电影评论文本的分类数据（位于 nltk.corpus 包中），尽管采用已有的标注可以极大地缩短时间，提高效率；但是由于所在领域的差异，这可能会因为语料的领域不一致，导致准确性降低。而且，后续的机器学习实验也需要标注语料。我们采用以下方法进行语料的标注，对评论的特征词和观点词进行人工标注，只标注 3 类实体：背景词、特征词和观点词，如表 5-1 所示。

表 5-1 三类标注说明

序号	类别	标 注 符 号	说　　明
1	背景词	<BG>……</BG>	除了特征词和观点词以外的其他所有词语均视为背景词。
2	特征词	<FEATURE>……</FEATURE>	对特征的定义遵循 Jin & Ho et al.[2009]的定义，即产品部件、功能及其属性均视为特征。例如：数码相机的取景器、对焦、重量等。
3	观点词	<OPINION>……</OPINION>	对特征词表达的观点、态度等主观判断词汇（即本书关注的文本情感）。

采用 NLTK 进行预处理，然后对评论语料进行人工标注。使用 Linux 操作系统，MySQL 数据库，把分词和词性标注后的词语保存到数据库；借助 PHP 脚本语言构建在线文本标注系统，通过 Apache 把标注系统的界面以 B/S 方式呈

献给标注者。从数据库中随机选择了500条众筹项目的描述文本,然后人工标注该文本(先进行文本清洗等预处理)。人工标注采用邀请3位领域专家参与标注。首先向标注者说明标注的方法和原则,以及标注系统界面的使用。3位专家随后对一批测试语料试标注,根据试标注结果的差异解决标注者认知的偏差,形成一致的标注标准。最后,将每条评论随机分配给2位不同的标注者。当标注结果相同时,把标注结果保存到数据库;当结果不同时,把语料指派给第3位专家,然后选择多数一致的标注结果。前2位标注者的标注结果的kappa检验值达到了0.78,证明了标注的一致性。

在机器学习方法中,有研究提到在考虑POS模型的基础上,得到的情感分类结果可能更加准确(Chen & Qi et al. ,2012)。因此,在机器学习模型中尝试了各种组合,得到的最终情感分类准确性结果见表5-2。其中,POS采用 $NLTK$ 的 $nltk.tag$ 包实现。

表5-2 情感分类结果比较

方　法	准确率	召回率
基于字典	76.25%	85.40%
CRF	80.02%	79.61%
SVM	81.24%	84.25%
CRF + POS	83.64%	90.25%
SVM + POS	84.21%	92.78%

从表5-2可以看到,在本书研究的语料下,采用SVM + POS能够获得最佳的情感分类结果。这可能是由于SVM在处理文本时,把文本从低维空间向高维空间迭代完成数据的分类;而CRF采用无向图的方式不太适合处理文本抽取。根据表5-2的结果,最终选择了SVM + POS作为情感分析的方法。计算得到的情感值分为正面情感强度值以及负面情感强度值,分别介于[0,1]区间。文本的总体情感值采用式(5-7)计算。

$$sentiment = pos\_score - neg\_score \quad (5-7)$$

其中, pos_score 表示正面情感值得分; neg_score 代表负面情感值得分。 $sentiment$ 是介于[-1,1]之间的数。式(5-8)展示了情感极性的计算。

$$polarity = \begin{cases} 1, & if\ senmtiment > 0 \\ 0, & if\ senmtiment = 0 \\ -1, & if\ senmtiment < 0 \end{cases} \tag{5-8}$$

5.2.2 基于文本挖掘的主客观检测模型

与已有的研究类似(Barbosa & Feng,2010),本章采纳了依据文本词典进行文本主客观判断的方法。最近的研究发现,在由机器自动识别产生的主客观检测情感词典中,极有可能包含一些中性词汇。这些中性词汇可能会对文本的主客观检测以及情感分析造成负面影响。而人工对文本词典进行识别和调整能够提高主客观检测的准确率(Bravo-Marquez & Mendoza et al.,2014)。因此,采用以下方法对基于文本词典的主客观检测方法进行完善。

(1) 读取众筹项目的描述文本的内容,预处理,并分割为句子。

(2) 采用 $nltk.corpus$ 的情感分类词汇作为基准,因为文本中带有越多的感情色彩,文本就越主观;反之,文本的感情越中性,那么文本表达的内容就越客观。

(3) 对字典中的词进行匹配,一旦能够匹配到情感词汇(不论正面的还是负面的),则该句话就是带有感情色彩的,加入主观句子中。

(4) 对构成文本的所有句子进行统计,得到主客观得分。式(5-9)展示了最后的主观性得分的计算。

$$subjectivity = \frac{|polarity\_s|}{|polarity\_s \cup neutral\_s|} \tag{5-9}$$

其中,$subjectivity$ 称为主观度,且 $subjectivity \in [0,1]$,$polarity\_s$ 代表带有感情色彩句子的数量,$neutral\_s$ 表示中性句子的数量。

本书认为,很难武断的评判一个文本是主观的还是客观的,尤其是针对众筹项目的文本描述上,平均长度达到了 5 480 个字符长度,如此长的文本,很难以一个类似0/1的分类变量来表示。鉴于此,把主观性分析结果规范化为[0,1]区间,越接近1表明该文本越主观,反之越客观。

而在文本层次上,有关回报的主观性可能会影响潜在投资者的参与意愿,因此,需要额外检测回报文本(Reward)的主观性对项目筹资产生的影响。

5.3 研究结果及讨论

5.3.1 文本分析结果

1. 文本情感分析结果

表 5-3 展示了不同文本层次的文本情感分析结果,可以看到,从标题,简介,详细描述文本的前 100 个词到详细描述文本的情感是逐渐递增的,而标准差逐渐减小,总体来说,情感倾向都是正面的。

表 5-3 不同层次的文本情感分析结果

文本情感统计层次	最小值	最大值	中位数	均值	标准差
标题	−0.999	1	0.167	0.167	0.443
简介	−1	1	0.701	0.519	0.491
前 100 个词	−1	1	0.998	0.865	0.361
详细文本	−1	1	1	0.969	0.184

接下来,分别研究了筹资成功的项目和筹资失败的项目在情感分布上的差异。选择了文本长度较短的标题层次和简介层次作为例子进行说明,因为这两部分文本较短,容易计算和展示。本书也尝试分析了详细描述文本的差异,得到的结果与标题层次和简介层次类似,不再单独列出。

图 5-2 中展示了众筹项目的标题层次的文本情感值以及简介层次的文本情感值在所有项目、成功筹资项目及筹资失败项目中的对比。可以看到,不论成功项目还是失败项目,其文本的情感趋势基本相似。由于这种趋势的类似,图片并没有展示在详细描述文本的前 100 个词以及详细描述文本的情感分布(几乎完全一致,标题与简介具有足够的说服力,故不再单独列出)。

具体来说,众筹项目的标题层次的情感具有较好的正态分布特征;而在文本简介层次,其情感值呈现有偏分布,较多的项目采用了正面情感,而且情感值越强烈,项目数量越多,这无论是在成功项目还是失败项目中都成立。

图 5-3 和图 5-4 中分别展示了标题层次和简介层次的情感在不同项目类别下的分布情况。可以看到,在标题层次的情感分布是有差异的,例如:"Film&video"类项目呈现典型的正态分布特性,均值在 0 左右;而相反,"Food"

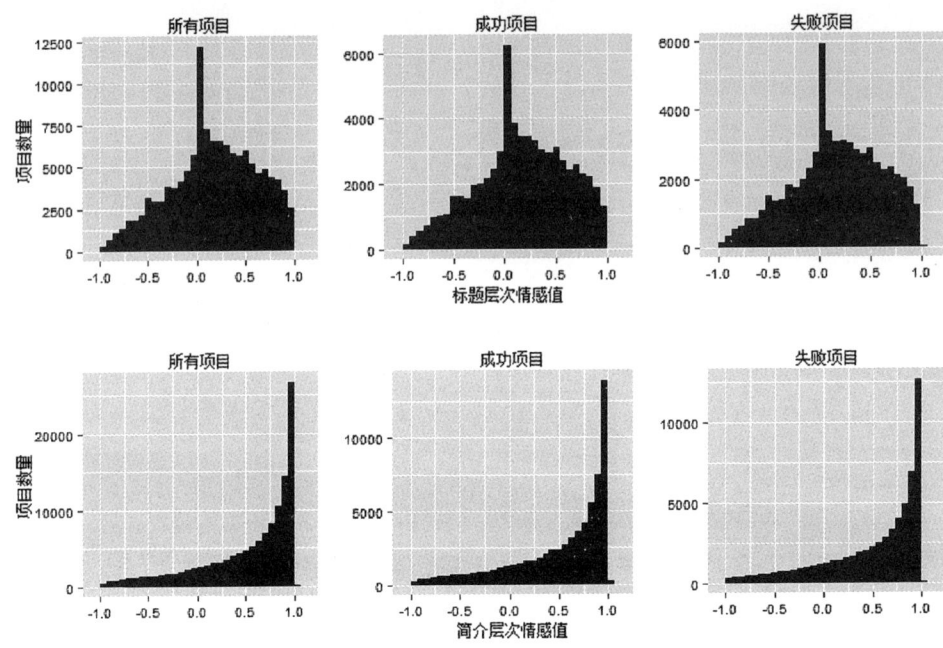

图 5-2　成功项目和失败项目的情感分布对比

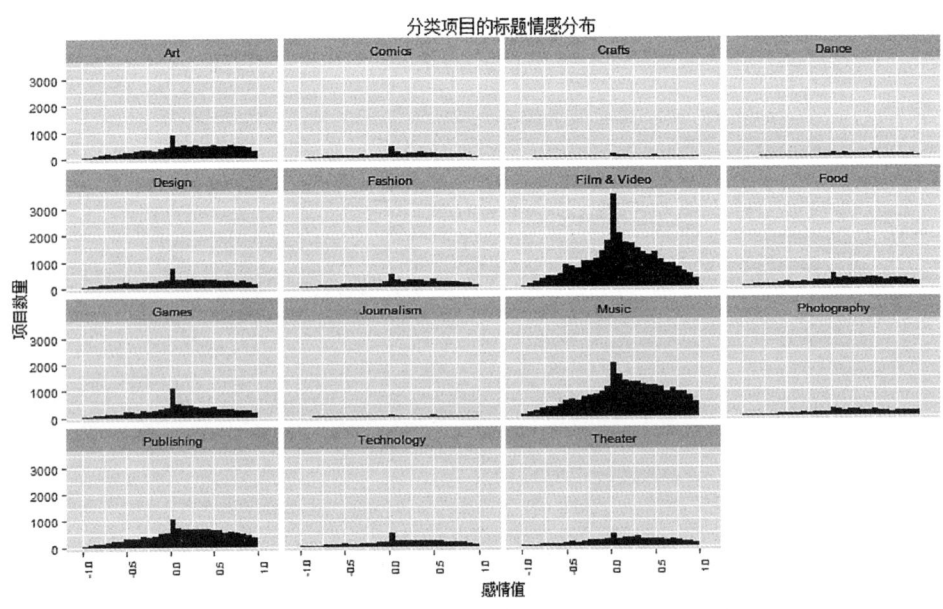

图 5-3　分类项目的标题情感分布

第5章 文本情感及主客观性对成功融资的影响

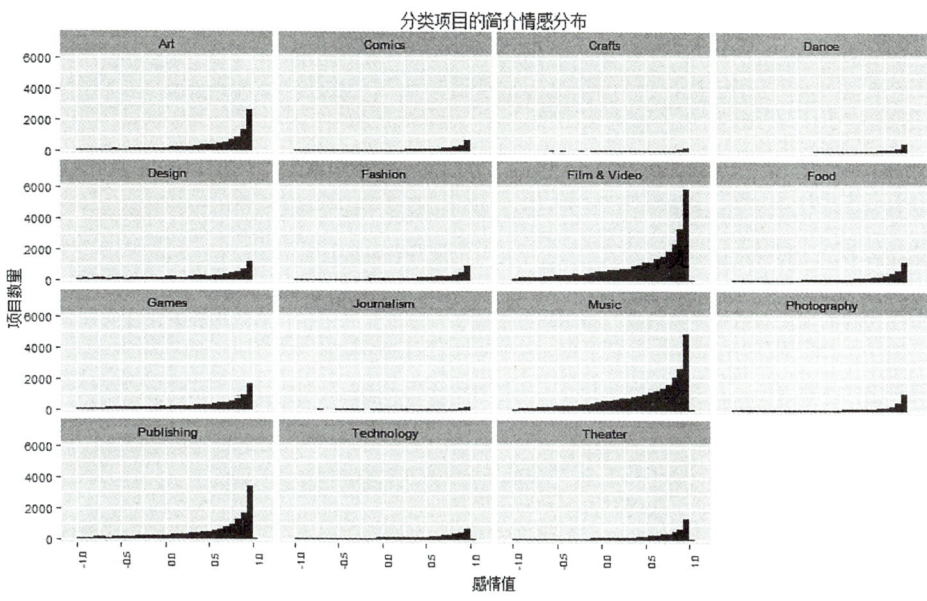

图 5-4 分类项目的文本简介情感分布

类项目呈现均匀类型，总体情感是正面的。但是，从总体来说，并不存在本质差异。

2. 文本主客观性检测结果

在文本的情感分析中，没有考虑项目回报区域的文本，这是因为回报区域的文本在情感分析中几乎没有差异。但是，在回报文本中，却可能存在主观与客观的差异，究其原因，回报文本中一般不会介绍项目发起者，而且由于回报文本的字数不长，其描述方式也有一些固定的套路（你给多少钱，我给你什么回报），其情感差异并不大。但是，回报文本中主观与客观差异体现在筹资者对回报的态度上（筹资者对回报更加有信心的话可能描述较客观；反之较主观）。所以，在主客观检测的文本层次中加入了对回报文本描述的分析。

表 5-4 中展示了文本主客观分析结果，其值都是介于 [0,1] 的数字，0 表示最客观，而 1 表示最主观。可以看到，所有文本均偏向客观。具体来说，标题是最客观的描述，而详细描述文本是中立带客观的描述，而回报文本亦是较客观的描述。

图 5-5 中展示了成功项目与失败项目在主客观度上的统计，可以看到，在标题层次、简介层次、详细描述文本层次及回报文本层次的主观度分布几乎是没有系统性差异的。这表明，文本主客观性可能对项目的成功率影响并不大。

表 5-4 不同文本层次的主客观分析结果

文本主客观统计层次	最小值	最大值	中位数	均值	标准差
标题	0	1	0.000	0.169	0.272
简介	0	1	0.400	0.390	0.285
前100个词	0	1	0.470	0.468	0.133
详细文本	0	1	0.476	0.473	0.088
回报文本	0	1	0.416	0.414	0.165

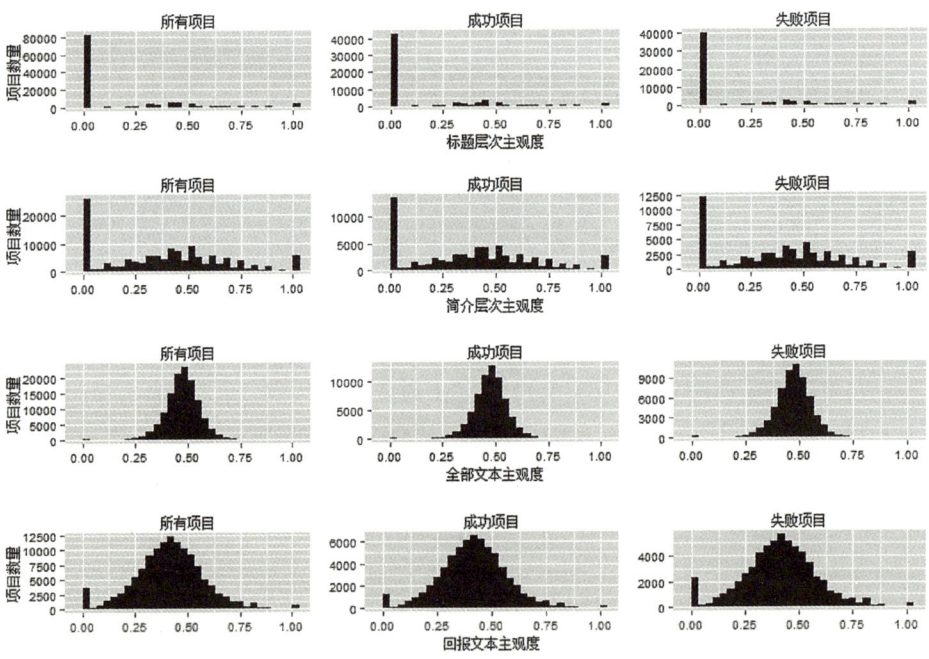

图 5-5 成功项目与失败项目在主客观度上的统计

图 5-6 和图 5-7 中分别展示了回报文本和详细描述文本在主客度上的分布统计,可以得到的结论是:尽管在总体上并无显著的分布差异,但是还是存在分布方差的区别。例如:在"Music"以及"Film&video"的分布方差较小,导致总体分布图形较陡峭;而"Photograph"和"Fashion"的方差就大得多,反映在图形上就是图形较平缓。这表明,有必要研究不同项目类别下的主客观分布对于项目筹资结果的影响。

第5章 文本情感及主客观性对成功融资的影响

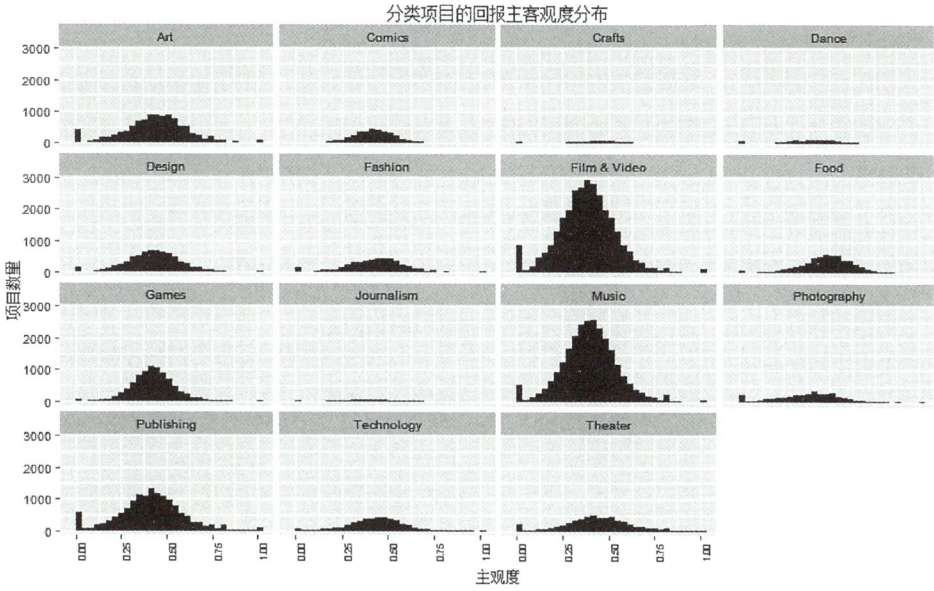

图 5-6 分类项目的回报主客观度分布

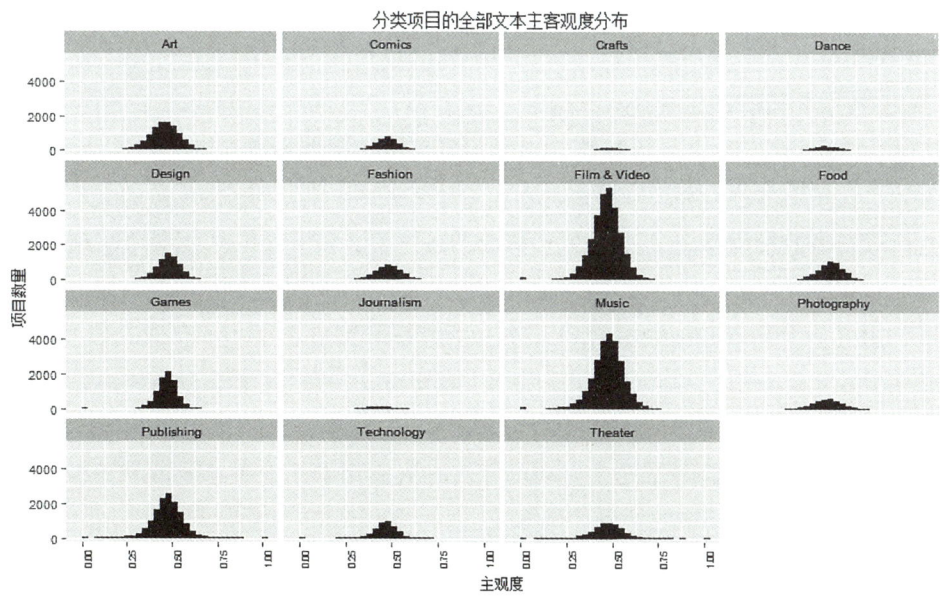

图 5-7 分类项目的详细描述文本主客观度分布

5.3.2 假设检验的结果及讨论

1. 文本情感假设检验结果

鉴于图 5-3 和图 5-4 中的分析,在各个类别下的文本情感分析不存在显著差异,本书也尝试分析了各个项目类别下的情感倾向对项目筹资结果的影响,发现并无显著区别,因此,在本节的检测中不对各个项目类别进行区分。表 5-5 中显示了文本情感的假设检验结果。

表 5-5 文本情感假设检验结果

模 型	标题层次	简介层次	前100个词	详细文本	R-squared
模型 1	−.005*	.008**	.026***	.054***	0.223 4
模型 2	−.000	−.006*	−.011**	0.050***	0.279 5
模型 3	−.237	−.357	−5.110***	11.180***	0.248 6
模型 4	−0.040*	0.093***	0.302***	0.265***	—
模型 5	−0.023*	0.053***	0.170***	0.155***	—

*** $p<0.001$, ** $p<0.01$, * $p<0.1$

从情感分析的结果,可以得到如下的启示:① 众筹项目标题不应该含有情感,因为所有 5 个模型的标题情感都与项目的成功率负相关(模型 1,4,5 显著负相关;模型 2 和模型 3 不显著负相关)。这表明,项目的标题应该采用不带感情色彩的文字进行描述;② 文本简介和文本内容的情感强度有利于项目筹资成功,这可能是由于文本简介和详细描述文本相对比较长,带有正面感情色彩的文本更能刺激投资者的投资意愿。另外,需要指出的是模型 2 和模型 3 表明,筹资进度和参与投资人数只与详细描述文本的情感正相关,而与其他部分文本情感负相关。

另外一个需要验证的假设是:过于强烈的情感是否不利于项目筹资成功,换句话说:是否情感越强烈越有利于项目筹资成功还是过于强烈的情感会让潜在投资者感到不真实而不愿意投资。表 5-6 中把项目文本按照情感强度分为了 10 个等级,分别统计了每个等级的项目融资成功率。按照详细描述文本的情感得分进行统计。

表 5-6 中能够得到直观的观察结果,如果把数据绘制在图片上会呈现近似直线的小波动,因此,并不能看出明显的趋势,故不支持过于强烈的情感有碍于项目筹资成功的假设。

第5章 文本情感及主客观性对成功融资的影响

表 5-6 不同情感等级的项目筹资成功率对比

情感等级（排名百分比）	项目筹资成功率	情感等级（排名百分比）	项目筹资成功率
0%～10%	52.33%	50%～60%	52.34%
10%～20%	52.95%	60%～70%	51.64%
20%～30%	51.91%	70%～80%	52.24%
30%～40%	50.92%	80%～90%	52.17%
40%～50%	53.40%	90%～100%	51.92%

2. 文本主客观性假设检验检测结果

表 5-7 中显示了文本主客观性假设检测结果，可以得到的结果是：① 项目的标题和简介的主观度与项目成功率显著负相关，即客观的项目标题和简介，更能吸引投资者进行投资；② 对于详细描述文本来说，其前 100 个词不宜采用主观的语言，而在 100 词以后宜采用主观的词汇，这是一个相当让人迷惑的结果。可能的原因在于，Kickstarter 上详细描述文本紧接着项目简介，位于简介的正下方，因此，投资者可能看完项目简介后会立即把注意力投向详细描述文本的前一段。因此，在详细描述文本的前一段文字中，应该保持与简介和标题的主客观一致性；③ 对于回报文本来说，注意到模型1、模型4和模型5，尽管模型1的回归系数显著相关（$p<0.01$），但是系数极小（0.002），而且，模型4和模型5的系数没有显著性。这表明，回报文本中文本的主客观度对投资者的影响较小（或者说可以忽略）。

表 5-7 文本主客观性假设检验检测结果

模 型	标题层次	简介层次	前100个词	详细文本	回报文本	R-squared
模型 1	-.003	-0.046***	-0.07***	0.151***	0.002**	0.223 2
模型 2	0.002	-.021***	-.022*	0.126***	0.031***	0.279 6
模型 3	0.901	-0.650	4.094	9.673*	4.747**	0.248 3
模型 4	-0.176***	-0.284***	-0.430***	0.341**	0.032	—
模型 5	-0.100***	-0.161***	-0.242***	0.203**	0.018	—

*** $p<0.001$，** $p<0.01$，* $p<0.1$

5.3.3 鲁棒性检测

1. 文本情感倾向鲁棒性检验

在前面的实验中,验证了文本情感强度对众筹项目成功融资的影响,在鲁棒性检测中,尝试对众筹项目的文本情感极性进行分析。在通过机器学习得到的文本情感强度的基础上计算文本情感极性,即当文本情感值是[−1,0)时,文本归类为负面情感;当情感值是0时归类为中性情感;当情感值是(0,1]时,文本归类为正面情感。根据文本情感极性得到的鲁棒性检测结果见表5-8。

表5-8 文本情感极性的鲁棒性检验

模 型	标题层次	简介层次	前100个词	详细描述文本
模型1	−.001	.006***	.016***	.024***
模型2	−.001	−.002	−.007*	.002***
模型3	.121	−.253	−3.021***	6.463***
模型4	−.000	.056***	.171***	.150***
模型5	−.001	.032***	.098***	.084***

*** $p<0.001$, ** $p<0.01$, * $p<0.1$

从表5-8中可以看到,模型1、模型4和模型5的系数的方向和显著性几乎是完全一致的,其回归系数表明在项目标题层次的正面情感并不能促使项目成功,而简介和详细描述文本的正面情感却可以提升项目的筹资成功率。这与情感强度的研究结论是一致的。

2. 文本主客观度鲁棒性检验

本书检测了不同筹资目标下的文本主客观度对筹资结果的鲁棒性,结果见表5-9。通过比较可以发现,不同筹资目标下,文本的主客观度对筹资结果的影响并不大。具体来说,项目的标题和简介的主观度与项目筹资成功率均负相关,即客观的项目标题和简介,更能吸引投资者进行投资;详细描述文本前100个词不宜采用主观的语言,而在100词以后宜采用主观的词汇。

表5-9 不同筹资目标下的主观度鲁棒性检测结果

项目组	模 型	主 题	简 介	100词	全部文本	回报文本
筹资目标前25%	模型1	−0.007	−0.052***	−0.084***	0.109**	0.021*
	模型2	−0.008	−0.006	−0.050 2*	0.101*	0.018

续 表

项目组	模 型	主 题	简 介	100 词	全部文本	回报文本
筹资目标前 25%	模型 3	−0.388	3.831***	5.886*	−1.869	0.072
	模型 4	−0.188***	−0.324***	−0.431**	0.310	0.075
	模型 5	−0.104**	−0.186***	−0.243***	0.188	0.043
筹资目标前 25%~50%	模型 1	−0.017*	−0.053***	−0.086***	0.188***	0.025*
	模型 2	−0.008	−0.006	−0.050*	0.101*	0.018
	模型 3	−0.388	3.831***	5.886*	−1.869	0.072
	模型 4	−0.188***	−0.324***	−0.431**	0.310	0.075
	模型 5	−0.104**	−0.186***	−0.243***	0.188	0.043
筹资目标前 50%~75%	模型 1	−0.006	−0.038***	−0.058***	0.138***	0.007
	模型 2	0.003	−0.018**	−0.011	0.112***	0.009
	模型 3	4.226*	1.295	3.362	17.55e*	4.589
	模型 4	−0.144*	−0.254***	−0.261***	0.107	−0.048
	模型 5	−0.091**	−0.147***	−0.142***	0.054	−0.023
筹资目标前 75%~100%	模型 1	0.002	−0.021*	−0.034*	0.059*	0.047**
	模型 2	0.006	−0.013*	−0.001	0.08**	0.045**
	模型 3	3.932	−10.34***	−0.61	25.46*	1.821**
	模型 4	−0.168*	−0.197**	−0.481***	−0.257	0.348*
	模型 5	−0.098*	−0.104**	−0.279**	−0.089	0.139

*** $p<0.001$, ** $p<0.01$, * $p<0.1$

5.4 管 理 启 示

本章研究对众筹的管理启示在于：提供了有关文本情感分析及主客观性对于项目成功融资的建议。尽管在商业领域已经证实文本情感能够影响商品的销量，但是并没有研究涉及众筹项目的文本情感，及文本主客观性方面。

对于情感倾向方面，研究结论显示：正面的情感倾向能够促进项目筹资成功，并且不存在情感的曲线效应，即过于正面的情感也不会抑制投资者的投资情绪。其管理启示包括：① 对于筹资者来说，筹资者创作项目文本的时候，应该选择积极正面的词汇，传递给投资者乐观向上的情绪，而不应该采用灰暗悲观的词汇。正面的情感表达了文本作者乐观的心态，对项目的成功充满信心，引导投资者参与投资的情绪；② 而对于众筹平台来说，也可以利用这点来对众筹项目描述进行检查，当项目描述文本情感倾向显得悲观的时候，可以提示筹资者进行改进。

对于文本主客观的检测发现，筹资者在不同的文本区域也应该采用不同的主客观文本。首先，对于客观性文本，其表达的意义是客观平实，没有夸张和主观感情色彩的传递信息，在众筹项目的标题和简介部分适合采用客观的文本描述，因为标题和简介是投资者接触项目的第一印象，可能大多数投资者都希望能获得客观的第一印象，而不喜欢那些已经带有明显主观偏向性的文本。相反，在项目的详细描述文本中，项目发起者可以采用主观的项目介绍。这给予筹资者的启示在于：① 不同文本区域的主客观性是有区别的，筹资者需要区别对待；② 主客观度反映的是文本是否有足够的事实论据支撑，事实论据越多，文本越客观；反之亦然。这与文本的情感分析有联系也有区分，需要筹资者除了关注文本情感外，还需要注意文本的主客观性。

5.5 本章小结

本章研究了众筹项目文本描述的情感倾向及主客观性对项目筹资结果的影响，采用了统计分析以及机器学习等方法对众筹项目文本内容在不同层次进行了研究：标题层次、简介层次、详细描述的前 100 个词、详细描述文本及回报文本。得到了以下核心结论：在文本简介和详细描述文本中，情感越正面，越容易获得投资者的支持，而项目标题中的情感信息则不受支持；项目标题和简介应该尽可能客观，但是，在项目详细描述文本和项目回报文本中则不受支持。

第6章
文本内容偏向性对成功融资的影响

在风险投资领域,投资者通常持有两种截然不同的观点:投资一个"项目"还是投资一个"人"(这里不是特指单一的"一个人",而是泛指一个创业者及其团队)。更详细地说,在投资领域,关于Horse(项目创意)和Jockey(创业者)的争议广泛存在(Kaplan & Sensoy et al.,2009;Marom,2012)。对于此争议,不同的投资者倾向于持不同观点,一方认为创业者的创意以及市场空间更重要;而另外一方认为创业者的个人特质、能力、激情更重要(Marom & Sade,2013)。

尽管是一个很重要的研究问题,但是就能够找到的资料,在众筹领域还几乎没有研究涉及这个话题。在本章中,对众筹文本介绍中的文本偏向性进行分析,研究了在众筹领域中,投资者是如何看待筹资项目关于项目创意和项目发起者的重要性。

6.1 研究假设

为了吸引投资者,项目发起者可以采取多种手段来说服投资者,有两种截然不同的趋向:① 较多的对商业创意进行描述和包装;② 强调创业者(创业团队)的个人能力,例如:教育背景、已经取得的成就等。由于时间和资源的有限性,这类似于电梯测试(Elevator Pitch)(Pincus,2007),突出了某一方面势必会削弱另外一方面(Marom & Sade,2013)。尽管对于风险投资领域来说,这个问题非常重要,但是在能够找到的学术文献中,相关的研究却很少。究其原因,可能是很难找到足够多的数据来支撑投资决策的观点;另外一个问题是如何定义成功的风险投资也存在争议(Marom & Sade,2013)。而在众筹项目中,由于能够获得大量的项目信息以及筹得资金的实际状况,可以对这个问题进行验证。

对美国 50 家新兴企业的调查发现，创始人经过一段时间后都会离职，而公司的核心业务会长期保持不变（Kaplan & Sensoy et al.，2009）。这表明项目质量（创意水平）比管理团队更重要。对 185 家以色列初创公司的研究也同样证实，项目创意对企业发展比创始人的特质更重要（Marom，2012）。因此，假设在其他条件相同的情况下，项目文本描述偏重于描述项目本身而不是项目发起者更容易使项目筹资获得成功。

假设 6-1（文本内容偏向性假设）：项目描述文本偏重于描述项目本身而不是项目发起者更容易获得筹资成功。

6.2 基于文本挖掘的文本内容偏向性识别模型

文本内容偏向性识别涉及的研究问题是：项目描述文本是偏重于介绍项目本身还是偏重于介绍项目发起者，换句话说，文本是介绍"人"或者介绍"物"？因此，本章文本挖掘的任务就是要识别项目文本内容偏向性是突出了项目还是突出筹资者？

已有研究已经表明，众筹项目的筹资目标越高，在文本介绍中创业者的名字（或者创业团队的名字）被提及次数也越多（Marom & Sade，2013）。这表明当筹资者的野心越大，他越期望借助于自身的身份、专业素养、教育水平、曾经取得的成绩来打动投资者，而不是以项目创意本身来吸引投资。因此，可以认为筹资者的姓名被提及的次数越多，项目发起者越是强调个人身份；反之，当名字被提及的次数越少，表明项目发起者重点放在介绍项目创意上。根据项目文本描述中提及创始人的次数来分析项目强调的重点，其合理性在于涉及人物姓名的介绍一般都是对人物事迹等的描述，这有别于那些不提及人物姓名的描述。

本书发现筹资者在提及人物时一般采用了以下方式：① 项目发起者的姓名（用户名）；② 发起项目的公司（团队）名字，例如 PRX，Inc[①]；③ 少数项目由多个项目发起者发起，分别抽取每个用户的名字进行统计分析。

值得一提的是：除了在文本描述中进行文本描述内容偏向性（人或物）的识别外，另外一个比较便捷的渠道是项目发起者的好友数量（Twitter 的 Follower 数量，Facebook 的好友数量等）。一些筹资者可能并不局限在文本中使用姓名

---

① 项目地址为：https://www.kickstarter.com/projects/1748303376/99-invisible-season-4-weekly.

第6章　文本内容偏向性对成功融资的影响

（或者用户名），还可能使用 Facebook 链接上的用户名，这二者有时是一致的，有时是不一样的。首先判断二者是否一致，如果不一致的话同时统计 Kickstarter 上名字出现的次数以及 Facebook 上用户名出现的次数。在鲁棒性检验中检测了这个指标对于项目融资成功率的影响。

在一个众筹项目的介绍中，文本作者经常既介绍了"人"的方面，同时也介绍了"项目"的方面，因此，很难武断的评价一个文本内容是描述"人"或者"项目"的。换句话说，本书的内容偏向性绝对不是一个分类变量（非 A 即 B 式的分类），这更像是一种相对来说，描述"人"的方面多一些还是描述"项目"的方面多一些。

基于上面的描述，我们以筹资者的名字在文本中出现的次数作为统计标准，表 6-1 中展示了统计的指标。

表 6-1　文本内容偏向性的统计指标

统计指标	统 计 说 明	例　子
姓　名	筹资者的真实姓名（如果有介绍的话）	Shanna Germain①
用户名	筹资者在 Kickstarter 上注册的用户名称	Tony Yu②
多个用户名	由多个用户发起的项目，对多个用户名进行各自抽取，例如：有两个用户发起的项目，就有两个名字	Sarah Greenbaum and John Weissenrieder③
团队名称	有些筹资者不是以个人名义出现的，而是以团队或者小组形式出现的，会有一个团队名称或者小组名称	PRX,Inc④
社会化网络用户名	例如 Facebook 链接的用户名，Twitter 链接的用户名，Flickr 用户名等	Adam Michael Jeffcoat（Facebook 用户名，Kickstarter 注册名字 Pixel Trip Studios）⑤

---

① 该项目地址：https://www.kickstarter.com/projects/shannagermain/geek-love-an-anthology-of-full-frontal-nerdity.
② 该项目地址：https://www.kickstarter.com/projects/474489652/nanotips-touchscreen-solution-for-all-gloves.
③ 该项目地址：https://www.kickstarter.com/projects/608092588/the-ukebuke.
④ 该项目地址：https://www.kickstarter.com/projects/1748303376/99-invisible-season-4-weekly.
⑤ 该项目地址：https://www.kickstarter.com/projects/2084621640/the-breakout.

除了统计每个文本层次用户名出现的次数外,还有必要计算用户名出现的相对频度,因为,文本越长,用户名被提及的次数也可能会越多。式(6-1)展示了文本内容偏向的计算方法,该计算方法来源于已有研究的结论:创业者的名字被提及的次数越多,那么他就越多的突出了他的技巧、过去经验以及过往的成功经历("the more the enterpreneur's name is mentioned, the more emphasis is placed on his/her skill, past experience anf past success")(Marom & Sade, 2013)。

$$Name\_ratio = \frac{|name\ count|}{|document\ length|} \quad (6-1)$$

其中,$Name\_ratio$ 代表筹资者的名称在文本中出现的比例;$|name\ count|$ 代表提及名字的次数;$|document\ length|$ 代表构成文本的长度。算法 6-1 详细描述了文本内容偏向性计算伪码。

算法 6-1　文本内容偏向性计算伪码

输入:文本 $document$ 内容,表 6-1 定义的各个层次的用户名字(数据库中读取,见附录 B),记为 $names\_array$

输出:用户名提及次数 $name\ count$ 以及比例 $name\ ratio$

1. $words = document.lower().split('')$
2. $document\_length = words.length$
3. $name\_count = 0$
4. $name\_ratio = 0$
5. **For** $name$ in $names\_array$:
6. 　　$name\_count = name\_count + len(re.findall(words, name))$
7. **End for**
8. $name\_ratio = floor(name\_count/words, 3)$
9. **Return** $name\_ratio, name\_count$

另外一个不得不承认的事实是:由于筹资者对自身能力的认识,筹资者会选择适合自己能力的筹资目标(这很好理解:如同演艺明星的名气越大,出场费越高一样)。因此,那些筹资目标越高的项目,可能筹资者对自己的名气越自信。在鲁棒性检验中,也按照筹资目标对数据样本进行了划分,分别进行了鲁棒性测试。

把文本内容偏向性识别模型分为四个文本层次:① 项目标题层次;② 项目

简介(Blurb);③ 详细描述文本的前 100 个词;④ 完整的详细描述文本。本章没有考虑回报文本层次,因为在回报文本中,筹资者几乎不会提及与人有关的方面,考虑回报文本没有意义。

为了证明式(6-1)中,简单的计算方法对于文本内容偏向性的识别效果,我们对该结果进行了检测。检测的方法依据已有研究方法(Duarte & Siegel et al.,2012;Marom & Sade,2013),即人工对文本进行标注,然后与自动识别的结果进行对比。更详细地说,本书邀请了 6 名博士研究生参与文本内容偏向性的标注工作,6 名博士研究生都是有关信息管理专业研究方向的,其中 3 名男性,3 名女性。然后,随机从所有众筹项目中选择了 100 个项目,由这 6 名标注者进行阅读并标注。我们把文本的内容偏向性定于[1,5]区间,1 为最偏向"人",5 为最偏向"项目"。由此得到了 600 个不同的标注结果。

表 6-2 中展示了文本内容偏向性自动识别与人工标注结果对比,相关系数为负数表明文本中出现用户名的次数越多,人工识别出来的内容偏向性越偏向"人"的方面(因为[1,5]区间中 1 代表"人",5 代表"项目")。可以看到,自动识别的结果与人工标注的结果高度相关。为了进一步验证二者之间的关系,我们选择详细描述文本进行分析,统计了 600 个详细描述文本的人工标注结果与自动识别结果之间关系,见图 6-1。

表 6-2 文本内容偏向性自动识别与人工标注结果对比

文本层次	自动识别结果(平均次数)	人工标注结果(均值)	相关系数
文本标题	0.13	2.24	$-.78^{***}$
简介层次	0.12	3.59	$-.67^{***}$
前 100 个词	0.32	4.09	$-.74^{***}$
详细文本	1.46	4.53	$-.82^{***}$

*** $p < 0.0001$

如图 6-1 中所示,随着筹资者名字在文本中提及次数的增加,人工标注的文本内容偏向性也逐渐偏向"人"的方面。在没有一次提及人物姓名的情况下,文本的内容偏向性为 4.87(满分为 5,5 代表完全偏向"项目"),能够看到名字在文本中提及的次数与内容偏向性的显著趋势,证明了该方法的正确性。

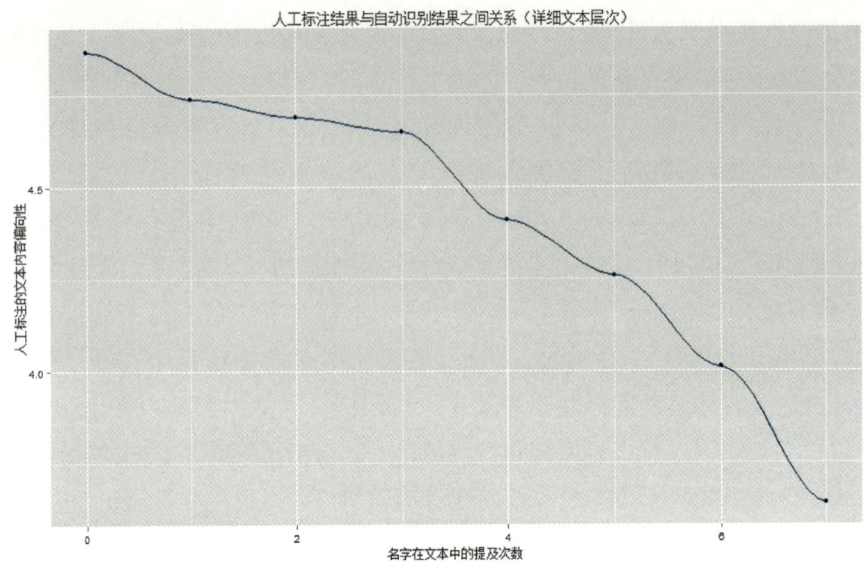

图6-1 人工标注结果与自动识别结果之间关系

6.3 研究结果及讨论

6.3.1 文本分析结果

表6-3中展示了文本内容偏向性的分析结果。从表中可以看到在提及用户名称的频数上,成功项目的比失败项目明显高得多。以标题为例,在标题中提及项目发起者名字的平均次数是0.14次,其中成功的项目平均提及0.21次,而失败的项目平均只提及0.08次;换句话说,在筹资成功的项目描述标题中,筹资者更喜欢在标题中注明项目发起者的名字。也就是说,成功的项目更偏重于突出用户的身份,而失败的项目则恰好相反。其他的文本层次呈现相似的趋势。表6-3中直观上能够否定假设6-1,但是仅凭统计均值还很难下结论,还需要回归模型的检验以及鲁棒性检验。

表6-4中显示了不同的项目类别下,提及项目发起者名字的次数统计及相关系数。可以看到,不同项目类别存在较大的差异。在"Technology"中,平均出现4.6次;而在"Crafts"项目中,平均只出现0.8次。这促使本书需要按照项目所在的类别进行检验,才能得到更加合理的结论。

表6-3 文本内容偏向性的分析结果

文本层次	项目状态	提及总数	项目数量	所有项目均值（频数）
标题层次	所有项目	18 134	17 317	0.14
	成功项目	12 612	12 041	0.21
	失败项目	5 522	5 276	0.08
简介（Blurb）层次	所有项目	13 648	12 698	0.11
	成功项目	9 379	8 741	0.15
	失败项目	4 269	3 957	0.06
前100个词	所有项目	38 184	26 687	0.30
	成功项目	23 238	16 103	0.38
	失败项目	14 946	10 584	0.23
详细文本	所有项目	187 925	50 391	1.48
	成功项目	119 120	30 596	1.97
	失败项目	68 805	19 795	1.04

表6-4 不同项目类别下的项目发起者名字提及次数统计

项目类别	标题层次（数量）	简介层次（数量）	前100个词（数量）	详细文本（数量）	合计（数量）	相关系数
Art	0.089 0	0.093 6	0.296 6	1.172 4	1.651 5	0.039 3*
Comics	0.054 3	0.078 3	0.274 3	1.423 5	1.830 5	0.098 4*
Crafts	0.049 5	0.035 1	0.158 3	0.548 6	0.791 4	0.066 7
Dance	0.188 8	0.206 9	0.595 5	1.697 9	2.689 0	0.131 0*
Design	0.062 3	0.048 4	0.285 2	3.194 9	3.590 7	0.057 2*
Fashion	0.140 7	0.089 4	0.376 5	2.518 8	3.125 5	0.050 2
Film & Video	0.049 5	0.051 3	0.218 0	1.015 7	1.334 5	0.068 0*
Food	0.110 3	0.064 4	0.302 1	1.153 8	1.630 6	0.058 6*
Games	0.031 1	0.035 9	0.168 6	2.173 4	2.409 0	0.045 8*
Journalism	0.107 0	0.081 2	0.247 2	1.136 5	1.572 0	0.104 6
Music	0.441 1	0.273 9	0.477 6	1.459 2	2.651 8	0.072 9*

续 表

项目类别	标题层次（数量）	简介层次（数量）	前100个词（数量）	详细文本（数量）	合计（数量）	相关系数
Photography	0.039 3	0.058 5	0.198 6	0.788 7	1.085 1	0.063 8*
Publishing	0.052 2	0.056 0	0.198 0	0.792 3	1.098 5	0.092 7*
Technology	0.067 1	0.040 0	0.284 5	4.209 5	4.601 2	0.065 4*
Theater	0.103 9	0.134 3	0.396 7	1.189 5	1.824 4	0.078 4*
合 计						0.048 0*

* $p<0.000\,1$

6.3.2　假设检验的结果及讨论

本假设的本质是检验人力资本与非人力资本在众筹项目中吸引投资者的作用。表6-5中展示了在不同项目类别下，文本内容偏向性对项目能否成功筹资的假设检验结果。可以看到，总体来说，文本的内容偏向性在不同文本层次的效果是不一样的，在标题、简介以及详细描述的前100个词中，关于筹资者的描述能够促进项目筹资成功（人的方面）；但是在详细文本中，关于项目本身的描述更有利于项目成功（物的方面）。

表6-5　文本内容偏向性对项目筹资成功率的假设检验结果

父 类	项目类别	标题层次	简介层次	前100个词	详细文本
文艺类	Art	.088***	.037*	.013*	−.002
	Film & Video	.068***	.031**	−.006	.004***
	Music	.087***	.039***	−.002	−.001
	Photography	.135***	.115***	−.012	.003
	Publishing	.102***	.103***	.004	.000
	Design	.104***	−.007	.004	−.000
	Fashion	.048**	.015	−.003	.000
	Theater	.015	.057***	.023*	.003
	Comics	.046	.060*	.025*	−.003
	Dance	.043	.076***	.023	.002

续 表

父 类	项目类别	标题层次	简介层次	前100个词	详细文本
技术类	Technology	.089**	.046	.011	−.000
	Games	.060*	−.001	.008	−.000
生活类	Food	.063***	.029	.003	.000
	Crafts	.000	.062	.058	−.000
	Journalism	.103	.069	−.041	.006
全部项目		.128***	.066***	.004*	−.000*

*** $p<0.001$,** $p<0.01$,* $p<0.05$

具体来说,在不同项目类别中,文本内容偏向性的效果也是不一样的。对于文艺类项目来说,在标题层次和简介层次强调项目发起者,能够取得较高的筹资成功率;而在详细描述文本中突出项目发起者的身份、经验并不能带来项目成功率上的显著增加。对于技术类项目来说,只能在标题层次突出项目发起者或者发起者团队,在其他任何文本区域均不能显著增加项目筹资的成功率,可能的原因在于投资人是如何判断一个项目的:项目投资者可能更看重的是科技类项目的创意,而非创业者曾经取得的成就。事实上,这可能是比较理性的判断,因为曾经在某个科技类项目取得的成绩并不代表该创业者能够始终站在科技的最前沿。最后,对于生活类项目来说,除了食品类项目("Food")应该在标题中突出项目发起者以外,其他任何文本区域中突出项目发起者均不能有效提高筹资成功率。

6.3.3 鲁棒性检测

首先采用不同的模型进行鲁棒性检测分析,结果见表6-6。可以看到,模型1、模型4和模型5呈现完全一致的结果(系数大小不一样,但是系数方向和显著性是完全一致的),这表明以虚拟变量作为因变量的模型下,在标题层次、简介层次和详细描述文本的前100个词层次能够支持假设,但是详细描述文本则不能支持假设(不但不支持假设,而且支持逆假设)。对于模型2和模型3的结果,由于采用了不同的因变量,模型2的因变量是筹资进度,而模型3的因变量是参与投资人数,这两个模型的结果可以作为参照。可以看到,在标题层次和简介层次突出项目发起者始终都是有效的手段,而在项目的详细描述文本中,则不应该突出项目发起者的身份,除了详细描述文本的前100词。

表6-6 文本内容偏向性在不同模型的鲁棒性检测结果

模 型	标题层次	简介层次	前100词	详细文本
模型1	.128***	.066***	.004*	−.000*
模型2	.091***	.048***	.000	.000*
模型3	10.014***	4.165***	−1.179*	.198***
模型4	.602***	.311***	.082***	−.006*
模型5	.355***	.168***	.036***	−.003*

*** $p<0.001$, ** $p<0.01$, * $p<0.05$

项目发起者所在国籍可能会对潜在投资者形成影响,因为Kickstarter作为美国网站,不可避免的是大部分访客来自美国(为了支持该论断,本书专门研究了Alexa的访问来源数据,其结果见附表6-1,可以确定有50%左右的访客来自美国;而项目发起者所在的城市更是表明了约有90%的项目发起者来自美国)。因此,项目发起者的国籍,能够在一定程度上说明项目发起者的身份信息。

表6-7中展示了来自美国的项目发起者与非美国国籍的项目发起者的鲁棒性检验结果。同社会化网络的检验结果一样,二者几乎没有显著的差异,但是影响系数在非美国国籍用户组中均增大了,这表明非美国国籍的项目发起者,花费了更多的文本用于介绍自身的身份。

表6-7 发起者所在国籍对项目筹资结果的鲁棒性检测

项目组	模 型	标题层次	简介层次	前100个词	全部文本
来自美国的项目发起者	模型1	.075***	.086***	.031***	−.001*
	模型2	.072***	.054**	.023**	−.000
	模型3	9.687*	5.418	−.054	.610***
	模型4	.406***	.379***	.264***	−.008*
	模型5	.246***	.202***	.150***	−.004*
非美国国籍的项目发起者	模型1	.131***	.065***	.001	−.000
	模型2	.092***	.048***	−.002	.000**
	模型3	9.983***	4.376***	−1.372**	.162***
	模型4	.618***	.307***	.066**	−.005**
	模型5	.362***	.167***	.028**	−.003**

*** $p<0.001$, ** $p<0.01$, * $p<0.1$

第 6 章　文本内容偏向性对成功融资的影响

对于项目的筹资进度来说(模型 2)，本书认为需要额外做鲁棒性检验，因为对于筹资进度大于 100% 的项目来说，超过 100% 的部分其实对于项目能否成功筹资是没有意义的(本书的主要研究目标是项目能否成功筹资，而不是项目能在多大程度上超筹)。在本书的数据样本中，所有项目的平均筹资进度是 245.71%，即平均筹资超过预设筹资额度的 2 倍以上，标准差达到了 161.62，这是由于被少数大额超筹项目影响，最高超筹比例项目超过了预定筹资额度的 4 000 多倍，例如：Energy Hook 项目[①]。因此，在筹资进度小于 100% 的样本中进行考虑可能更符合模型 2 的实际情况。

表 6-8 中展示了对于筹资进度小于 100% 的项目的筹资进度与文本内容偏向性相关系数表。从总体上看，偏重"人"的项目表述与项目筹资进度(小于 100%)显著相关，但是在具体的项目类别下，只有"Comics"、"Film & Video"、"Games"、"Journalism"、"Music"、"Publishing"类别的项目支持该结论。因此，在那些筹资进度小于 100% 的项目中，只能部分支持假设 6-1。但是，对于项目总体而言，对于假设 6-1 的检验结果并无影响。

表 6-8　筹资进度的相关系数表

项 目 类 别	筹资进度(小于100%)(模型 2)	参与投资人数(模型 3)
Art	0.014	0.095*
Comics	0.155*	0.116*
Crafts	−0.033	0.122*
Dance	0.020	0.140*
Design	0.024	0.059*
Fashion	0.045	0.072*
Film & Video	0.033*	0.122*
Food	0.000	0.096*
Games	0.062*	0.042
Journalism	0.143*	0.290*
Music	0.044*	0.116*
Photography	0.056	0.098*

---

① 该项目更新后的地址为：https://www.kickstarter.com/projects/551129138。

续 表

项 目 类 别	筹资进度(小于100%)(模型2)	参与投资人数(模型3)
Publishing	0.060*	0.128*
Technology	0.025	0.072*
Theater	0.035 7	0.169
合　计	0.041*	0.077*

* $p<0.0001$

6.4　管　理　启　示

本章研究的管理启示主要来自两个方面,其一是对众筹项目筹资者的管理启示;其二是对投资者的管理启示。

首先,对于项目筹资者来说,对于项目发起者以及项目发起者团队身份介绍,筹资者可能有这样的困惑:是否应该介绍创业团队? 如何介绍创业团队? 由于这是一个争论不休的问题,很多著名的风投专家都持不同的观点,专家的意见分歧对筹资者来说势必造成混乱,对这个问题显得犹豫不决。本章关于文本内容偏向性的研究能够在一定程度上回答这个问题。项目发起者及其团队是值得介绍,但是只适合在标题以及简介部分进行适度提及(尤其是文艺类、技术类,以及食品类别的项目);而不适合在详细描述文本中花费大量篇幅介绍项目团队。这里面也可能蕴含了一个不那么明显的管理启示:如果创业者是有名气的人或者组织,那么就应该尽可能利用这个优势,在标题和简介中突出这个优势,而不应该把这个优势放在最后介绍。换句话说,除了在项目标题和摘要突出项目"人力资本"方面的描述外,在项目的主要介绍区域,即详细描述文本中的"非人力资本"方面的描述才是投资者关注的重点,这也应该是投资者需要关注的重点。因此,对于项目筹资者来说,项目创意大于创业者身份,在详细描述文本中是成立的。

其次,对于投资者来说,如何判断一个项目的质量? 是否参与一个项目的投资? 如何在"人"的方面还是在"项目"的方面进行权衡? 这是很多投资者面临的窘境。本章的研究结论对于分析大多数投资者的投资策略是有帮助的,能够认识到投资者普遍的行为模式。就众筹项目投资行为来说,对投资者的启示在于:

"项目创意"大于"创业者",因此,投资者在判断项目是否值得投资时,应该把重点放在项目本身上。做出这个管理建议的原因在于:① 项目描述文本的内容偏向性应该偏向"项目"而不是"人";② 已有研究已经证明,相当一部分投资者投资项目的诱因在于社会关系因素(Agrawal & Catalini,2014),即社会关系中的好友,可以预见,如果在分析中过滤这些好友因素("人"的方面),那么来自"非人力资本"的影响会更加明显;③ 众筹模式的出现,其目的之一就是要应对快速变化的市场,这种以市场为导向的行为,其实本身就蕴含了"非人力资本"方面因素的重要性。

关于文本内容偏向性研究对管理实践的最大贡献在于:在项目标题和简介中,应该突出"人力资本"方面的描述;而在详细描述文本中,应该重点介绍项目创意,即"非人力资本"方面的描述。

6.5 本 章 小 结

本章研究了众筹项目文本内容偏向性对筹资结果的影响。文本内容偏向性检测的本质是投资者对人力资本与非人力资本的偏向性,因此,本章检测的重点也就是投资者是投资众筹项目的"人"的方面还是"物"的方面,这种检测结果可以用于指导筹资者合理的安排文本内容的偏向性。研究发现,对创业者和创业团队的介绍应该放在项目的标题层次和项目简介中;在详细描述文本中应该突出项目本身的特点和创意,而不应该花费太多篇幅来介绍创业者和创业团队。

文本欺诈性检测对成功融资的影响

市场上的不可避免地会出现一些欺诈性的信息,涉及的领域众多,例如:金融领域(Gupta & Gill,2012)、在线支付(Song & Huang et al.,2013)等。但是,还没有研究涉及众筹项目文本描述的欺诈性线索对于众筹项目成功融资的影响研究。文本的欺诈性线索检测涉及多方面的文本度量标准,本书选择了认知负荷、臆想情节、分离性、负面情绪、词汇多样性、词汇易读性、词汇复杂性及文本生词率作为欺诈性线索的检测指标。分析了文本的欺诈性线索对于众筹项目筹资成功率的影响。

7.1 研究假设

筹资者为了筹得运行项目所需的资金,市场上必然存在一些虚假、欺诈信息。由于信息不对称以及众筹行为的集群效应,一些项目发起者可能利用不成熟的创意欺诈投资者;另外,筹资者可能为了吸引投资者而故意夸大事实,使文本描述显得不真实。另外一个让投资者担心的欺诈问题是资金滥用(Gerber & Hui,2013)。广义上说,资金滥用也是欺诈行为的一种,因为筹资者没有严格按照事先承诺的方式使用资金。

而在文本挖掘领域,已经提出了一些关于如何识别欺诈的方法,这些方法是依据文本语言特征来进行估计的。从心理语言学(Psycholinguist)上分析,故意编造的故事与真实的故事在语言的使用上是存在显著差异的(Pennebaker & Mehl et al.,2003),这为检测众筹项目的文本欺诈线索提供了思路。在众筹项目描述中,那些在文本描述中包含较多的欺诈线索的项目可以认为是较劣质的项目,因为这部分项目极有可能不能兑现承诺,因而更加容易筹资失败。依据上面的分析,提出如下的研究假设,项目描述文本包含越多的欺诈线索,越不容易获得投资者支持,即筹资越容易失败。

假设7-1(文本欺诈线索假设):项目描述文本包含越多的欺诈线索,越不容易获得投资者支持。

7.2 基于文本挖掘的文本欺诈性检测模型

已有的研究文献把欺诈检测划分为多个方面,遵循已有的研究成果,分别采纳以下指标作为欺诈检测的标准:认知负荷(Cognitive Load)、臆想情节(Internal Imagination)、分离性(Dissociation)、负面情绪(Negative Emotion)(Newman & Pennebaker et al.,2003;Duran & Hall et al.,2010)、词汇多样性(Lexical Diversity)、词汇易读性(Lexical Ease of Read)、词汇复杂性(Lexical Complexity)以及文本生词率(New Word Rate)(Zhou & Burgoon et al.,2004)。表7-1中展示了有关欺诈线索检测的指标及定义。

表7-1 欺诈线索检测的指标及定义

欺诈检测指标	定义
认知负荷 (Cognitive Load)	创造(阅读)文本投入的认知资源。编造故事需要投入更多的认知资源,对于文本作者来说,认知负荷更大,由此带来较高的简洁性以及较低的内敛性
臆想情节 (Internal Imagination)	文本在多大程度上是臆想而非真实的。对文本的臆想指标进行度量,臆想情节较少出现时间信息、地点信息,臆想的情节总是希望通过一些模糊的文字展示事件发生的时空环境,因为越是精确的时间和空间信息就越容易被识破
分离性 (Dissociation)	文本作者在多大程度上希望与文本内容分离开。欺诈者由于自身撒谎带来的心理愧疚感,希望能够与欺诈文本分离,因此,在欺诈文本中总是倾向于使用非第一人称人物指示词
负面情绪 (Negative Emotion)	文本带有的负面情绪。由于欺诈带来的心理愧疚,需要释放负面情绪。这与第5章的文本情感分析有一定关联,但文本情感不但分析了正面情感还包含负面情感信息
词汇多样性 (Lexical Diversity)	构成文本的词汇的宽泛性。词汇使用越多样,表明文本作者受的教育水平越高,欺诈的可能性越低

续 表

欺诈检测指标	定 义
词汇易读性 (Lexical Ease of Read)	文本在多大程度上利于读者理解。欺骗性质的文本往往长句子较少、短句子较多
词汇复杂性 (Lexical Complexity)	构成文本的词汇的复杂度。欺骗性质的文本往往使用的单词较短,发音较简单。这个指标与认知负荷的简洁性有一定联系
文本生词率 (New Word Rate)	文本含有的生词比例。生词越多,认知负荷越高,易读性越低

首先分析认知负荷,欺骗者通常需要投入较多的认知资源,因为为了欺骗成功,他们不但需要编造不存在或者虚假的信息(或者一个故事),而且需要避免这种编造的信息被接受者识破。所以,对于文本作者来说,欺诈者编造的故事往往具有较高的认知负荷(Vrij,2000),并由此产生较低复杂度的故事(Newman & Pennebaker,2003)。因此,认知负荷的识别是检测欺诈的一个合理手段。文本检测上,认知负荷通常采用简洁性(Concreteness)以及内敛性(Cohesion)来衡量(Duran & Hall et al.,2010)。由于欺诈者能够感知高度的认知负荷,那些编造的故事通常具有较高的简洁性(这很好理解,欺骗者编造的故事总是希望简洁,因为一些细节的情节较难编造,而且越是编造复杂细致的情节,越是容易被识破)以及较低的内敛性(这也很有道理,因为相对于真实的故事,编造的故事总是更加支离破碎)。

文本的简洁性按照构成文本的所有单词的简洁性均值进行计算(Graesser & McNamara et al.,2011)。式(7-1)展示了简洁性的计算方法。

$$Concreteness = \frac{\sum_{i=1}^{n} Concreteness\_rating_i}{n} \quad (7-1)$$

其中,n 表示构成文本的单词的数量;$Concreteness\_rating_i$ 表示第 i 个单词的简洁性得分。

而如何计算单词的简洁性上,已有研究至少已经提出了以下两类方法:① 根据 MRC 语言心理学数据库(MRC Psycholinguistic Database)[①]进行计算(Wilson,1988);② 最近研究提出的语言简洁性词典(Brysbaert & Warriner

---

[①] MRC 语言心理学数据库的项目地址是:http://ota.oucs.ox.ac.uk/headers/1054.xml。

et al.,2014),该词典来自网络 UGC 文本①。鉴于最近的研究较多采用 Brysbaert & Warriner 的研究成果(例如：Brysbaert & Stevens et al.,2014；Keuleers & Stevens et al.,2015),本书采用后者,即 Concreteness_ratings 简洁性字典,Concreteness_ratings 包含对 39 954 个英文单词的简洁性评分,其数据结构如表 7-2 所示。

表 7-2 Concreteness_ratings 简洁性字典数据结构

Word	Bigram	Conc. M	Conc. SD	Unknown	Total	Percent_known	SUBTLEX	Dom_Pos
roadsweeper	0	4.85	0.37	1	27	0.96	0	0
traindriver	0	4.54	0.71	3	29	0.90	0	0
tush	0	4.45	1.01	3	25	0.88	66	0
hairdress	0	3.93	1.28	0	29	1.00	1	0
pharmaceutics	0	3.77	1.41	4	26	0.85	0	0
hoover	0	3.76	1.23	4	29	0.86	162	0
……								

其中,Bigram 是一个 0/1 字段,用于分类单词所采用的 Gram 模型；Conc. M 是该单词的简洁性指标的均值；Conc. SD 是该单词的简洁性指标的标准差。首先把该字典导入数据库,然后采用算法 7-1 展示的伪码进行计算。

算法 7-1 文本简洁性计算

输入：文本 document
输出：文本简洁性 concreteness

1. words = document.lower().split(" ")
2. word_count = 0
3. concreteness_count = 0
4. **for** word in words：
5.   word = word.strip(" ")
6.   **if** len(word) > 0 and (word in concreteness_dict.keys())：
7.   word_count = word_count + 1

---

① 该项目的词典数据：http://crr.ugent.be/archives/1330.

8.   *concreteness_count* = *concreteness_count* + *concreteness_dict*[*word*]
9.   **if** *word_count* = = 0：
10.   *concreteness* = 0
11.   **else**：
12.   *concreteness* = *concreteness_count*/*word_count*
13.   **return** *concreteness*

文本的内敛性由文本的连词数量进行计算,因为已有研究文献表明,文本的连词数量越多那么文本的内敛性越强(Graesser & McNamara et al.,2011),这类连词包括：*as well as*,*so what* 以及 *somehow* 等。按照项目文本中的连词数量所占的比例进行计算。文本中的连词常常分为很多类别,例如：因果关系连词(*because*,*so*),时间连词(*then*,*after*,*during*),逻辑连词(*therefore*,*if*,*or*),附加连词(*also*,*moreover*),以及转折连词(*on the other hand*,*however*)等(Graesser & McNamara et al.,2011)。依据 Louwerse 的方法(Louwerse,2001)进行处理,但是与 Louwerse 方法不同的是,只需要统计连词在文本中所占的比例,而不用区分连词的类别。本章采纳的连词一共有 126 个,见附表 7-1。

除了认知负荷外,现实检测理论(Reality Monitoring Theory)显示：从真实历经中回顾的故事,往往包含较多的空间信息(Spatial)以及时间信息(Temporal);而这些信息在臆想的故事情节中较少出现(Johnson & Raye,1981)。因此,可以根据文本中的空间信息文字和时间信息文字检测文本的真实性。越是臆想的文本,其时间信息和空间信息就越少。依据已有研究(Duran & Hall et al.,2010),分别计算文本中的空间指示介词(Locational Prepositions)(例如：*here*,*there*,*in*)的出现频率以及时间指示介词(Temporal Prepositions)(例如：*yesterday*,*now*,*afternoon*)的出现频率。附表 7-2 和附表 7-3 分别展示了本章采纳的空间指示介词和时间指示介词。

$$internal\_imagination = 1 - \frac{|locational\ prepositions| + |temporal\ prepositions|}{|length|} \quad (7-2)$$

式(7-2)展示了臆想情节的计算方法,其中 *length* 代表文本长度;*locational prepositions* 和 *temporal prepositions* 分别代表空间指介词和时间指介词的数量。

通过文本分离性来检测文本欺诈性的依据在于：欺骗者通常采用非第一人

称的人物指示代词(non-first person pronouns)(例如：*he*，*him*，*her*)，其目的是把自身与臆造的情节区分开来(Hancock & Curry et al.，2007；Toma & Hancock，2012)。该理论认为，欺诈性的文本更加倾向于避免使用第一人称的人物指示代词，因此，文本分离性成为检测文本欺诈性的方法之一。附表7-4展示了本章采纳的非第一人称的人物指示代词列表。

同时有理论显示，在欺诈性文本中，欺诈者较多使用否定词(negation words)，因为由于欺骗(撒谎)带来的心理道德愧疚而需要释放负面情绪(Vrij，2000；Toma & Hancock，2012)。因此，该理论为检测文本的欺骗性提供了理论依据，附表7-5展示了本章采纳的否定词列表。

文本的可读性也能够在一定程度上反映文本的欺诈性线索。文本的可读性，是一个比较容易量化的指标。尽管简单，但是可读性可以反映文本作者的教育水平、社会地位等丰富信息(Tausczik & Pennebaker，2010)。文本的可读性常用来衡量在线评论以及其他社会化媒体的效用，可读性能够影响潜在消费者的购买意愿(Korfiatis & García-Bariocanal et al.，2012)。在其他条件相同时，项目描述文本越容易理解(可读性越高)，越是能够表明项目发起者可能受过更好的教育、拥有更稳定的收入以及更高的社会地位(Gregorio & Lee，2002)，这样的项目发起者更值得信任(Campbell & Dietrich，1983)，因此，文本的可读性越高，欺诈性越低(Zhou & Burgoon et al.，2004)。

文本的可读性有多种度量方法，例如：拼写错误出现的比例、句子长度、平均用词长度等(DuBay，2004)。遵循前人的研究成果(Tweedie & Baayen，1998；Ghose & Ipeirotis et al.，2012；Gao & Lin，2013)，从以下4个维度考察文本的可读性：词汇多样性(Lexical Diversity)、词汇易读性(Lexical Ease of Read)、词汇复杂性(Lexical Complexity)以及文本生词率(New Word Rate)。

词汇多样性与文本欺诈性检测线索负相关，即含有欺诈性的文本往往文本多样性较差(Zhou & Burgoon et al.，2004)("Deceptive subjects displayed less diversity at both the lexical and content level than did truth-tellers")。文本多样性有广泛应用，例如：语言交互、群体语言检测、心理健康监测等(Malvern & Richards，2012)。在文本的多样检测上，已有研究表明不同的检测方法往往能够得到本质相似的测量结果("different approaches to generating the same essential measure")(Malvern & Richards，2014)。文本多样性基于一个简单的理论：一段文本使用的词汇宽度越小，那么就越容易阅读。相反的例子是一些专业文献很难阅读，就是因为这些文献使用了一些该领域的专业词汇，导致词汇的宽度较大。因此,可以采用文本中使用词汇的相对频数来进行度量(Tweedie & Baayen,1998;Durán & Malvern et al.,2004)。式(7-3)展示了多样性的度量方式(Simpson's D)(Siemann & Haarstad et al.,1997)。Simpson's D 是一种生物多样性指数,最早用来衡量一个社区内物种多样性,本书把这个概念移植到文本挖掘上,度量文本中词汇多样性。Simpson's D 的计算公式如式(7-3)所示。

$$D = \frac{1}{\sum_{j=1}^{z} p_j^2} \tag{7-3}$$

在 Simpson 的算法中,j 代表第 j 个物种,z 代表物种的数量,p_j 代表物种 j 所占的比例。但该公式应用在众筹文本分析领域会有一个问题:并没有考虑文本的总体长度。而按照习惯思维,文本长度越长,其采用的词汇就可能越丰富,因此,改进 Simpson's D 的计算方法如式(7-4)所示。

$$D = \frac{1}{\sum_{j=1}^{z} p_j^2} \times \frac{1}{N} \tag{7-4}$$

其中,N 表示文本的长度(文本包含多少词)。为了解释词汇多样性的计算,以以下实际文本作为例子。

例子 1:The aim of the project is to create a better keyboard.
例子 2:It is undeniable that this keyboard is actually pretty good.
例子 3:It is undeniable that this keyboard is very very pretty good.
例子 4:It is undeniable that these new keyboards are very pretty good.

根据式(7-3)的计算,该 4 个文本的词汇多样性的计算结果分别如下。

例子 1 的词汇多样性:

$$\frac{1}{\left(\frac{2}{11}\right)^2 + \left(\frac{1}{11}\right)^2 + \left(\frac{1}{11}\right)^2 + \left(\frac{1}{11}\right)^2 + \left(\frac{1}{11}\right)^2 + \left(\frac{1}{11}\right)^2 + \left(\frac{1}{11}\right)^2 + \left(\frac{1}{11}\right)^2 + \left(\frac{1}{11}\right)^2 + \left(\frac{1}{11}\right)^2} \times \frac{1}{11} = \frac{11}{13}$$

例子 2 的词汇多样性:

$$\frac{1}{\left(\frac{1}{10}\right)^2+\left(\frac{2}{10}\right)^2+\left(\frac{1}{10}\right)^2+\left(\frac{1}{10}\right)^2+\left(\frac{1}{10}\right)^2+\left(\frac{1}{10}\right)^2+\left(\frac{1}{10}\right)^2+\left(\frac{1}{10}\right)^2+\left(\frac{1}{10}\right)^2}\times\frac{1}{10}=\frac{5}{6}$$

例子3的词汇多样性：

$$\frac{1}{\left(\frac{2}{11}\right)^2+\left(\frac{2}{11}\right)^2+\left(\frac{1}{11}\right)^2+\left(\frac{1}{11}\right)^2+\left(\frac{1}{11}\right)^2+\left(\frac{1}{11}\right)^2+\left(\frac{1}{11}\right)^2+\left(\frac{1}{11}\right)^2+\left(\frac{1}{11}\right)^2}\times\frac{1}{11}=\frac{11}{15}$$

例子4的词汇多样性：

$$\frac{1}{\left(\frac{1}{11}\right)^2+\left(\frac{1}{11}\right)^2+\left(\frac{1}{11}\right)^2+\left(\frac{1}{11}\right)^2+\left(\frac{1}{11}\right)^2+\left(\frac{1}{11}\right)^2+\left(\frac{1}{11}\right)^2+\left(\frac{1}{11}\right)^2+\left(\frac{1}{11}\right)^2+\left(\frac{1}{11}\right)^2+\left(\frac{1}{11}\right)^2}\times\frac{1}{11}=1$$

首先,例子1与例子2的比较,例子1一共包含了11个词,其中"the"出现了两次;而例子2中,"the"也出现了两次,但是总共只有10个词,所以例子1的词汇多样性应该更高。在例子3和例子4中,都包含11个单词,但是例子3中含有两个出现了两次的单词(分别是"is"以及"very"),因此多样性较低。而例子4中所有单词都是不同的,没有重复单词出现,其词汇多样性也达到了最大值1。通过以上4个例子的比较,能够证明式(7-4)在文本多样性计算上的合理性。Simpson's D 函数的优势是方便计算,但是缺陷也很明显：只从文本用词方面进行了度量,而没有考虑语法结构和内容(Korfiatis & García-Bariocanal et al., 2012)。

构成文本的句子长短、单词词汇长短及单词的复杂性等均可以用于检测欺诈指标。之前的研究已经表明欺骗性质的文本往往长句子较少、使用的单词较短(Zhou & Burgoon et al., 2004)("Deceivers' messages were less complex, which was manifested in less punctuation, fewer long sentences, and fewer syllables per word.")。之前的研究提出采用 *FKR*(Flesch-Kincaid Reading Ease)指数(Flesch,1951; Kincaid & Fishburne et al.,1975)及 *FOG*(Gunning-Fog Index)指数(Gunning,1969)分别检测文本句子长度及构成文本的单词。这

两个度量指标在已有文献中被广泛采用(例如:Ghose & Ipeirotis,2011; Korfiatis & García-Bariocanal et al.,2012),遵照已有的研究实践(Štajner & Evans et al.,2012;Gao & Lin,2013),采纳式(7-5)和式(7-6)分别计算 FKR 指数和 FOG 指数。

$$FKR = 0.39 \times ASL + 11.8 \times ASW - 15.59 \quad (7-5)$$

$$FOG = 0.4 \times (ASL + 100 \times ACW) \quad (7-6)$$

其中,ASL 代表文本的平均句子长度;ASW 代表单词的平均音节数量;ACW 代表每 100 个单词中包含的复杂单词的数量(复杂单词是指包含两个或者两个以上音节的单词)。

接下来,需要确定如何计算英文单词的音节。NLTK 工具集下的 $corpus$ 包中集成了单词的发音,因此,采用文本字典匹配的方法进行单词音节的计算。算法 7-2 的代码展示了单词音节计算的伪码。

算法 7-2 单词音节计算

输入:待查询词 $word$.

输出:待查询词 $word$ 的音节数量

```
1.    from nltk.corpus import cmudict
2.    d = cmudict.dict()
3.    def nsyl(word):
4.        return [len(list(y for y in x if y[-1].isdigit())) for x in d[word.lower()]]
5.    # 以下为测试代码
6.    nsyl('excellent')        #返回 3,即'excellent'有 3 个音节
```

对于音节处理,还必须解决以下异常:生僻词的处理。一般来说,生僻词可以分为两类:

(1)用户拼写错误,例如 $excellent$ 被拼写为 $excelleit$。

(2)用户生造的词,例如 $TripMove$。

通过分析发现,生僻词一般都比较长,因为如果是用户生造的词,往往是由两个或两个以上单词的合写,一般是两个(或以上)音节;而拼写错误往往在较长的单词中更容易犯错误。所以,对于生僻词统一取音节数为 2。在鲁棒性检验中,尝试了生词的音节数为 1(或者 3),以及去除生僻词的检验,得到的结果基本类似。

第 7 章 文本欺诈性检测对成功融资的影响

最后,对于文本中的生词,已有研究表明在匿名传真中,文本作者更加倾向于拼写错误(Wilding,2003),该实验可以理解为在不需要暴露实名的情形下,文本生词率会越高。类似的,文本中的拼写错误可能一定程度上反映了欺诈性线索,拼写错误越多,越可能具有欺诈性。注意:我们实际采用的指标是文本生词率而非拼写错误,文本生词率是一个更加宽泛的概念,包括拼写错误,在鲁棒性检测一节中我们对此进行了深入检测。文本生词与前面的认知负荷、易读性等指标也是关联的。

在项目文本介绍中,不可避免地会出现大量生词,这些生词可能是拼写错误,也可能是筹资者故意为之,例如:项目发起者自己生造了一个词。但是不可否认的是这些生词会造成用户理解上的困难,造成可读性下降。

$$NewWord = \frac{i}{N} \tag{7-7}$$

式(7-7)展示了生词率的计算方法,N 表示文本的长度;i 表示文本中生词数量。采用 PyEnchant① 进行生词识别,PyEnchant 是一个基于词典的拼写检查工具,PyEnchant 不但能够检查拼写,甚至可以给出拼写错误单词的修改建议,例如:当输入错误拼写"*Helo*",其修改建议是'*He lo*','*He-lo*','*Hello*','*Helot*','*Help*','*Halo*','*Hell*','*Held*','*Helm*','*Hero*',"*He*'ll"等。PyEnchant 在已有研究中被广泛采用(Choi & Kim et al.,2014;Kim & Choi et al.,2014),根据其进行拼写检查。

7.3 研究结果及讨论

7.3.1 文本分析结果

本书把文本的欺诈性线索归纳为以下方面:认知负荷、臆想情节、分离性、负面情绪、词汇多样性、词汇易读性、词汇复杂性以及文本生词率。表 7-3 中展示了欺诈性线索统计分析结果。

首先,对于认知负荷,回报文本的简洁性是最高的,这表明项目发起者通常倾向于采用简单的文本来传递投资项目能够获得的回报。而详细描述文本的内敛性是最高的,表明项目发起者为了能使项目描述具有较高的可读性,使用了大

---

① 项目地址:http://pythonhosted.org/pyenchant/。

量的连词进行连接,这也容易理解,因为详细描述文本是所有文本对象中最长的,长文本当然需要更多的连词进行衔接。而对于臆想情节,回报文本是最低的,这表明有关回报的文本中含有大量的时间(空间)信息(常见的是:某年某月邮寄某纪念品),这类含有时间线索的文本是反臆想情节的指针。但是同时,也应该意识到回报文本的语言是最分离的、最支离破碎的。最后,对于负面情绪来说,在不同的文本层次差异不大。

表 7-3 欺诈性线索分析统计结果

文本欺诈统计层次	维度	检测指标	最小值	最大值	中位数	均值	标准差
简 介	认知负荷	简洁性	0	5	2.639	2.656	0.305
		内敛性	0	2.600	0.120	0.129	0.085
	臆想情节	臆想情节	0	3.000	0.087	0.094	0.072
	分离性	分离性	0	2.000	0.150	0.162	0.106
	负面情绪	负面情绪	0	2.000	0.000	0.012	0.032
详细描述文本	认知负荷	简洁性	0	4.870	2.512	2.515	0.159
		内敛性	0	4.000	0.144	0.144	0.034
	臆想情节	臆想情节	0	2.000	0.097	0.098	0.025
	分离性	分离性	0	2.000	0.181	0.182	0.041
	负面情绪	负面情绪	0	2.000	0.014	0.016	0.013
回报文本	认知负荷	简洁性	0	4.930	2.700	2.730	0.222
		内敛性	0	0.667	0.122	0.122	0.044
	臆想情节	臆想情节	0	0.546	0.079	0.081	0.037
	分离性	分离性	0	0.690	0.190	0.189	0.061
	负面情绪	负面情绪	0	0.417	0.007	0.013	0.018

表 7-4 中展示了文本欺诈线索中有关可读性分析统计结果(包括中间计算结果),从文本的多样性上看,其结果在标题、简介、前 100 个词及详细描述文本中顺次递减,这表明标题中较少出现重复词,而详细描述文本中较多出现重复的词汇。FKR 代表文本的易读性,可以看到,在统计结果中,标题的易读性是最差的,而在其他文本层次的易读性基本相当。FOG 代表文本的复杂度,在众筹项目中标题最复杂,其次是简介,最后是详细描述文本。类似地,标题文本的生词

第7章 文本欺诈性检测对成功融资的影响

表7-4 可读性检测统计结果

可读性项目	统计层次	最小值	最大值	均 值	标准差
Diversity	标 题	.033	1	.980	.069
	简 介	.014	1	.880	.110
	前100个词	.010	1	.509	.096
	所有文本	.000	1	.237	.146
ASL	标 题	1	27	5.649	2.694
	简 介	0	34	14.855	6.005
	前100个词	1	100	16.792	6.272
	所有文本	1	249	16.654	4.881
ASW	标 题	1	6	1.773	.399
	简 介	1	5	1.631	.219
	前100个词	1.130	3	1.556	.120
	所有文本	1.130	3	1.554	.096
ACW	标 题	0	1	.609	.244
	简 介	0	1	.480	.130
	前100个词	.13	1	.436	.081
	所有文本	.130	1	.437	.068 0
FKR	标 题	−3.4	55.6	7.530	4.624
	简 介	−3.4	43.8	9.454 679	3.355
	前100个词	−.544	47.216	9.324	2.945
	所有文本	−.544	98.106	9.240	2.318
FOG	标 题	.4	44.4	26.603	9.552
	简 介	.4	47.933	25.146	5.298
	前100个词	7.314	80	24.162	4.079
	所有文本	7.314	112.130	24.131	3.338
New Word	标 题	0	1	.213	.230
	简 介	0	1	.100	.094
	前100个词	0	1	.111	.078
	所有文本	.002	1	.114	.071

率也是最高的。这些现象可能是由以下原因引起的：① 项目标题的长度是有限的，项目发起者只能使用有限的文字作为标题，所以字斟句酌，短小精悍，较少出现重复词及无意义的虚词；② 在标题中，项目发起者可能介绍团队名称或者项目名称，而这些团队名称或者项目名称可能是生造词，因此导致较高的复杂度及生词率。

图 7-1 中展示了分类项目的回报文本的内敛性分布对比，可以看到，项目类别之间有些区别，但是总体分布的趋势基本不变。在项目简介及详细描述文本中，其分布趋势基本类似，不再展示。

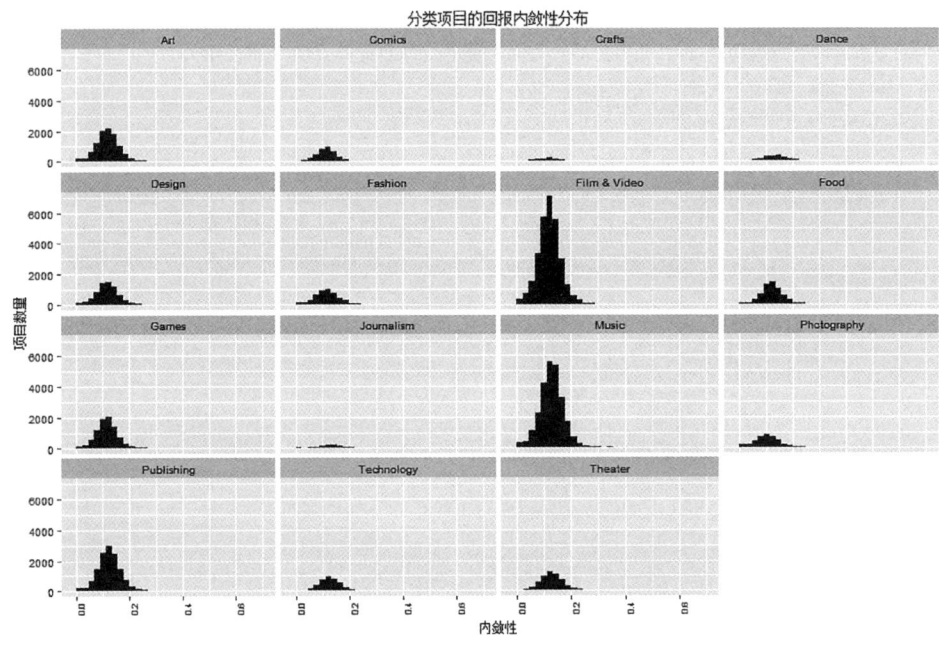

图 7-1　分类项目的回报文本内敛性分布

图 7-2 中展示了文本可读性在成功项目、失败项目中的分布对比。可以看到在文本的多样性方面，成功筹资项目与筹资失败项目并无显著差异。而在文本易读性方面，成功项目的易读性比失败项目的易读性稍高（均值分别为：9.309 和 9.163）。在文本复杂度方面，其分布差异不大，成功项目的文本复杂度比失败项目的文本复杂度略高（均值分别为 24.32 和 23.93）。最后对于文本的生词率上，在成功的项目和失败的项目中均呈现了相似的趋势。

图 7-3 中展示了分类项目的文本多样性分布，可以看到就文本多样性这一指标而言，尽管分布是相似的，但是不同类别之间的项目还是存在较细微的差

第7章 文本欺诈性检测对成功融资的影响

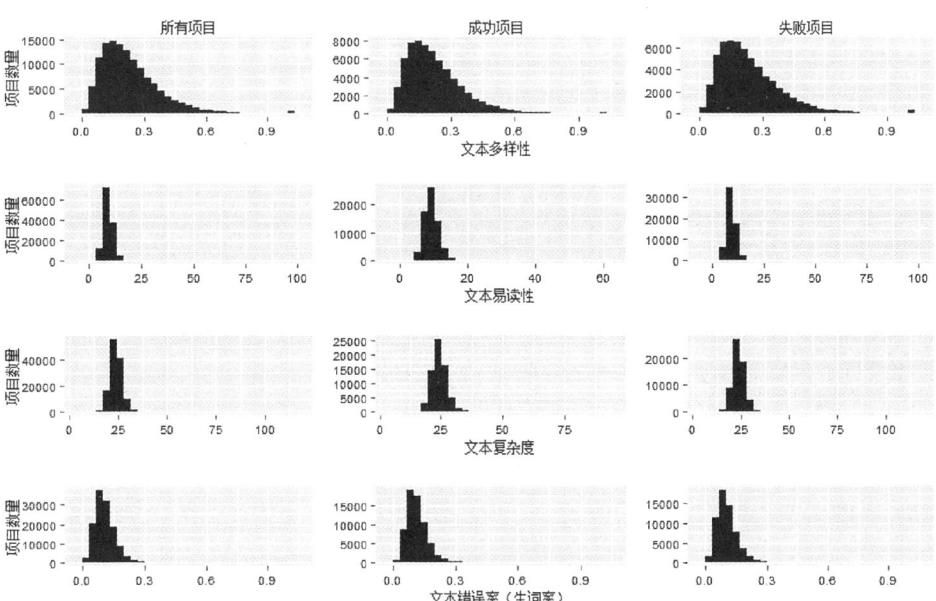

图 7-2 文本可读性分析在成功项目、失败项目中的分布对比

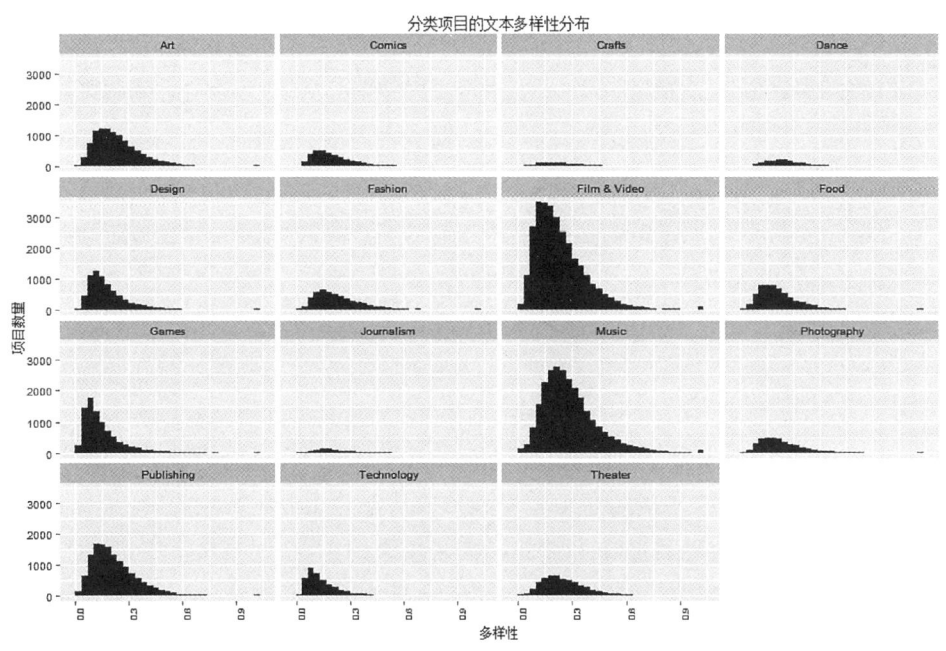

图 7-3 分类项目的文本多样性分布

别,例如:对于"Art"来说,分布比较平缓;而对于"Film&video"来说,分布较陡峭。这种形状的差异,反映出了不同项目类别的项目发起者对于语言使用习惯的差异。

7.3.2 假设检验的结果及讨论

表 7-5 中展示了文本欺诈性线索假设检验结果。首先,认知负荷方面,简洁性是根据简洁性词典统计的,在文本简介层次和详细描述文本层次,简洁的文本更能促进项目成功;但是在项目的回报文本层次,则不宜使用简洁的文本,这可能是由于在回报文本中,项目发起者应该清晰的传达投资项目的回报,而不必介意文本是否简洁。在有些回报文本中,投资者得到某个回报是具有一定的限制条件的,这些限制条件的存在往往导致回报文本不是那么简洁(最直接的证据就是:回报文本的简洁性均值为 2.730,而简介和详细介绍文本的简洁性均值分别为 2.656 以及 2.515)。对于文本的内敛性,本书采用连词在文本中的比例进行计算,可以看到,内敛性在简介、详细描述文本以及回报文本中均能显著提高项目的融资成功率,这促使我们不得不对项目发起者提出一个重要建议:需要重视文本的内敛性。

表 7-5 文本欺诈性线索假设检验结果

欺诈性检测维度	检测指标	简介层次	全部文本	回报文本
认知负荷	简洁性	0.049***	0.075***	−0.030***
	内敛性	0.098***	0.461***	0.218***
臆想情节	臆想情节	0.024	−0.206***	0.406***
分离性	分离性	0.071***	−0.345***	0.085***
负面情绪	负面情绪	−0.123**	−0.851***	−0.454

*** $p<0.001$, ** $p<0.01$, * $p<0.1$

对于臆想情节来说,本章采用时间指示词和空间指示词进行统计,得到的结果是:在简介层次,文本的臆想情节对项目成功率并无显著影响;在详细描述文本中,反臆想情节对项目成功筹资的影响是负面的;而在回报文本中,反臆想情节对项目成功率的影响却是正面的。这可能与常识有点违背,但是却符合众筹项目的特征:因为回报文本中需要详细指明在什么时间回报什么内容,这就包含了较多的时间指示词,所以其影响系数为正应该是合理的。

第7章 文本欺诈性检测对成功融资的影响

对于文本的分离性检测，其结果类似于臆想情节。文本分离性是统计文本中的非第一人称的人物指代词，其结果显示在简介层次和回报文本层次文本的分离性对项目筹资具有正面影响；而在详细文本描述中却具有负面影响。这表明，项目发起者应该在项目详细描述文本中多采用第一人称。

对于负面情绪上，简介文本和详细描述文本不应该采用负面文本，相反，应该尽可能采用正面的积极的文本进行描述，以吸引投资者。同时，对于回报文本来说，负面情绪不利于提高项目的筹资成功率，但是并不显著，这表明文本的情感倾向在回报文本上对投资者的投资意愿影响不大。

表7-6中展示了文本可读性假设的检验结果。首先，对于文本的多样性来说，在标题、简介以及详细描述文本的前100个词中，多样性的文本能够促进项目筹资成功。但是，在详细描述文本中，却显著降低了项目筹资成功的可能性，这表明在项目的详细介绍中，不宜使用多样的词汇，而应该适当降低词汇的宽度。

表7-6 文本可读性指标假设检测结果

模型	Diversity				FKR			
	标题	简介	100词	详细	标题	简介	100词	详细
模型1	.071***	.105***	.216***	−.138***	−.001*	.006***	.005***	−.004*
模型2	.046**	.083***	.205***	−.143***	−.001*	.000	.001	−.013***
模型3	2.093	13.91***	40.27***	−52.28***	.218*	−.604***	−1.939***	−.739
模型4	.324**	.554***	.680***	−.670***	−.001	.052	.051	.006
模型5	.171*	.314***	.411***	−.434***	−.001	.030***	.030***	−.005

模型	FOG				ERROR			
	标题	简介	100词	详细	标题	简介	100词	详细
模型1	−.000	−.004***	−.004**	.010***	.016*	.250***	−.112***	.156***
模型2	.000	−.000	−.003*	.013***	.000	.157***	−.047	−.053
模型3	−.154**	.417***	1.064***	1.490***	−.628	12.040**	−14.313*	.310
模型4	−.005**	−.026***	−.028***	.069***	.211***	1.186***	−.559*	1.054***
模型5	−.003**	−.015***	−.016***	.041***	.120***	.678***	−.334**	.575***

*** $p<0.001$，** $p<0.01$，* $p<0.1$

其次，对于文本的易读性（FKR）来说，尽管从回归系数上看，标题、简介及详细描述文本均具有较高的显著性,但是注意到模型 1 的回归系数均小于 0.006,如此小的系数,其影响微乎其微。因此,文本的易读性对项目筹资结果可能并无明显的影响,但是该结论还需要完善的鲁棒性检验。

然后,对于文本的复杂性(FOG)来说,可以看到,标题和简介的文本复杂度不利于项目筹资成功,回归系数显著负相关;值得讨论的是详细描述文本的复杂度却与项目的融资成功率显著正相关。这可能是由于以下原因引起的:① 标题和简介非常简短,需要一目了然的传递项目的核心信息,所以不宜有较高的文字复杂度;② 而对于详细描述文本来说,由于需要详细介绍项目的方方面面,所以,在详细描述文本中不需要顾及文本的复杂度,更重要是向潜在投资者传递项目完整无偏的信息。

最后,对于文本的生词率(New Word Rate)来说,检验结果出乎意料:在标题、简介以及详细描述中,生词能够提高项目的成功率。这似乎与常理不符,但是经过分析发现,这可能是由于以下原因导致的:① 本书所定义的生词是指文本中的单词在不单词库中,而在项目文本介绍中,筹资者常常会自创一些单词,例如:一个软件开发项目取名为 $TripAider$,这是筹资者的生造词,而本书的识别模型会把它识别为拼写错误的单词,类似的还有较多的公司名称、团队名称等;② 网络用语的不规范导致的,很多用户书写的文本不是标准的拼写,他们可能会采用一些单词的缩写形式,例如:$pkwy$ 代表了 $parkway$,hwy 代表 $highway$。甚至还有相当多的专业术语的简写,PyEnchant 并没有收录这些词,所以这部分单词也被认为是生词。这部分结果需要更加详尽的鲁棒性检测,鲁棒性检测结果见鲁棒性检测一节。

7.4 管理启示

本章研究的管理启示主要是针对筹资者的启示,由于投资者能够一定程度上识别欺诈性线索,所以有关欺诈性线索的指标值得筹资者关注。有关欺诈性线索的主要管理启示讨论如下。

对于文本欺诈性线索,本章的研究为项目筹资者提供了丰富的启示。对于文本简洁性,有研究证实欺诈者编造的故事总是比较简洁,缺少对细节的编造,而且具有较低的内敛性。本章研究发现,在项目简介和详细描述文本中,不应该采用简洁的文本描述;而在项目的回报文本中,则不用顾及文本是否简洁,更重要的是把投资和回报表达清楚。对于文本的内敛性来说，筹资者应该努力采用连词连接文本的上下文，增加文本的内敛性，这有助于项目融资获得成功。对于文本的臆想性来说，在项目的回报文本中应该包含较多的时间（空间）指示词，这能够降低文本臆想性指标，即筹资者应该在项目回报文本中明确传递在何时何地给予何种回报，这会极大影响投资者参与投资的意愿；相反，在项目的详细描述文本中，该结论不受支持。对于文本的分离性检测结果显示，在文本简介和投资回报文本中，不应该采用非第一人称的人物指示词（He,she,their 等），而应该多采用第一人称的人物指示词（I,we,our,us 等）。对于文本负面情绪检测发现，负面情绪会阻碍投资者参与投资，这表明筹资者在介绍项目的时候，应该谨慎选取情感词汇，尽量避免采用悲观灰暗的词语。

对于文本可读性假设的验证，能够提供给项目发起者的启示有：首先对于文本的多样性来说，言语本身含有宽泛的词汇，即使为了表达同样的意思，也往往有多个词语可供选择。是选择不同的词汇表达相同的意思呢？还是选择相同的词汇进行表达？这是之前的研究没有注意到的，研究结果表明，在标题、简介以及详细描述文本的前 100 个词中，筹资者应该尽量使用多样性的词汇，而在详细描述中则不应该采用较宽泛的多样性词汇。这对于筹资者应该并不困难：因为项目的标题和简介往往都很简短，可以在不花费大力气的前提下满足词汇多样性。其次，对于文本易读性来说，除了项目的简介和详细描述文本的前 100 个词与项目筹资成功率显著相关以外，其他文本层次与筹资结果的关系并不显著。因此，有理由为筹资者提供以下的建议：除了项目简介及详细描述文本的前 100 个词以外，不必在意文本的可读性，大可以放心地使用长词、多音节词。对于文本的复杂性来说，详细描述文本的复杂性有利于项目筹资成功，这表明在详细描述文本中，筹资者可以采用复杂的文本，但是在项目标题和简介中则不宜采用过于复杂的文本。因为，在标题和简介中，往往长度有限，在有限的长度中采用简单的文本能够最大效率地传递信息。最后，对于文本的生词率，从鲁棒性检测中可以看到，不能识别的生词往往是由于用户的生造词、专用词以及非标准惯用词构成，而拼写错误的词所占的比例很小，这给予筹资者的启示是：可以不用顾虑是否生造词、专用词及非标准惯用词导致的阅读困难，投资者不会介意这类生词。

对于文本来说，不能笼统地说该文本是"欺诈文本"或者不是"欺诈文本"，因为，对于众筹项目的文本描述来说，平均长度在 5 000 个字符以上，只能根据欺诈性指标估计该文本多大程度上有带有欺诈性。本章的管理启示也是基于这种程度上的分析指标给出的,管理启示归纳起来主要有:① 筹资者需要努力降低欺诈性指标,以获得投资者的认同;② 不同文本层次上,筹资者需要区别对待,规避敏感文本线索;③ 对于"词"的选择上,需要多方面考虑,可以不用顾虑是否生僻词,但是需要关注其他方面的文本属性。

7.5 本章小结

本章研究了文本的欺诈性检测线索对于众筹项目筹资成功率的影响。总体来说,简介和详细描述文本的简洁性会抑制投资;而回报文本则不支持简洁性假设。文本内敛性越低,项目的筹资成功率亦越低。回报文本中包含较多的时间指示词和空间指示词更有利于项目筹资成功;相反,在详细描述文本中的臆想情节并不会导致投资者参与投资的热情下降;对于分离性来说,简介和回报文本中的非第一人称的人物指示词(He,she,their 等)越多,项目越不容易筹资成功,但是该假设在回报文本中并不成立;负面情绪文本会抑制投资者参与项目投资。而对于文本的可读性,基本能够证实可读性越高的项目筹资成功率也越高,但是该结论对文本生词率并不适用。

第8章 文本更新模式对成功融资的影响

越来越多的公司和组织意识到群体智慧(Wisdom of Crowds)对协作创新的重要作用(Malone & Laubacher et al.,2010)。随着互联网的发展,在线社区已经发展成为了这种协作创新的重要平台。众筹作为一种崭新的商业模式,更是对协作创新的一种全新阐释。

尽管已经有研究者从不同侧面对众筹进行了分析,但是,很少有研究者注意到众筹项目的信息更新模式对于项目筹资成功率的影响。图8-1中显示了在本书样本下的统计结果,横坐标表示信息更新的数量,纵坐标表示项目的成功率。从图8-1中可以看出,项目的更新次数越多,项目筹资容易获得成功。没有一次信息更新的项目的筹资成功率仅为15.06%,而有1次信息更新的项目成功率为29.88%,有3次以上信息更新的项目成功率为50%以上;信息更新的数量与项目成功率的相关系数为0.4008***($p<0.0001$)。

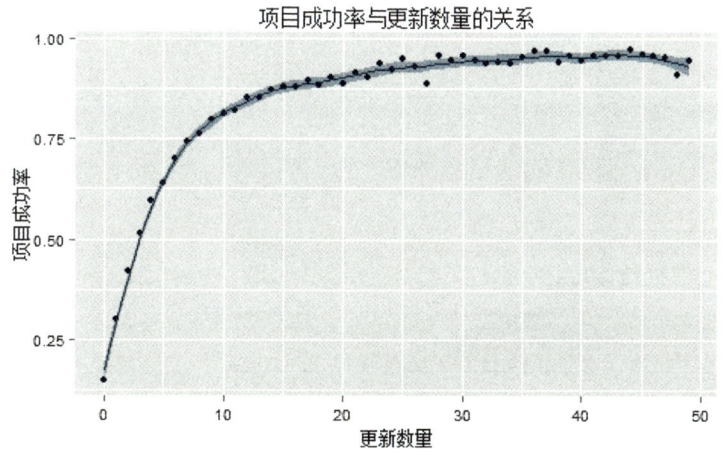

图8-1 项目筹资成功率与更新数量的关系

尽管可以从图 8-1 中得到直观的结论,该结论在已有文献中已经有所提及(例如:Xu & Yang et al. ,2014)。为什么更新数量越多,项目越容易获得成功呢?之前研究者的解释是:① 项目发起者喜欢在项目上线第一周与最后一周进行更新,而投资者也喜欢在项目上线的第一周与最后一周进行投资,这与用户的投资习惯程 U 型有关,二者契合度较高;② 信息更新是项目发起者与项目投资者之间的一种沟通交流方式,项目发起者可以借机提高信任度(Kuppuswamy & Bayus,2014)。但是在更新信息中应该突出什么主题?更新主题如何分类?什么阶段进行更新比较有效?不同项目类别中采用的信息更新主题是否应该有所区别?不同筹资模式之间的信息更新模式是否有所差别?这些研究主题还很少在已有文献中涉及。

8.1 问题定义

已有研究均注意到了信息更新的数量与项目成功率的关系,并且证明了频繁的信息更新能够促进项目筹资成功。但是有意思的是,相当多的项目发起者对项目没有一次更新。如图 8-2 所示,在本书采集的 Kickstarter 数据集上,约有 30%的项目没有更新,约 12%的项目只有 1 次更新,约 8.5%的项目有 2 次更新。

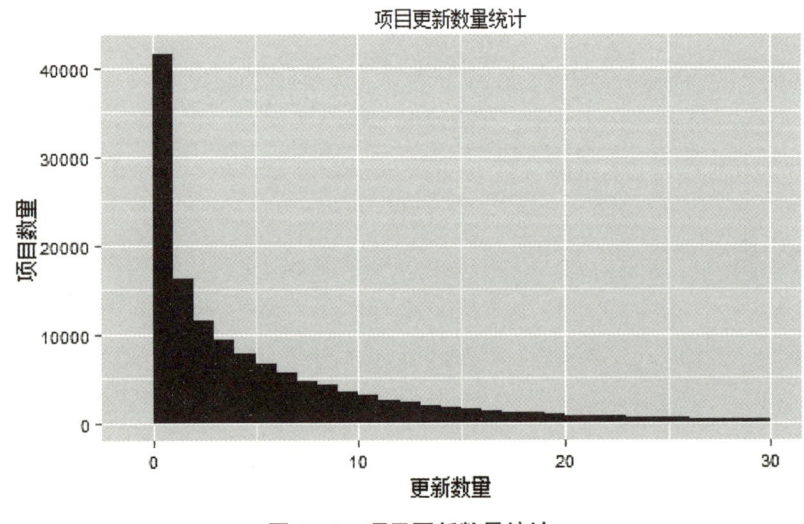

图 8-2　项目更新数量统计

如此明显的趋势表明：众筹项目的更新信息对项目的成功率具有显著影响。但是很少有研究者挖掘更深的层次：如何进行更新？应该在什么时候进行更新？更新什么内容？信息更新模式在不同的项目类别中是否应该有所区别？因此，本章研究希望能够揭示众筹项目的更新是如何影响项目筹资成功率的，具体来说，项目发起者应该如何更新项目，应该更新哪些内容？其文本主题应该是什么？

在能够找到的关于众筹信息更新模式的文献中，Xu & Yang(2014)是唯一对该问题有所涉及的。该研究中作者采用LDA(Latent Dirichlet Allocation)对更新的文本信息进行分类，然后采用人工判断对主题进行合并，最后得到了7类主题。研究显示，最有效的是时间提醒，筹资者需要反复提醒投资者项目截止时间，其次是项目进度的汇报，对成功率影响最小的是疑问解答。但是该研究没有试图解决在不同的项目类别下是否应该采用不同的信息更新策略。由于每种项目类别下的投资者的关注点并不相同，因此，本书认为需要研究在不同项目类别下的信息更新策略。另外，信息更新模式研究也应该在不同的众筹模式下进行对比研究，因此，本章的研究同时尝试了在Indiegogo数据集上的分析。

Xu & Yang(2014)已经对众筹项目的信息更新模式进行了初步研究，本章的研究一定程度上是基于他们的研究成果。但是，本章的研究在以下几方面进行了改进：① 之前研究采用LDA算法提取文本主题，但是就本章分析结果发现，文本层次聚类的效果更好；② 之前研究把文本主题分为7类，而通过文本层次聚类发现：6类主题能够更好地拟合文本内容；③ 之前的研究没有考虑不同项目类别下的文本主题差异，这在本章中进行了研究和讨论；④ 之前研究的数据样本有限(8 529个)，而且没有汇报这些项目的总体成功率，无从判断正例样本与负例样本的差异；⑤ 该研究并未就不同筹资模式进行对比，而本章试图尝试在不同的筹资模式下进行比较研究；⑥ 计量模型上的差异，本书认为把信息更新主题分为内部更新与外部更新两类主题，以内部特征和外部特征指导筹资者，更加符合实际需要。

众筹项目能否取得成功，受到诸多方面因素的影响。信息更新只是其中一个方面，但是在已有研究中，还很少涉及信息更新模式、信息更新时间、不同项目类别下的信息更新差异研究。因此，本章拟提出了以下研究问题：

(1) 项目发起者对项目有哪些更新模式？其更新主题有哪些？每种更新模

项目描述的文本特征与投资意愿：基于众筹市场的研究

式出现的频率有何差异？

（2）能否把更新主题划分为与项目特征有关的内部更新主题以及与项目特征无关的外部更新主题？哪类主题的效果更好？

（3）项目发起者在筹资过程的不同阶段应该更新什么内容？

（4）不同项目类别是否应该采用不同的信息更新策略？如果有差异，其差异是什么？

（5）不同的筹资模式下，信息更新是否对筹资的成功率有差异？如果有差异，如何理解这种差异？

8.2 基于文本挖掘的信息更新模式研究模型

8.2.1 基于文本挖掘的主题分类模型

对众筹项目的更新文本进行了很多尝试，最终采用了无监督文本聚类方式进行处理。由于 unigram 模型并不能很好的捕捉文本的含义，例如对于"fund"，很难依据 unigram 模型判断该关键词表达的含义；但是如果采用 bigram 模型后，可以得到类似"% fund"的组合（过滤了数字），显然，这是关于筹资进度汇报的词汇。因此，在文本挖掘上，本章采用 bigram 模型。

遵循一般的文本挖掘步骤，实验基于 Linux 平台，采用 Python 脚本实现。文本挖掘中使用了 NLTK 包。NLTK 是一个开源的文本挖掘工具集，集成了常见的语料和算法。以下主要步骤均借助 NLTK 完成。

（1）不规则的原始语料被转化为标准的格式，并去除了一些介词、冠词、连词等。

（2）去掉标点符号和多余空格。

（3）词根抽取（*Porter Stemmer* 词根抽取器与 *Lancaster Stemmer* 并没有本质的区别，直观印象是前者的抽取结果更加适合人理解。经过比较，最终采用了 *Porter Stemmer* 词根抽取器，而没有采用 *Lancaster Stemmer*，因为前者更适合研究需要）。

（4）同义词合并，根据 WordNet 计算两个词的相似性并进行合并。

在原始文本中，有较多的无意义的连词，必须去除这部分连词，只保留有实际意义的词汇才能准确分析文本的主题，这部分无意义的词汇称为停用词。本章采用的停用词如表 8-1 所示。

第8章 文本更新模式对成功融资的影响

表 8-1 本章研究采用的停用词列表

i,me,my,myself,we,our,ours,ourselves,yo,your,yours,yourself,yourselves,he,him,his,himself,she,her,hers,herself,it,its,itself,they,them,their,theirs,themselves,what,which,who,whom,this,that,these,those,am,is,are,was,were,be,been,being,have,has,had,having,do,does,did,doing,a,an,the,and,but,if,or,because,as,until,while,of,at,by,for,with,about,against,between,into,through,during,before,after,above,below,to,from,up,down,in,out,on,off,over,under,again,further,then,once,here,there,when,where,why,how,all,any,both,each,few,more,most,other,some,such,no,nor,not,only,own,same,so,than,too,very,s,t,can,will,just,don,should,now

然后,对文本进行以下操作:语料规范化、去停用词、去非频繁词、词根提取、文档矩阵转化等操作。表 8-2 中展示了文本处理的一个完整例子。

表 8-2 文本处理的例子

处理说明	例　　子
原始文本	<p>Hey Everyone! </p><p>This past month we have been working day and night as we have been ramping up production and putting the final touches on things. Jeremy finally got home this week after being away at the factory for almost 4 months! Today we are very happy to announce that our first large shipment of final product arrived on Wednesday!! </p>
语料规范化	hey everyone this past month we have been working day and night as we have been ramping up production and putting the final touches on things jeremy finally got home this week after being away at the factory for almost 4 months today we are very happy to announce that our first large shipment of final product arrived on wednesday
去停用词	hey everyone past month working day night ramping production putting final touches things jeremy finally got home week away factory almost 4 months today happy announce first large shipment final product arrived wednesday
去非频繁词	hey everyone past month working day night ramping production putting final touches things finally got home week away factory almost 4 months today happy announce first large shipment final product arrived wednesday
词根提取(采用 PorterStemmer)	hey everyon past month work day night ramp product put final touch thing final got home week away factori almost 4 month today happi announc first larg shipment final product arriv wednesday
词语文档矩阵	矩阵的行代表文本,列代表词(限于表格大小,例子省略)
计算相似度距离	采用欧几里得距离函数,计算每个词之间的距离

图8-3中显示了本语料中前50个频繁词以及频率(作为例子,只展示了部分项目以及部分词)。可以看到,在前50个频繁词中,表示感谢,筹资进度汇报,剩余时间提醒,项目回报信息,内容更新的宣布等是比较常见的信息更新方式。

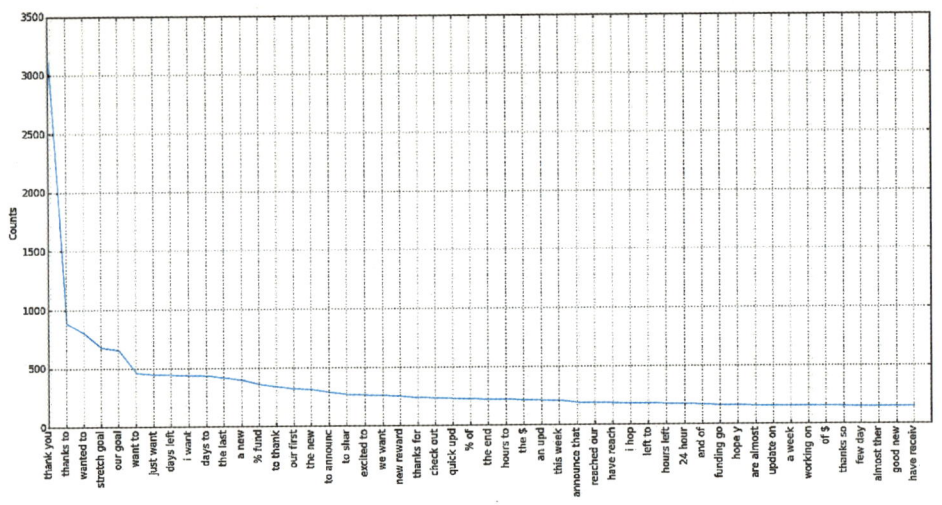

图8-3 本语料中频繁词列表(部分)

但是基于频率的关键词统计并不能代表这些词语就是重要的词汇,也不能对词语主题进行很好的分类。为了更好地分析项目发起者在项目更新文本中表达的主题,对文本主题进行了聚类。聚类算法采用文本层次聚类方法(Meyer & Hornik,2008),主要步骤如下:① 把语料转化为文档词语矩阵,每行代表一个文档,每列代表一个词语;② 根据文档词语矩阵计算词语之间的距离,采用欧几里得距离函数(Milligan & Cooper,1988)。词语之间的距离代表两个词语的相似度:如果两个词语频繁共现,那么代表相似度越大,词语之间的距离越小;反之亦然;③ 对文本进行聚类尝试,类与类之间的区分度采用Ward最小方差进行计算(Milligan & Cooper,1988),即需要达到理想结果是:聚类中的词语相似度最大化;而聚类之间的区分性足够大。

得到了词语相似度聚类结果之后。接下来要解决的一个关键问题是:众筹更新主题应该分为几类合适?由于文本层次聚类并不会显式的给出几个聚类比较合适的建议,这需要人工参与。聚类的数量太多会导致分类的重叠,而分类的数量太少会导致分类不够彻底,不具有足够的区分度。首先从 $k=20$

开始进行输出聚类结构,即把文本分为 20 个类簇,输出属于该类的前 N 个词。然后人工对输出的结果进行分析,如果聚类有重合,就减少 k 的数量到 19。依此类推,直到聚类的结果没有重叠,也具有足够的区分度。在语料中已经去除了只出现 1 次的词(非频繁词),这部分词数量庞大,但是对文本聚类的意义不大。

根据上面的步骤,最终把更新文本的主题分为 6 类:时间提醒、表示感谢、进度汇报、社会化推广、内容更新和回报有关的主题。表 8-3 中展示了类簇、主题、描述、代表性关键词、代表例子等。

表 8-3 更新信息的主题、描述、代表关键词以及例子

类簇	主题	描　述	代表关键词	例　子
1	时间提醒	提示投资者剩余多少时间,希望投资者能够在有限的剩余时间内完成投资行为,促成项目成功	Day left	Countdown to liftoff-only one day left！！！！！
			Hour remain	24 HOUR REMAIN for Stretch Goals！！
			Last minute	Last Minute Reminders
			Nearly close	The funding time Nearly closed.
			Final time	Final Timeline Reminders
2	表示感谢	对投资者的投资表示感谢的文本,常常带有比较强烈的感情色彩	Thank you	Thank You For An Amazing Day 1！
			Thanks to	We just made another BIG stride thanks to your help kickstarting us into the atmosphere last year！
			Appreciate	I truly appreciate your support thus far！
			Generous support	To Creavure's Generous Supporters
			Grateful for	Extremely grateful for your generosity！！
3	进度汇报	项目发起者会在更新文本中汇报投资的进度,计划的完成程度等	% funded	Half-way Through and We're 95% Funded！
			% done	50% done with 6 days to go！Milestone unlocked — A look at part of level 2 — The subway！
			Halfway reach	Goal is halfway reached！
			Almost done	Folks, we are still at it but almost done.
			99 percent	We are now at 99% in KS & Greenlit by Steam！BoohYEAH！

续　表

类簇	主题	描　述	代表关键词	例　子
4	社会化推广	投资者在更新信息中采用社会化网络的形式对众筹项目进行推广	Facebook	"Still" on Facebook, send in your links!
			Twitter	Tonight's Q&A: Check my Twitter feed for the URLs.
			Share link	Please continue to share link!
			Email to	Here is the link. We have to have your email to give you access however.
			Family member	Want more than one? ... Help a family member back us!
5	内容更新	项目发起者更新项目文本描述或者图片等内容，或者宣布一项新的内容等	New idea	A new idea — a pop-up book of Sherlock Holmes
			New update	New Update! Interplanetary Nukes, New Orbital Camera, And More!
			Announce that	I am happy to announce that Tinker Wheels just received a small order at a local toy store where I live. YaY!
			New content	New content image and everyone loves a graph!
			Update on	Update on Modern Sprouts production and delivery timeline
6	回报有关	在更新信息中集中描述投资回报信息，以及与此相关的纪念品、邮寄等信息	Reward term	Changing ANY reward terms is in very poor taste, and arguably unethical.
			New reward	Build a Website, Make Your Thing: New Reward From Squarespace
			Reward shipment	SONTE Film Reward Shipment Update for US & Canada
			Souvenir	Liquid Wallets Shipped Out! Plus a small Aussie souvenir in each.
			Delivery	Update on Modern Sprouts production and delivery timeline

接下来，对众筹项目的更新文本进行主题分类，主题分类是一个分类变量，即文本主题具有排他性。每一个更新文本属于且只属于一个分类主题。

值得一提的是,有研究采用了 LDA 进行主题分类(Xu & Yang et al.,2014),但是实验发现 LDA 生成的文本分类具有较多的重叠,分类不太彻底。这促使本书采用了文本层次聚类,并得到了较好的分类结果。

8.2.2 计量模型

本章建立的计量模型如图 8-4 所示。模型的因变量为众筹项目的筹资状态;信息更新主题被分为两个方面:分别是外部因素和内部因素。外部因素是指与项目本身内容无关的方面:包括众筹项目的剩余时间提醒、对投资者表示感谢及进行社会化推广的内容;而内部因素是指在更新信息中介绍与项目本身有关的内容,例如项目的进度汇报、项目有关的内容更新及与回报信息有关的更新信息。

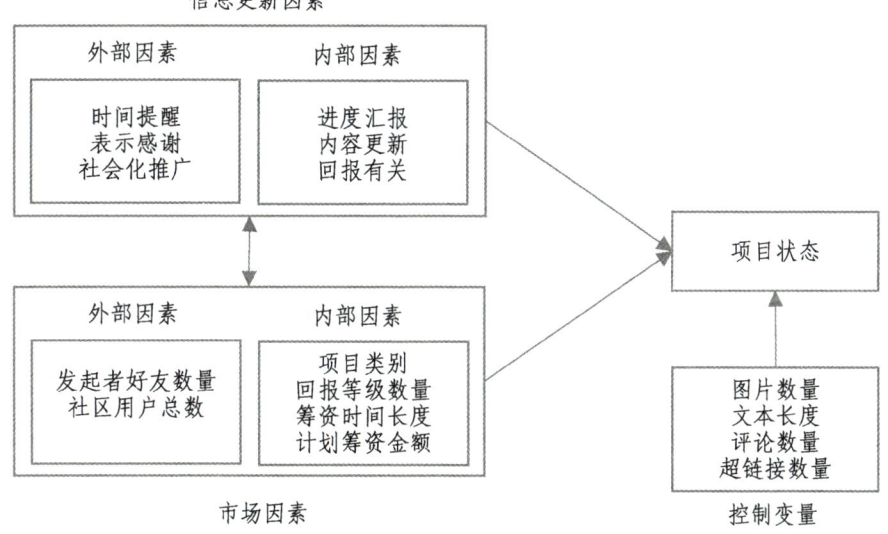

图 8-4 计量模型示意图

建立的计量模型如式(8-1)所示。

$$Success_i = \alpha + U_i' \cdot \beta + Z_i' \cdot \gamma + \varepsilon_i \qquad (8-1)$$

其中,$Success_i$ 代表项目 i 是否筹资成功,这是一个虚拟变量,0 代表项目筹资失败,1 代表项目筹资成功;U_i' 代表项目 i 的有关更新信息的向量;Z_i' 表示控制变量向量;α 表示截距;β 和 γ 表示有关更新信息变量的系数以及控制变量的系数;ε_i 代表对模型的随机扰动因素,通常被假设为服从正态分布,即 $\varepsilon = N(0, \delta^2)$。

8.3 研究结果

值得特别注意的是,本章最后采用的数据是去除了那些没有一次信息更新的项目,因为本章模型是研究众筹更新信息对项目筹资成功率的影响,而没有更新信息的项目并不能提供支撑研究所需的足够信息。因此,所采用的数据成功率比 Kickstarter 上的项目筹资成功率高。Kickstarter 上的项目成功率约为40%(Kickstarter,2014),所有项目中,去除了没有更新信息的项目,得到的项目成功率约为 68%。

8.3.1 信息更新主题

表 8-4 中展示了每个文本主题的统计信息。在表 8-4 中,把更新信息划分为 4 个阶段,分别是:前期、中期、后期和筹资结束后。前期、中期和后期是把众筹项目的筹资期限平均划分为三个阶段(例如:如果筹资期限是 60 天,那么第 1 天到第 20 天就是前期;第 21 天到第 40 天就是中期;第 41 天到第 60 天就是后期),而筹资结束后表示在众筹项目的筹资期限结束后,项目发起者对项目信息的更新。筹资结束后的更新信息对项目能否筹资成功并无影响,表 8-4 中列出此数据的唯一原因在于进行对比,后续研究中均没有涉及筹资结束后的信息更新内容。

表 8-4 文本主题的统计信息(数量)

主题分类	主 题	前期数量	中期数量	后期数量	筹资期内总数量	筹资结束后数量
内部特征	进度汇报	11 376	11 503	10 873	26 102	14 934
	内容更新	9 439	9 195	6 906	19 920	17 096
	回报有关	3 946	2 687	2 335	7 985	8 662
外部特征	时间提醒	17 382	14 016	26 950	40 131	23 857
	表示感谢	19 072	13 405	14 197	35 998	26 108
	社会化推广	4 463	4 021	3 884	10 823	9 495
合 计		65 678	54 827	65 145	140 959	100 152

从表8-4中可以看出,在筹资周期以内,项目发起者最频繁更新的信息主题是时间提醒,其次是表示感谢的主题,接下来是有关进度汇报的主题;而更新频率最小的是有关回报的主题。而在三个周期内,项目发起者在前期和后期的更新数量基本相当,但是在筹资中期的更新数量明显少于前期和后期,这表明项目筹资中期不但是投资者的疲惫期,也是项目发起者的疲惫期(Ceyhan & Shi, 2011; Kuppuswamy & Bayus, 2013)。

平均每个项目中每类更新主题的统计信息如表8-5所示。从表8-5中可以看出,在筹资前期,有关时间提醒和表示感谢是最频繁的更新主题,而有关回报和社会化推广是最少更新的主题,但是也应该注意到有关时间提醒主题的方差最大,这表明有一些项目发起者较多的更新了有关时间提醒的主题,而另外一些项目发起者很少更新有关时间提醒的主题;在筹资中期以及筹资后期更新中呈现了相似的趋势。值得一提的是:有关时间提醒的主题在项目筹资后期中的更新数量明显增加(前期、中期和后期的数量分别为:0.194,0.142,0.350),这表明在接近筹资截止阶段,项目发起者会反复提醒投资者投资期限就快到了。

表8-5 每类更新主题的统计信息

更新主题	前期更新				中期更新				后期更新				筹资期内所有更新			
	均值	方差	最小	最大	均值	方差	最小	最大	均值	方差	最小	最大	均值	方差	最小	最大
进度汇报	.118	.446	0	22	.112	.395	0	12	.113	.430	0	19	.343	.913	0	29
内容更新	.099	.407	0	15	.093	.381	0	13	.073 2	.373	0	19	.265	.860	0	32
回报有关	.036	.222	0	16	.024	.175	0	8	.021	.167	0	6	.082	.368	0	16
时间提醒	.194	.600	0	30	.142	.487	0	29	.350	.868	0	46	.685	1.506	0	83
表示感谢	.197	.591	0	40	.128	.443	0	28	.138	.485	0	35	.463	1.121	0	78
社会化推广	.040	.225	0	6	.036	.212	0	9	.036	.216	0	13	.112	.424	0	15

8.3.2 信息更新主题与筹资成功率

表8-6中展示了每个阶段的更新信息与项目成功率的关系。可以看到,第一阶段的更新信息与项目成功率虽然是正相关的,但是并不显著。而第二阶段和第三阶段的更新均与项目的筹资成功率显著正相关。这表明,在第一阶段的更新信息并不能有效地吸引投资者的关注,而在第二阶段和第三阶段的更新信

息的效果会好得多。尤其是第三阶段的更新,效果比第二阶段更好,这可能是因为在项目投资期即将截止的时候,项目发起者发布一些关于项目的最新进展,可能有助于使那部分还在犹豫和观望的投资者下定决心参与投资。

表 8-6 每个阶段的更新信息与项目筹资成功率的关系

更新阶段	更新数量	比例	系数
第一阶段	85 500	35.08%	.003
第二阶段	66 906	27.45%	.076***
第三阶段	91 324	37.47%	.198***

*** $p<0.001$, ** $p<0.005$, * $p<0.01$

表 8-7 中显示了更新主题与项目融资成功率的关系。需要注意的是:本章数据一共包含 407 582 条更新信息,但是其中有 163 852 条信息是在项目筹资期结束以后进行更新的(在项目筹资结束后,项目发起者也会进行大量的信息更新,筹资结束后表示感谢和有关邮寄的信息是最频繁提及的主题。但是,筹资结束时间以后的更新信息并不能影响项目能否筹资成功,因此必须抛弃在项目筹资结束以后的更新文本),因此,本章实际采用的更新文本数量为 243 730 条。

表 8-7 更新主题与项目筹资成功率的关系分析

主题	更新数量	所占比例	系数
进度汇报	42 853	17.58%	.160***
内容更新	33 128	13.59%	.015***
回报有关	10 202	4.19%	.038***
时间提醒	85 638	35.14%	.153***
表示感谢	57 889	23.75%	.202***
社会化推广	14 020	5.75%	.033***

*** $p<0.001$, ** $p<0.005$, * $p<0.01$

从表 8-7 中可以看出,对项目成功筹资贡献最大的表示感谢,其次是有关项目的进度汇报。而对项目成功率影响最小的是有关内容的更新,这可能是因为相当多的项目其实在项目一旦发布以后就很少进行内容上的调整,即使项目发起者对项目内容进行调整,潜在投资者也很有可能没有注意到项目的介绍信息已经进行过更新。所以,有关内容的更新对项目的成功率影响最小。

第 8 章　文本更新模式对成功融资的影响

表 8-8 中展示了每个阶段的更新与项目成功率的关系。可以看到,不同阶段的更新主题效用是不一样的。具体来说,在筹资前期,所有更新主题均与项目成功率显著相关,但是进度汇报、时间提醒和表示感谢与项目成功率显著正相关;而内容更新、回报有关以及社会化推广却与项目成功率显著负相关。这可能传递了以下信息:① 项目发起者不应该在项目筹资前期进行内容上的调整,修改内容可能会让潜在投资者认为项目发起者对项目筹备并不充分,所以在项目刚刚上线就进行内容上的修改;② 不应该在项目刚刚上线就与投资者谈回报有关的话题,因为有研究表明:早期的项目投资者一般是项目发起者的朋友或者家人,他们不是因为项目的回报才支持项目的,他们是因为社会关系的存在才对项目发起者进行支持(例如:Agrawal & Catalini,2013)。因此,对早期进行资金支持的朋友或者家人,谈论回报其实对投资行为是有显著负面效应的;③ 早期的社会化推广与项目的成功率显著负相关,这颇出乎意料,可能的原因在于项目早期的社会化推广由于投资者数量还相对较少,而投资者更喜欢投资那些即将筹资成功的项目,因而推广的效果有限,甚至会对潜在投资者形成负面的影响(在筹资的第二阶段,社会化推广的效用也是负相关的,但是并不显著;直到筹资的第三阶段,社会化推广的效用才显著正相关)。

表 8-8　每个阶段的更新主题与项目成功率的关系分析

阶 段	主 题	更新数量	所占比例	系 数
前　期	进度汇报	14 760	6.06%	.070***
	内容更新	12 341	5.06%	−.101***
	回报有关	4 529	1.86%	−.082***
	时间提醒	24 221	9.94%	.047***
	表示感谢	24 595	10.09%	.048***
	社会化推广	5 054	2.07%	−.118***
中　期	进度汇报	14 003	5.75%	.155***
	内容更新	11 640	4.78%	−.007
	回报有关	3 008	1.23%	.006
	时间提醒	17 789	7.30%	.049***
	表示感谢	15 938	6.54%	.143***
	社会化推广	4 528	1.86%	−.007

续 表

阶 段	主 题	更新数量	所占比例	系 数
后 期	进度汇报	14 090	5.78%	.226***
	内容更新	9 147	3.75%	.078***
	回报有关	2 665	1.09%	.094***
	时间提醒	43 628	17.90%	.222***
	表示感谢	17 356	7.12%	.249***
	社会化推广	4 438	1.82%	.088***

*** $p<0.001$, ** $p<0.005$, * $p<0.01$

而在项目筹资的中期阶段,进度汇报、表示感谢以及时间提醒与项目筹资成功率显著正相关,这表明这三个主题能够显著促进项目的成功。虽然在这个阶段,回报有关的主题也与项目的成功率正相关,但是并不显著;同时,内容更新与社会化推广也与项目的筹资成功率负相关,但是并不显著,而且相关系数极小(均为-0.007)。

最后,在项目筹资的后期阶段,所有更新主题均与筹资成功率显著正相关。其中,表示感谢、进度汇报和时间提醒是最有效的,其次是回报有关、内容更新和社会化推广的内容。这表明,在项目筹资的最后冲刺阶段,项目发起者最好更新一些内容,无论这些内容是关于什么的,都能够吸引投资者的兴趣,促成项目筹资成功。

8.4 管理启示

本章研究结果对众筹项目发起者及众筹平台具有丰富的管理启示。首先,这促使筹资者意识到众筹项目更新信息的重要性。在本章研究中,没有 1 次信息更新的项目的筹资成功率仅为 15.06%,而只有 1 次信息更新的项目融资成功率为 29.88%,有 3 次以上信息更新的项目融资成功率为 50% 以上;更新信息的数量与项目成功率的相关系数为 0.400 8*** ($p<0.000\ 1$)。这表明项目发起者应该积极重视信息更新对于促进项目成功融资的作用,这些更新信息能够使潜在投资者增加对项目的了解,同时能够一定程度上提高项目的曝光率。

其次，对于项目更新的主题上，不同的更新主题对项目筹资成功率的影响是有显著差异的。对项目成功率影响最大的更新主题是表示感谢、进度汇报和时间提醒，其次是回报有关、社会化推广和内容更新。这表明在项目发起者的更新信息中，筹资者对项目发起者表达感谢的文本非常有效，这可能是由于在线用户对 UGC 文本表达的情感倾向的态度有关，已有研究证明了在线评论中的感情信息会显著影响用户的购买意愿（Archak & Ghose，2011），这种效应也在众筹项目中广泛存在；其次，有关进度汇报、时间提醒和回报有关的主题也是比较有效的更新主题。而有关内容的更新在所有更新主题中效果是最差的，这可能是由于有关项目内容的更新会使投资者认为是由于项目发起者在项目筹备期的准备不充分造成的，所以项目发起者才需要在项目筹资阶段进行内容上的调整和更新。这对项目发起者的启示是：应该在项目筹备期充分准备，尽量使项目介绍看起来完备。

然后，项目发起者在筹资的不同阶段应该有不同的更新策略：① 项目筹资早期的更新信息与项目成功率并不呈显著相关性，这表明在筹资早期进行信息更新的效果十分有限；② 在项目筹资的中期和后期的信息更新与项目成功率显著正相关，并且后期的相关系数比中期的相关系数大一倍以上（分别为 0.198*** 和 0.076***），这表明在越临近筹资结束那段时间进行信息更新，效果越明显；③ 在不同的筹资阶段，应该突出的信息更新主题也应该有所差异。在筹资前期，表示感谢和时间提醒是比较有效的更新主题，而内容更新、回报有关、社会化推广的效用都显著负相关；在筹资中期，进度汇报和表示感谢是最有效的更新主题；而在筹资后期阶段，表示感谢、进度汇报和时间提醒是最有效的更新主题。这些启示给予项目发起者在更新信息时，如何在不同阶段选择合适的信息主题提供了参考。

接下来，每种项目类别下的项目由于投资者的关注重点不一致，信息更新模式也呈现出不同的趋势。首先，体验类项目与生活类项目的更新策略与更新主题基本一致，即筹资前期应该重点突出时间提醒和表示感谢，而避免回报有关、内容更新以及社会化推广的内容；而筹资中期应该重点更新进度汇报和表示感谢的主题；在筹资后期，进度汇报、内容更新、时间提醒、表示感谢及社会化推广都是比较有效的主题。其次，在艺术类项目中，在筹资前期的所有更新信息几乎都是没有正面效应的，筹资者应该考虑不要在这个阶段提供信息更新；而在筹资中期阶段，应该积极提供有关表示感谢和进度汇报的更新信息；在筹资后期阶段，进度汇报、时间提醒和表示感谢是比较有效的更新主题。

最后，本章研究也为众筹平台提供了一定的启示：由于众筹平台的收益来自对众筹项目收取的手续费（以 Kickstarter 为例，成功筹资的项目收取 8%～10%的手续费，而一旦项目筹资失败 Kickstarter 就没有任何收益），因此，众筹平台总是期望能提高项目的筹资成功率。本章的研究成果为众筹平台指导项目发起者如何进行信息更新提供了启示。众筹平台可以对项目发起者如何进行信息更新，何时进行信息更新，以及应该更新什么信息主题进行提示，以提高项目的筹资成功率。

8.5 本章小结

本章研究了众筹项目的信息更新模式及效果。以 Kickstarter 上的项目数据为实验样本，本书得到了以下结论：① 信息更新的数量能够显著提升众筹项目的筹资成功率，因此，应该鼓励项目发起者在筹资期内对项目进行更新；② 通过文本挖掘技术，项目发起者对项目更新的文本主题可以分为 6 类：进度汇报、内容更新、回报有关、时间提醒、表示感谢以及社会化推广。其中，时间提醒、表示感谢和进度汇报是最频繁更新的主题；而回报有关和社会化推广是更新较少的主题；③ 不同筹资阶段的信息更新效用是存在极大差异的，筹资初期的信息更新对项目筹资成功率并没有显著影响，而筹资中期和筹资后期的信息更新对项目成功率具有显著的正面刺激效应。而且，越是临近筹资结束，更新信息的效用越明显；④ 在不同的项目类别中，应该重点更新不同的信息主题。体验类项目与生活类项目的更新策略基本是一致的，而艺术类项目的更新策略具有明显的差异；⑤ 在与 Indiegogo 上的项目对比可以看出，由于筹资模式的差异，其信息更新策略也应该有所不同。

第9章 结论与展望

9.1 结　　论

9.1.1 假设检验结果汇总

表9-1中归纳了对文本属性研究的假设检验结果。首先,对于文本的修辞风格来说,与修辞风格有关的语言特征只能在特定的项目类别中发挥作用。对于垂直区分的项目,一般来说这类项目有比较客观的评价标准,因此,诉诸回报的风格是最有效的,而诉诸逻辑效果最差;对于水平区分的项目,在艺术类项目中,诉诸情感和诉诸夸张的语言风格是最有效的,而诉诸回报的效果最差;对于水平区分项目中的生活有关项目,诉诸情感几乎是唯一有效的语言风格,唯一特殊的是有关食品的项目应该重点强调可信度。

然后,对于文本情感属性来说,在文本简介和详细描述文本中,情感越正面,越容易获得投资者的支持,而项目标题中的情感信息则不受支持。同时,描述文本的情感效应不具有曲线关系,也就是说,即使项目描述文本过于正面,也不会存在对投资行为的显著抑制作用。对于心理效用的分析发现:正面的情感能够刺激消费者的消费意愿,进而提高产品的销量(Xiong & Bharadwaj,2014),本书结论与此不谋而合。对于文本的主客观性检验上,项目标题和简介应该尽可能客观,以平实的语言进行说明,而不宜用主观的语言进行描述。但是,在项目详细描述文本和项目回报文本中则不受支持,换句话说,在详细描述文本和回报文本中支持采用主观文本。

接下来,对于文本内容偏向性来说,假设检验的结果表明,在详细描述文本中应该突出项目本身的特点和创意,而不应该花费太大的篇幅来介绍创业者和创业团队。对创业者和创业团队的介绍应该放在文本的标题层次和项目简介层

项目描述的文本特征与投资意愿：基于众筹市场的研究

表 9-1 本书的假设检验结果汇总

假设	检验结果	支持部分	不支持部分
H4-1：诉诸可信的语言风格有助于众筹项目成功 H4-2：诉诸回报的语言风格有助于众筹项目成功 H4-3：诉诸情感的语言风格不利于众筹项目成功 H4-4：诉诸逻辑的语言风格有助于众筹项目成功 H4-5：诉诸夸张的语言风格不利于众筹项目成功	部分支持	对于垂直区分的项目，一般来说这类项目有比较客观的评价标准，因此，诉诸逻辑效果是最有效的，而诉诸回报效果最差；对于水平区分的项目，在艺术类项目中，诉诸情感和诉诸回报的语言夸张的效果是最有效的，诉诸回报效果最差；对于水平区分项目中的生活有关项目，诉诸情感几乎是唯一有效的项目，诉诸的语言风格，唯一特殊的是有关食品的项目应该重点强调可信度，这可能是由于对食品安全的担忧导致的	其他项目类别
H5-1a（文本情感假设）：项目描述文本的情感越正面，越容易获得投资者支持 H5-1b（文本情感假设）：项目描述文本的情感效应具有曲线关系，即如果项目描述文本过于正面，会存在对投资行为的抑制作用	H5-1a：部分支持 H5-1b：不支持	H5-1a：文本简介和详细文本	H5-1a：项目标题
H5-2（文本客观性假设）：项目描述文本越客观，越容易获得投资者支持	部分支持	项目标题 简介文本	详细文本 回报文本

续 表

假 设	检验结果	支 持 部 分	不 支 持 部 分
H6-1(文本内容偏向性假设)：项目描述文本偏重于描述项目而不是项目发起者更容易获得筹资成功	部分支持	详细介绍文本	标题层次文本(文艺类、技术类项目以及生活类项目中的"Food")简介层次文本(文艺类、技术类项目)
H7-1(文本欺诈线索假设)：文本包含越多的欺诈线索,越不容易获得投资者支持	部分支持	认知负荷：简洁性(简介、详细文本) 认知负荷：内敛性 臆想情节：(回报文本) 分离性：(简介、回报文本) 负面情绪	认知负荷：简洁性(回报文本) 臆想情节：(详细文本) 分离性：(详细文本)
H7-2(文本可读性假设)：项目描述文本的可读性越高,越容易获得投资者支持	部分支持	文本多样性(标题、简介、前100词) 文本易读性(弱支持)(简介、前100词) 文本复杂性(详细文本) 文本生词率(标题、简介、详细文本)	文本多样性(详细文本) 文本易读性(标题、详细文本) 文本复杂性(标题、简介、前100词) 文本生词率(前100词)

项目描述的文本特征与投资意愿：基于众筹市场的研究

次，尤其是对于文艺类项目、技术类项目以及生活类项目中的"Food"项目，在这类项目中，投资者比较看重创业者"人/团队"的方面，而相对不那么注重项目业务本身。

最后，对于文本欺诈线索属性方面，本书把文本的欺诈性线索分为：认知负荷、臆想情节、分离性、负面情绪、文本多样性、文本易读性、文本复杂性以及文本生词率。欺骗者编造的故事总是较简洁，因为一些细节是较难编造的，而且具有较低的内敛性。假设检验发现，简介和详细描述文本的简洁性能够支持假设；而回报文本则不能支持简洁性假设。换句话说，文本简介和详细描述文本越是简洁，那么投资者越有可能认为筹资者具有欺诈性目的，而这点在回报文本中是不成立。对于文本的内敛性来说，在所有文本层次中，均支持内敛性越低，项目的筹资成功率亦越低。这意味着，在项目的描述文本中，应该采用合适的连词，增加文本的内敛性。对于臆想情节，本书采用时间指示介词和空间指示介词进行计算，回报文本中包含较多的时间指示词和空间指示词更有利于项目筹资成功；相反，在详细描述文本中的臆想情节并不会导致投资者参与投资的热情下降，即在详细描述文本中包含的时间和空间指示词并不影响投资意愿。对于分离性来说，采用非第一人称的人物指示代词进行统计，结论显示，在项目简介和回报文本中能够支持原假设，即简介和回报文本中的非第一人称的人物指示词（he, she, their 等）越多，项目越不容易筹资成功；但是该假设在项目回报文本中并不成立。对于文本的负面情绪检测结果，其与情感分析的检测一致：即文本的负面情感与项目筹资成功率负相关，换句话说，负面情绪文本会抑制投资者参与项目投资。对于文本的可读性来说，总体上看，文本的可读性越高，项目筹资越能获得成功。但是在不同的文本层次还是有一些差异的。对于文本多样性来说，在标题、简介以及详细描述文本的前100个词中，应该使用多样的词语，而不应该局限在狭小范围内；相反，在详细描述文本中，应该缩小文本的多样性。在文本的易读性方面，需要注意文本的简介和前100个词需要提高易读性，减少使用长音节的词汇；而在标题和详细描述文本中，则不能验证这个假设。对于文本复杂性来说，较复杂的详细描述文本反而能够刺激投资者兴趣，这表明项目发起者需要以说清楚项目的内容为主要目的，而不用顾忌为了描述项目所采用的文本是否复杂；而在标题、简介中则不能支持该假设。最后，对可读性中的生词率来说，在标题、简介和详细描述文本中的生词率反而有利于项目筹资的成功，主要原因在于，这些生词大部分不是因为作者的拼写错误，而筹资者有意为之，生造了一些单词或者含有专业名词造成的，这给予筹资者的启示在于：可以大胆地使用这类词汇。

9.1.2 核心结论归纳

本书的研究工作探讨了一类初生的金融筹资模式：众筹项目如何尽可能提高项目的融资成功率，主要核心结论归纳如下。

首先，分析了众筹项目文本简介的语言风格对项目成功融资的影响，把众筹项目语言修辞风格分为5类：诉诸可信、诉诸情感、诉诸逻辑、诉诸回报和诉诸夸张。得到了以下关键结论：① 对于垂直区分的项目，一般来说这类项目有比较客观的评价标准，因此，诉诸回报的风格是最有效的，而诉诸逻辑效果最差；② 对于水平区分的项目，在艺术类项目中，诉诸情感和诉诸夸张的语言风格是最有效的，而诉诸回报的效果最差；③ 对于水平区分项目中的生活有关项目，诉诸情感是有效的语言风格，唯一特殊的是有关食品的项目应该重点强调可信度，这可能是由于对食品安全的担忧导致的。

其次，从不同的文本层次分析了项目描述文本的语言特征对项目筹资成功率的影响。得到了以下关键结论：① 对创业者和创业团队的介绍应该放在文本的标题层次和项目简介中；在详细描述文本中应该突出项目本身的特点和创意，而不应该花费太大的文本篇幅来介绍创业者和创业团队；换句话说，在标题和简介中应该强调"人力资本"，而详细描述文本中应该强调"非人力资本"；② 总体来说，文本的可读性越高，项目筹资越容易获得成功，但是在标题、简介和详细描述文本中的生词率反而有利于项目融资获得成功；③ 文本的情感信息与投资者的投资意愿正相关；④ 项目标题和简介应该尽可能客观而避免主观描述；⑤ 简介和详细描述文本的简洁性会抑制投资；而回报文本则不能支持简洁性假设；⑥ 文本内敛性越低，项目的筹资成功率亦越低；⑦ 回报文本中包含较多的时间指示词和空间指示词更有利于项目成功融资；⑧ 在详细描述文本中的臆想情节并不会导致投资者参与投资的热情下降；⑨ 对于分离性来说，简介和回报文本中的非第一人称的人物指示词（he，she，their等）越多，项目越不容易筹资成功，但是该假设在项目回报文本中并不成立；⑩ 负面情绪文本会抑制投资者参与项目投资。

最后，对众筹项目的信息更新模式进行了研究，得到了以下重要结论：① 信息更新的数量能够显著提升众筹项目的筹资成功率，因此，应该鼓励项目发起者在筹资期内对项目进行频繁更新；② 通过文本层次聚类，项目发起者对项目更新的文本主题可以分为6类：进度汇报、内容更新、回报有关、时间提醒、表示感谢以及社会化推广。其中，时间提醒、表示感谢和进度汇报是最频繁更新

项目描述的文本特征与投资意愿：基于众筹市场的研究

的主题；而回报有关和社会化推广是更新较少的主题；③ 不同筹资阶段的信息更新效用是存在极大差异的，筹资初期的信息更新对项目筹资成功率并没有显著影响，而筹资中期和筹资后期的信息更新对项目成功率具有显著的正向刺激效应。而且，越是临近筹资结束，信息更新的效用越明显；④ 在不同的项目类别中，应该重点更新不同的信息主题。体验类项目与生活类项目的更新策略基本是一致的，而艺术类项目的更新策略具有明显的差异；⑤ 有关项目外部特征的更新比有关项目内部特征的更新效果好得多；⑥ 在与 Indiegogo 上的项目对比可以看出，由于筹资模式的差异，其信息更新策略也应该有所区别。

9.2 进一步工作的方向

本书研究虽然取得了初步的成功，但依然任重道远，尚有许多有待进一步深入进行的研究工作，这里择其要者简要讨论如下：

首先，对于项目简介的语言风格方面，未来继续努力的方向有：① 本书的实验对象选择了众筹项目文本描述的简介部分，一是因为这部分文本的重要性，二是因为这段文本通常比较短小，容易分类。但是，项目描述中还有相当大篇幅的详细描述文本，详细描述文本的平均长度为 5 537 个字符，而项目简介的平均长度为 117 个字符。本书并未考虑项目详细描述文本的语言风格，未来可以尝试分析这部分文本内容的语言风格对项目成功融资的影响；② 本书依据已有语言风格的研究，结合人工对大量众筹项目的分析，把众筹项目的语言风格分为 5 类，但这也许不是最佳的分类方式，未来可以采用监督学习或者非监督学习方法对文本进行处理，例如采用主题模型（pLSI、LDA）对文本进行分类，然后再根据自动分类结果判断项目简介应该突出哪些方面的内容；③ 本书仅仅分析了众筹文本语言修辞风格对项目成功融资的影响，但是并没有解释这种影响机理是什么？为什么在一些特定项目类别中采用特定的语言修辞风格有助于项目融资成功？这需要未来结合心理学和行为学进行分析。

其次，对于项目情感分析、内容偏向性以及欺诈性线索检测方面，尽管本书对众筹项目的文本特征进行了深入的研究以及大量鲁棒性检测，但是不得不承认在本书的研究中，至少在以下方面还存在不足：① 本书重点检测的模型是采用了虚拟变量，1 代表项目筹资成功，0 代表项目筹资失败。在鲁棒性检测中，尝试了项目的融资进度和参与项目的筹资人数作为因变量，但是并未对该结果进行详细分析和检验。事实上,众筹具有多种筹资模式,Kickstarter 采用 "Nothing or More"模式,即只有筹得资金超过预定的筹资目标,筹资者才能得到筹得的资金,因此,虚拟变量在这种情况下是合理的。但是在以 Indiegogo 为代表的众筹网站中采用"All and More"模式,即无论筹得的资金是否超过预设的筹资目标,筹资者均能支配已经筹得的资金(扣除平台手续费,没有达到预定筹资目标的手续费稍高)。因此,在这种情况下虚拟变量就不太合适;② 本书对众筹项目的文本分析实际上只分析了有限的文本属性:文本情感与主客观性、文本内容偏向性及文本欺诈性线索属性。这些有限的分析维度,既有相关性也有一定的重叠性,例如:情感分析与主客观度检查就在一定程度上有重合之处,这促使我们思考能否把这些重合的指标整合在一起或者分析这种重合度对于项目融资成功率的影响;③ 自然语言处理是一个很宽泛的话题,至今仍然在快速发展(Ferrara & De et al.,2014),本书对文本分析的方法较多地采用了基于字典的统计以及机器学习方法,而没有尝试那些新提出来的文本挖掘方法。因此,未来继续深入研究的方向有:① 需要在更多的平台和众筹模式中检测文本的效用,例如:Indiegogo 以及 Experiment 等不同的筹资模式以及来自不同领域的投资者,可能得到不一样的结果;② 本书只从 5 个文本属性方面对文本进行了分析。事实上,近年来文本挖掘的进展提供了新的研究视角,例如:文本关键词抽取(Noh & Jo et al.,2015)、文本格式识别(Irfan & King et al.,2015;Moohebat & Raj et al.,2015)、深度语法识别(Nguyen & Miwa et al.,2015)等,可以尝试采用更加全面的语言检测方法来分析众筹项目文本;③ 本书的研究更多地是分析了众筹项目的现象,而没有对产生这种现象背后的原因进行探讨,需要在未来的研究中加入更多的心理学研究结论对这种现象进行理论解释。

接下来,对于众筹项目的信息更新模式方面,可以从如下方面深入挖掘:① 本书采用了文本挖掘中的文本层次聚类方法对众筹项目的更新文本进行聚类,然后人工判断最佳的聚类数量,以此来实现对项目文本主题的有效分类。但是文本层次聚类方法也许不是最佳方法,事实上 LDA、LSI、pLSI 等算法提供了其他选择,未来我计划尝试比较不同的文本挖掘模型对文本处理的效果;② 众筹模式应用范围相当广泛,还包含股权众筹以及慈善众筹等筹资模式,在本书研究中还没有涉及这两个筹资模式的信息更新研究,在未来的研究中,计划深入分析在股权众筹以及慈善众筹项目中信息更新主题及其效果;③ 本书的研究更多的是描述和解释了一个众筹项目信息更新模式的现象,但是缺少分析现象背后深刻的理论依据,未来计划尝试从用户行为角度解释在众筹项目中信息更新效用差异的来源,以及信息更新在减弱信息不对称中的效应。

以上的展望都是基于本书研究的具体研究内容展开的,让我们回过头来再度审视本书研究在本领域中的定位问题,重新定位研究问题有助于更加清晰地认识研究领域以及未来研究的方向。在图1-4中,分析了本书对于众筹领域的贡献(融资中所处环节),在图9-1中对图1-4进行了扩充,增加了众筹研究领域中未来可以深入研究的方向。归纳起来,关于众筹社区的研究,至少在以下4方面还没有涉及:① 筹资失败的项目对投资者行为的影响,在众筹社区中相当大部分项目都是以筹资失败告终,而投资者投资的项目筹资失败后,投资者应该可以通过这个事件改变对众筹社区以及项目质量的认知;② 项目的回报对社区规模以及社区活跃度的影响,投资者投资项目的动机之一就是获得筹资者许诺的回报,但是这种许诺的回报可能不能按计划实现,也可能实现的效果与许诺不一致(这点很重要,但是目前的研究还几乎没有涉及),这会对整个社区造成影响,众筹社区应该如何面对这个问题;③ 项目的回报信息对投资者积极性的影响,如果投资者对实际得到的物品低于期望值,那么投资者可能会逐渐减少参与项目投资(事实上,我们的早期分析结果显示,项目的Delivery信息对用户活跃

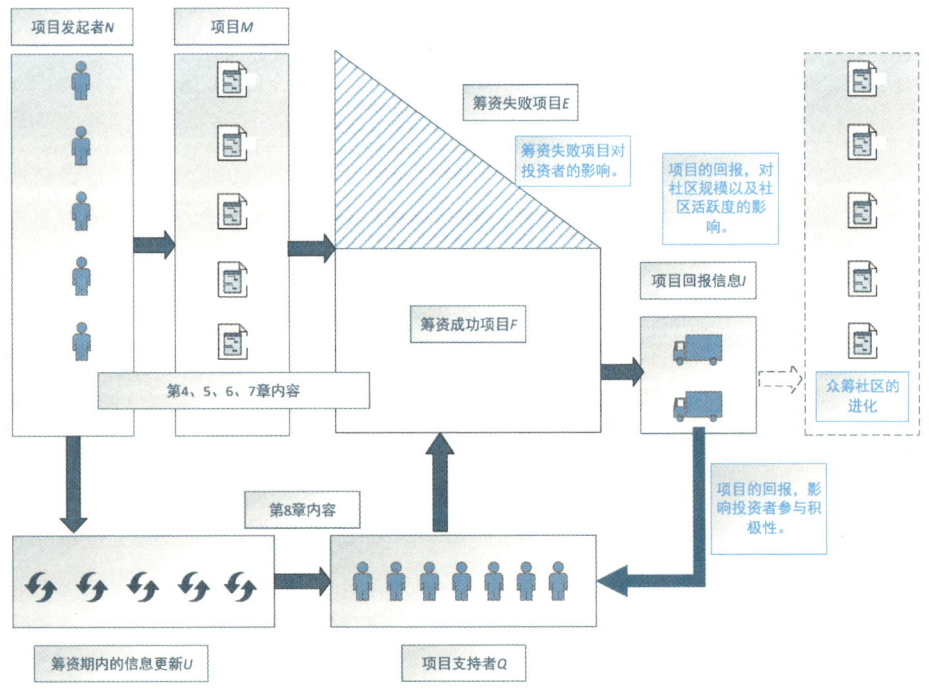

图9-1 本书研究在该领域中的再定位及展望示意图

度有负面影响),因此,基于用户行为的研究也是未来的一大研究方向;④ 众筹社区的进化。任何商业模式都不是一成不变的,商业模式应该根据市场状况做调整。写到这里,想到了国内曾经最大的众筹社区:点名时间(http://www.demohour.com/),其业务反复变动,以至于我每次登录网站都是一番新面孔。这种反复变化的背后,其实是众筹模式在中国国情下的艰难探索。至少在不同的文化和经济背景下,众筹社区注定会进化成与国外模式有差异的新模式,根据现有的状况预测未来可能发生的进化轨迹,也是一件很有意义的事情。

如同几年前的"团购"概念一样,现在越来越多的人接触到众筹的概念,并且无数人跃跃欲试。但是,也注定如同几年前的"团购"一样,大浪淘沙,最终只有少数众筹平台能够生存下来。这中间,既是残酷的淘汰,也是研究者们及从业者们大展身手的舞台。

我们相信本书的学术意义和实用价值,并期望引起研究者对该领域的研究兴趣。

参考文献

[1] Abrahams A S, Fan W, Alan Wang G, et al. An integrated text analytic framework for product defect discovery[J]. Production and Operations Management, 2015, 24(6): 975-990.

[2] Accardi-Petersen M. Agile Marketing[M]. Apress, 2011.

[3] Aggarwal C C, Zhai C X. Mining Text Data[M]. Springer Science & Business Media, 2012.

[4] Agrawal A, Catalini C, Goldfarb A. Crowdfunding: Social frictions in the flat world?[J]. Working Paper, 2013: 1-58.

[5] Agrawal A, Catalini C, Goldfarb A. Friends, family, and the flat world: The geography of crowdfunding[J]. NBER Working Paper, 2011: 1-62.

[6] Agrawal A, Catalini C, Goldfarb A. Some SIMPLE economics of crowdfunding[J]. Innovation Policy and the Economy, 2014, 14(1): 63-97.

[7] Ahlers G K C, Cumming D J, Günther C, et al. Equity crowdfunding[J]. Available at SSRN http://ssrn.com/abstract=2362340, 2013: 1-45.

[8] Ajzen I, Fishbein M. Understanding Attitudes and Predicting Social Behavior[M]. Englewood Cliffs, NJ: Prentice-Hall, 1980.

[9] An J, Quercia D, Crowcroft J. Recommending investors for crowdfunding projects[C]//Proceedings of the 23rd International Conference on World Wide Web, 2014: 261-270.

[10] Anderson S R. Where's morphology?[J]. Linguistic inquiry, 1982: 571-612.

[11] Archak N, Ghose A, Ipeirotis P G. Deriving the pricing power of product features by mining consumer reviews[J]. Management Science, 2011, 57(8): 1485-1509.

[12] Ariely D, Simonson I. Buying, bidding, playing, or competing? Value assessment and decision dynamics in online auctions[J]. Journal of Consumer Psychology, 2003, 13(1): 113-123.

[13] Aristotle, Roberts W R. Aristotle: Rhetoric[M]. Modern Library, 1954 (Original work circa 347 B. C.).

[14] Balahur A, Mihalcea R, Montoyo A. Computational approaches to subjectivity and sentiment analysis: Present and envisaged methods and applications[J]. Computer Speech & Language, 2014, 28(1): 1-6.

[15] Barbosa L, Feng J. Robust sentiment detection on twitter from biased and noisy data [C]//Proceedings of the 23rd International Conference on Computational Linguistics, 2010: 36-44.

[16] Basu T, Murthy C A. A similarity assessment technique for effective grouping of documents[J]. Information Sciences, 2015, 311: 149-162.

[17] Baye M R, Morgan J, Scholten P. Information, search, and price dispersion[J]. Handbook on Economics and Information Systems, 2006, 1-60.

[18] Belleflamme P, Lambert T, Schwienbacher A. Crowdfunding: Tapping the right crowd[J]. Journal of Business Venturing, 2014, 29(5): 585-609.

[19] Bharti K K, Singh P K. Hybrid dimension reduction by integrating feature selection with feature extraction method for text clustering [J]. Expert Systems with Applications, 2015, 42(6): 3105-3114.

[20] Bird S. NLTK: The natural language toolkit[C]//Proceedings of the COLING/ACL on Interactive Presentation Sessions, 2006: 69-72.

[21] Blei D M, Ng A Y, Jordan M I. Latent dirichlet allocation[J]. The Journal of Machine Learning Research, 2003, 3: 993-1022.

[22] Bøg M, Harmgart H, Huck S, et al. Fundraising on the Internet[J]. Kyklos, 2012, 65(1): 18-30.

[23] Bradford C S. Crowdfunding and the Federal Securities Laws[J]. Columbia Business Law Review, 2012, 2012: 1-150.

[24] Bravo-Marquez F, Mendoza M, Poblete B. Meta-level sentiment models for big social data analysis[J]. Knowledge-Based Systems, 2014, 69: 86-99.

[25] Brinckmann J, Kim S M. Why we plan: The impact of nascent entrepreneurs' cognitive characteristics and human capital on business planning[J]. Strategic Entrepreneurship Journal, 2015.

[26] Brody N, Peña J. Equity, relational maintenance, and linguistic features of text messaging[J]. Computers in Human Behavior, 2015, 49: 499-506.

[27] Brush C, Carter N M, Gatewood E J, et al. The diana project: Women business owners and equity capital: The myths dispelled [J]. Babson College Center for Entrepreneurship Research Paper, 2009, (2009-11): 1-24.

[28] Brysbaert M, Stevens M, De Deyne S, et al. Norms of age of acquisition and concreteness for 30,000 Dutch Words[J]. Acta Psychologica, 2014, 150: 80-84.

[29] Brysbaert M, Warriner A B, Kuperman V. Concreteness ratings for 40 thousand generally known English word lemmas[J]. Behavior Research Methods, 2014, 46(3): 904-911.

[30] Burgers C, de Graaf A. Language intensity as a sensationalistic news feature: The influence of style on sensationalism perceptions and effects[J]. The European Journal of Communication Research, 2013, 38(2): 167-188.

[31] Burkett E. A crowdfunding exemption? Online investment crowdfunding and US securities regulation[J]. Transactions: The Tennessee Journal of Business Law, 2011, 13(1): 63.

[32] Burtch G, Ghose A, Wattal S. An empirical examination of users' information hiding in a crowdfunding context[C]//International Conference on Information Systems (ICIS), 2013.

[33] Burtch G, Ghose A, Wattal S. Cultural differences and geography as determinants of online prosocial lending[J]. Mis Quarterly, 2014, 38(3): 773-794.

[34] Byrum K. A comparison of the source, media format, and sentiment in generating source credibility, information credibility, corporate brand reputation, purchase intention, and social media engagement in a corporate social responsibility campaign Presented Via Social Media[D]. Clemson University, 2014.

[35] Cai R, Zhang Z, Tung A K H, et al. A general framework of hierarchical clustering and its applications[J]. Information Sciences, 2014, 272: 29-48.

[36] Campbell T S, Dietrich J K. The determinants of default on insured conventional residential mortgage loans[J]. The Journal of Finance, 1983, 38(5): 1569-1581.

[37] Carpenter T D, Reimers J L, Fretwell P Z. Internal auditors' fraud judgments: The benefits of brainstorming in groups[J]. Auditing: A Journal of Practice & Theory, 2011, 30(3): 211-224.

[38] Ceyhan S, Shi X, Leskovec J. Dynamics of bidding in a P2P lending service: Effects of herding and predicting loan success[C]//Proceedings of the 20th International Conference on World Wide Web, 2011: 547-556.

[39] Charles Luzar. Most indiegogo campaigns fail, and thank goodness[DB/OL]. [2013]. http://www.crowdfundinsider.com/2013/08/20429-most-indiegogo-campaigns-fail-and-thank-goodness/.

[40] Chen C C, Chen Z Y, Wu C Y. An unsupervised approach for person name bipolarization using principal component analysis[J]. Knowledge and Data

Engineering, IEEE Transactions on, 2012, 24(11): 1963-1976.

[41] Chen L, Qi L, Wang F. Comparison of feature-level learning methods for mining online consumer reviews[J]. Expert Systems with Applications, 2012, 39(10): 9588-9601.

[42] Chen X P, Yao X, Kotha S. Entrepreneur passion and preparedness in business plan presentations: A persuasion analysis of venture capitalists' funding decisions[J]. Academy of Management Journal, 2009, 52(1): 199-214.

[43] Chevalier J A, Mayzlin D. The effect of word of mouth on sales: Online book reviews[J]. Journal of Marketing Research, 2006, 43(3): 345-354.

[44] Cho Y J, Lee Y R, Kim H Y. The effects of country image, attitudes toward a country, and purchase emotion on purchase intention of fashion products with a Korean images-focusing on Korean female consumers[J]. Journal of the Korean Society of Costume, 2009, 59(10): 111-123.

[45] Choi D, Kim J, Kim P. A method for normalizing non-standard words in online social network services: A case study on Twitter[M]//Context-Aware Systems and Applications. Springer, 2014: 359-368.

[46] Chomsky N. Aspects of the Theory of Syntax[M]. MIT press, 2014.

[47] Chu W, Chu W. Signaling quality by selling through a reputable retailer: An example of renting the reputation of another agent[J]. Marketing Science, 1994, 13(2): 177-189.

[48] Cialdini R B. Influence: Science and Practice[M]. Boston: Allyn & Bacon, 2001.

[49] Clements G N. The geometry of phonological features[J]. Phonology, 1985, 2(01): 225-252.

[50] Clifton C, Cooley R, Rennie J. TopCat: Data mining for topic identification in a text corpus[J]. IEEE Transactions on Knowledge and Data Engineering, 2004, 16(8): 949-964.

[51] Collins L, Pierrakis Y. The Venture Crowd: Crowdfunding Equity Investment into Business[M]. Nesta, 2012.

[52] Colombo M G, Franzoni C, Rossi-Lamastra C. Internal social capital and the attraction of early contributions in crowdfunding[J]. Entrepreneurship Theory and Practice, 2015, 39(1): 75-100.

[53] Connor U, Gladkov K. Rhetorical appeals in fundraising direct mail[J]. Discourse in the Professions: Perspectives from Corpus Linguistics, 2004, 24: 257.

[54] Conti A, Thursby M, Rothaermel F T. Show me the right stuff: Signals for high-tech startups[J]. Journal of Economics & Management Strategy, 2013, 22(2): 341-364.

[55] Cosh A, Cumming D, Hughes A. Outside enterpreneurial capital[J]. The Economic Journal, 2009, 119(540): 1494-1533.

[56] Crowdcube. A New Way to Raise Finance for Your Business[DB/OL]. Accessed August 21. http://www.crowdcube.com/pg/businessfinance-3.

[57] Cryder C E, Loewenstein G, Seltman H. Goal gradient in helping behavior[J]. Journal of Experimental Social Psychology, 2013, 49(6): 1078-1083.

[58] Cumming D J, Johan S A. Venture capital and private equity contracting: An international perspective[M]. Academic Press, 2013.

[59] Dahlen B J, Konstan J A, Herlocker J L, et al. Jump-starting movielens: User benefits of starting a collaborative filtering system with dead data[J]. University of Minnesota TR, 1998, 98: 017.

[60] Danmayr F. Archetypes of Crowdfunding platforms: A multidimensional comparison [M]. Springer, 2013.

[61] Davies R. Three provocations for civic Crowdfunding[J]. Information, Communication & Society, 2015, 18(3): 342-355.

[62] De Witt, N. (2012), A kickstarter's guide to kickstarter[DB/OL]. [2012-11-15]. http://kickstarterguide.com/files/2012/07/AKickstarters-Guide.pdf.

[63] Deboer F. Evaluating the comparability of two measures of lexical diversity[J]. System, 2014, 47: 139-145.

[64] Debrulle J, Maes J, Sels L. Start-up absorptive capacity: Does the owner's human and social capital matter?[J]. International Small Business Journal, 2014, 32(7): 777-801.

[65] Desai R M, Kharas H. Do philanthropic citizens behave like governments? Internet-based platforms and the diffusion of international private aid[J]. Wolfensohn Center for Development Working Paper, 2009, 12: 1-36.

[66] Devenow A, Welch I. Rational herding in financial economics[J]. European Economic Review, 1996, 40(3): 603-615.

[67] Dobrić N. Three-factor prototypicality evaluation and the verb look[J]. Language Sciences, 2015, 50: 1-11.

[68] Drury J, Reicher S. The intergroup dynamics of collective empowerment: substantiating the social identity model of crowd behavior[J]. Group Processes & Intergroup Relations, 1999, 2(4): 381-402.

[69] Drury J, Stott C. Contextualising the crowd in contemporary social science[J]. Contemporary Social Science, 2011, 6(3): 275-288.

[70] Duarte J, Siegel S, Young L. Trust and credit: The role of appearance in peer-to-peer

lending[J]. Review of Financial Studies, 2012, 25(8): 2455-2484.

[71] DuBay W H. The principles of readability[J]. Online Submission, 2004: 1-76.

[72] Duran N D, Hall C, McCarthy P M, et al. The linguistic correlates of conversational deception: Comparing natural language processing technologies[J]. Applied Psycholinguistics, 2010, 31(03): 439-462.

[73] Durán P, Malvern D, Richards B, et al. Developmental trends in lexical diversity[J]. Applied Linguistics, 2004, 25(2): 220-242.

[74] Eeds D, DeCarolis D M, Chaganti R. Predictors of capital structure in small ventures [J]. Entrepreneurship Theory and Practice, 1995, 20(2): 7-18.

[75] Elfenbein D W, Fisman R, McManus B. Charity as a substitute for reputation: evidence from an online marketplace[J]. The Review of Economic Studies, 2012, 79(4): 1441-1468.

[76] Eliashberg J, Hui S K, Zhang Z J. From story line to box office: A new approach for green-lighting movie scripts[J]. Management Science, 2007, 53(6): 881-893.

[77] Falkinger J. Limited Attention as a scarce Resource in Information-Rich Economies [J]. The Economic Journal, 2008, 118(532): 1596-1620.

[78] Ferrara E, De Meo P, Fiumara G, et al. Web data extraction, applications and techniques: A survey[J]. Knowledge-Based Systems, 2014, 70: 301-323.

[79] Flesch R F. How to test readability[J]. Information Systems Division, National Agricultural Library, 1951: 1-56.

[80] Franzoni C, Sauermann H. Crowd science: The organization of scientific research in open collaborative projects[J]. Research Policy, 2014, 43(1): 1-20.

[81] Freedman S M, Jin G Z. Learning by doing with asymmetric information: Evidence from prosper.com[R]. National Bureau of Economic Research, 2011.

[82] Gabszewicz J J, Wauthy X Y. Nesting horizontal and vertical differentiation[J]. Regional Science and Urban Economics, 2012, 42(6): 998-1002.

[83] Gao Q, Lin M. Linguistic features and peer-to-peer loan quality: A machine learning approach[J]. Available at SSRN 2446114, 2013: 1-58.

[84] Gentes A, Selker T. Beyond rhetoric to poetics in IT invention[C]//Human-Computer Interaction — INTERACT, 2013: 267-279.

[85] Gerber E M, Hui J S, Kuo P Y. Crowdfunding: Why People are motivated to post and fund projects on Crowdfunding platforms[C]//Computer-Supported Cooperative Work and Social Computing Workshop, 2012.

[86] Gerber E M, Hui J. Crowdfunding: Motivations and deterrents for participation[J]. ACM Transactions on Computer-Human Interaction, 2013, 20(6): 1-37.

[87] Ghose A, Ipeirotis P G, Li B. Designing ranking systems for hotels on travel search engines by mining user-generated and crowdsourced content[J]. Marketing Science, 2012, 31(3): 493-520.

[88] Ghose A, Ipeirotis P G, Li B. Examining the impact of ranking on consumer behavior and search engine revenue[J]. Management Science, 2014, 60(7): 1632-1654.

[89] Ghose A, Ipeirotis P G. Estimating the helpfulness and economic impact of product reviews: Mining text and reviewer characteristics[J]. IEEE Transactions on Knowledge and Data Engineering, 2011, 23(10): 1498-1512.

[90] Goering E, Connor U M, Nagelhout E, et al. Persuasion in fundraising letters: An interdisciplinary study[J]. Nonprofit and voluntary sector quarterly, 2011, 40(2): 228-246.

[91] Goldfarb A, Tucker C. Advertising bans and the substitutability of online and offline advertising[J]. Journal of Marketing Research, 2011, 48(2): 207-227.

[92] Goninon M. Is Kickstarter Fatgiue Starting to Kick In? [DB/OL]. [2013-10-8]. http://www.choicestgames.com/2013/07/is-kickstarter-fatigue-starting-to-kick.html.

[93] Graesser A C, McNamara D S, Kulikowich J M. Coh-metrix providing multilevel analyses of text characteristics[J]. Educational Researcher, 2011, 40(5): 223-234.

[94] Greenberg M D, Pardo B, Hariharan K, et al. Crowdfunding support tools: Predicting success & failure[C]//CHI'13 Extended Abstracts on Human Factors in Computing Systems, 2013: 1815-1820.

[95] Gregorio J D, Lee J W. Education and income inequality: New evidence from cross-country data[J]. Review of Income and Wealth, 2002, 48(3): 395-416.

[96] Gunning R. The fog index after twenty years[J]. Journal of Business Communication, 1969, 6(2): 3-13.

[97] Guo J L, Peng J E, Wang H C. An opinion feature extraction approach based on a multidimensional sentence analysis model[J]. Cybernetics and Systems, 2013, 44(5): 379-401.

[98] Gupta R, Gill N S. Financial statement fraud detection using text mining[J]. Editorial Preface, 2012, 3(12): 189-191.

[99] Hancock J T, Curry L E, Goorha S, et al. On lying and being lied to: A linguistic analysis of deception in computer-mediated communication[J]. Discourse Processes, 2007, 45(1): 1-23.

[100] Heesacker M, Petty R E, Cacioppo J T. Field dependence and attitude change: source credibility can alter persuasion by affecting message-relevant thinking[J].

Journal of Personality, 1983, 51(4): 653-666.

[101] Heim I, Kratzer A. Semantics in generative grammar[M]. Oxford: Blackwell, 1998.

[102] Hemer J. A snapshot on crowdfunding[R]. Working Papers Firms and Region, 2011.

[103] Herzenstein M, Dholakia U M, Andrews R L. Strategic herding behavior in peer-to-peer loan auctions[J]. Journal of Interactive Marketing, 2011, 25(1): 27-36.

[104] Herzenstein M, Sonenshein S, Dholakia U M. Tell me a good story and I may lend you money: The role of narratives in peer-to-peer lending decisions[J]. Journal of Marketing Research, 2011, 48(SPL): S138-S149.

[105] Hildebrand T, Puri M, Rocholl J. Adverse incentives in Crowdfunding[J]. Available at SSRN 1615483, 2013: 1-47.

[106] Hirth M, Hoßfeld T, Tran-Gia P. Analyzing costs and accuracy of validation mechanisms for Crowdsourcing platforms[J]. Mathematical and Computer Modelling, 2013, 57(11): 2918-2932.

[107] Hodas N O, Lerman K. Attention and visibility in an information-rich world[C]//2013 IEEE International Conference on Multimedia and Expo Workshops (ICMEW), 2013: 1-6.

[108] Homma S, Sugino K, Sakamoto S. The usefulness of a disease severity staging classification system for IPF in JAPAN: 20 Years of experience from empirical evidence to randomized control trial enrollment[J]. Respiratory Investigation, 2015, 53(1): 7-12.

[109] Hovland C I, Weiss W. The influence of source credibility on communication effectiveness[J]. Public Opinion Quarterly, 1951, 15(4): 635-650.

[110] Hu M, Liu B. Mining and summarizing customer reviews[C]//Proceedings of the Tenth ACM SIGKDD International Conference on Knowledge Discovery and Data Mining, 2004a: 168-177.

[111] Hu M, Liu B. Mining opinion features in customer reviews[C]//The Association for the Advancement of Artificial Intelligence, 2004b, 4(4): 755-760.

[112] Hui J S, Gerber E, Greenberg M. Easy money? The demands of Crowdfunding work[R]. Segal Technical Report: 12, 2012.

[113] Humpherys S L, Moffitt K C, Burns M B, et al. Identification of fraudulent financial statements using linguistic credibility analysis[J]. Decision Support Systems, 2011, 50(3): 585-594.

[114] Irfan R, King C K, Grages D, et al. A survey on text mining in social networks[J]. The Knowledge Engineering Review, 2015, 30(02): 157-170.

[115] Janis I L, Hovland C I, Field P B, et al. Personality and persuasibility[M]. New Haven: Yale University Press, 1959.

[116] Jeh G, Widom J. SimRank: A measure of structural-context similarity [C]// Proceedings of the eighth ACM SIGKDD International Conference on Knowledge Discovery and Data Mining, 2002: 538–543.

[117] Johnson M K, Raye C L. Reality monitoring[J]. Psychological Review, 1981, 88 (1): 67.

[118] Kanayama H, Nasukawa T. Unsupervised lexicon induction for clause-level detection of evaluations[J]. Natural Language Engineering, 2012, 18(1): 83–107.

[119] Kaplan S N, Sensoy B A, Strömberg P. Should investors bet on the jockey or the horse? Evidence from the evolution of firms from early business plans to public companies[J]. The Journal of Finance, 2009, 64(1): 75–115.

[120] Keuleers E, Stevens M, Mandera P, et al. Word knowledge in the crowd: Measuring vocabulary size and word prevalence in a massive online experiment[J]. The Quarterly Journal of Experimental Psychology, 2015 (ahead-of-print): 1–28.

[121] Kickstarter. Blockbuster Effects [EB/OL]. [2013-10-15]. http://www.kickstarter.com/blog/blockbuster-effects.

[122] Kickstarter handbook [EB/OL]. https://www.kickstarter.com/help/handbook, 2014.

[123] Kickstarter handbook [EB/OL]. https://www.kickstarter.com/help/handbook, 2014.

[124] Kickstarter stats[EB/OL]. https://www.kickstarter.com/help/stats, 2014.

[125] Kickstarter. How Kickstarter Works[EB/OL]. [2012-07-23]. http://www.kickstarter.com/start/.

[126] Kickstarter[EB/OL]. https://www.kickstarter.com/help/stats, 2014.

[127] Kim J, Choi D, Ko B, et al. Extracting user interests on facebook[J]. International Journal of Distributed Sensor Networks, 2014(2014): 1–5.

[128] Kim K, Lee J. Sentiment visualization and classification via semi-supervised nonlinear dimensionality reduction[J]. Pattern Recognition, 2014, 47(2): 758–768.

[129] Kim Y, Jeong S R. Opinion-mining methodology for social media analytics[J]. KSII Transactions on Internet and Information Systems (TIIS), 2015, 9(1): 391–406.

[130] Kincaid J P, Fishburne Jr R P, Rogers R L, et al. Derivation of new readability formulas (Automated Readability Index, Fog Count and Flesch Reading Ease Formula) for navy enlisted personnel[R]. Naval Technical Training Command Millington TN Research Branch, 1975.

[131] Klare G R. Assessing readability[J]. Reading Research Quarterly, 1974: 62-102.

[132] Koçer S. Social business in online financing: Crowdfunding narratives of independent documentary producers in Turkey[J]. New Media & Society, 2015, 17(2): 231-248.

[133] Koning R, Model J. Experimental study of Crowdfunding cascades: When nothing is better than something[J]. Available at http://ssrn.com/abstract=2308161, 2013: 1-27.

[134] Korfiatis N, García-Bariocanal E, Sánchez-Alonso S. Evaluating content quality and helpfulness of online product reviews: The interplay of review helpfulness vs. review content[J]. Electronic Commerce Research and Applications, 2012, 11(3): 205-217.

[135] KPMG, KPMG Fraud Survey 2003[R]. KPMG, 2003.

[136] Krishnamoorthy S. Linguistic features for review helpfulness prediction[J]. Expert Systems with Applications, 2015, 42(7): 3751-3759.

[137] Krishnan B C, Dutta S, Jha S. Effectiveness of exaggerated advertised reference prices: The role of decision time pressure[J]. Journal of Retailing, 2013, 89(1): 105-113.

[138] Kunc M, Bhandari R. Strategic development processes during economic and financial crisis[J]. Management Decision, 2011, 49(8): 1343-1353.

[139] Kuppuswamy V, Bayus B L. Crowdfunding creative ideas: The dynamics of project backers in kickstarter[J]. SSRN Electronic Journal, 2013: 1-49.

[140] Lambert T, Schwienbacher A. An empirical analysis of Crowdfunding[J]. Social Science Research Network, 2010: 1-23.

[141] Larralde B, Schwienbacher A. Crowdfunding of small entrepreneurial ventures[J]. Handbook of Entrepreneurial Finance, Oxford University Press, 2010.

[142] Lavinsky D. Funding Fathers [EB/OL]. [2012-12-14]. http://www.sbnonline.com/Local/Article/20471/65/0/Funding_fathers.aspx.

[143] Leal S, Vrij A, Warmelink L, et al. You cannot hide your telephone lies: Providing a model statement as an aid to detect deception in insurance telephone calls[J]. Legal and Criminological Psychology, 2015, 20(1): 129-146.

[144] Lee G, Raghu T S. Determinants of mobile Apps' success: Evidence from the App store market[J]. Journal of Management Information Systems, 2014, 31(2): 133-170.

[145] Lee S, Lee S, Seol H, et al. Using patent information for designing new product and technology: Keyword based technology roadmapping[J]. R&d Management, 2008,

38(2): 169-188.

[146] Lee S, Yoon B, Park Y. An approach to discovering new technology opportunities: Keyword-based patent map approach[J]. Technovation, 2009, 29(6): 481-497.

[147] Lehner O M. Crowdfunding social ventures: A model and research agenda[J]. Venture Capital, 2013, 15(4): 289-311.

[148] Leung C W K, Chan S C F, Chung F. Integrating collaborative filtering and sentiment analysis: A rating inference approach[C]//Proceedings of the ECAI 2006 Workshop on Recommender Systems. 2006: 62-66.

[149] Li J, Liu C, Zhou R, et al. Query-driven frequent co-occurring term computation over relational data using mapreduce[J]. The Computer Journal, 2015, 58(3): 497-513.

[150] Li S, Sun Y, Soergel D. A new method for automatically constructing domain-oriented term taxonomy based on weighted word co-occurrence analysis[J]. Scientometrics, 2015, 103(3): 1023-1042.

[151] Lin M, Prabhala N R, Viswanathan S. Judging borrowers by the company they keep: Friendship networks and information asymmetry in online peer-to-peer lending[J]. Management Science, 2013, 59(1): 17-35.

[152] Lin M, Viswanathan S. Home bias in online investments: An empirical study of an online crowd funding market[J]. Available at SSRN(2219546), 2013: 1-36.

[153] Lintott C, Schawinski K, Bamford S, et al. Galaxy Zoo 1: Data release of morphological classifications for nearly 900000 galaxies[J]. Monthly Notices of the Royal Astronomical Society, 2011, 410(1): 166-178.

[154] Liu B. Web data mining[M]. Springer-Verlag Berlin Heidelberg, 2007.

[155] Liu D C, Nocedal J. On the limited memory BFGS method for large scale optimization [J]. Mathematical Programming, 1989, 45(1-3): 503-528.

[156] Liu K, Xu L, Zhao J. Co-extracting opinion targets and opinion words from online reviews based on the word alignment model[J]. IEEE Transactions on Knowledge and Data Engineering, 2015, 27(3): 636-650.

[157] Louwerse M. An analytic and cognitive parametrization of coherence relations[J]. Cognitive Linguistics, 2001, 12(3): 291-316.

[158] Ludwig S, de Ruyter K, Friedman M, et al. More than words: The influence of affective content and linguistic style matches in online reviews on conversion rates[J]. Journal of Marketing, 2013, 77(1): 87-103.

[159] Ly P, Mason G. Competition between Microfinance NGOs: Evidence from KIVA[J]. World Development, 2012, 40(3): 643-655.

[160] Lyons J. Introduction to Theoretical linguistics[M]. Cambridge university press,1968.

[161] Malone T W,Laubacher R,Dellarocas C. The collective intelligence genome[J]. IEEE Engineering Management Review,2010,38(3):38.

[162] Malvern D,Richards B. Measures of lexical richness[M]. The Encyclopedia of Applied Linguistics,2012.

[163] Marks L J,Kamins M A. The use of product sampling and advertising:Effects of sequence of exposure and degree of advertising claim exaggeration on consumers' belief strength,belief confidence,and attitudes[J]. Journal of Marketing Research,1988: 266–281.

[164] Marom D,Robb A,Sade O. Gender dynamics in Crowdfunding (Kickstarter): evidence on entrepreneurs,investors,deals and taste based discrimination[J]. SSRN, 2014:1–75.

[165] Marom D,Sade O. Are the life and death of an early stage venture indeed in the power of the tongue? Lessons from online Crowdfunding pitches[J]. SSRN,2013: 1–61.

[166] Marom D. Evolution of Firms — Evidence from Israeli Start — ups[R]. Working Paper,2012.

[167] Mason C M. Venture capital:A geographical perspective[J]. Handbook of Research on Venture Capital,Edward Elgar,Cheltenham,2007:86–112.

[168] Massolution. 2013CF The Crowdfunding Industry Report[EB/OL]. [2013–9–9]. http://www.crowdsourcing.org/research.

[169] Massolution,2013CF Crowdfunding Industry Report[R],2013.

[170] Massolution,2015CF Crowdfunding Industry Report[R],2015.

[171] Mathiesen J,Angheluta L,Jensen M H. Statistics of co-occurring keywords in confined text messages on Twitter[J]. The European Physical Journal Special Topics, 2014,223(9):1849–1858.

[172] Maxwell B. Kickstarter fatigue a myth,says richard garriott[EB/OL]. [2013–10–10]. http://www.edgeonline.com/news/kickstarter-fatigue-a-myth-says-richard-garriott/.

[173] McCarthy M,Carter R. "There's millions of them":Hyperbole in everyday conversation[J]. Journal of Pragmatics,2004,36(2):149–184.

[174] McNamara D S,Crossley S A,McCarthy P M. Linguistic features of writing quality [J]. Written Communication,2010,27(1):57–86.

[175] Meer J. Effects of the price of charitable giving:Evidence from an online

Crowdfunding platform[J]. Journal of Economic Behavior & Organization, 2014, 103: 113-124.

[176] Meyer D, Hornik K, Feinerer I. Text mining infrastructure in R[J]. Journal of Statistical Software, 2008, 25(5): 1-54.

[177] Miller G A. WordNet: A Lexical database for English[J]. Communications of the ACM, 1995, 38(11): 39-41.

[178] Milligan G W, Cooper M C. A study of standardization of variables in cluster analysis [J]. Journal of classification, 1988, 5(2): 181-204.

[179] Mishne G, Glance N S. Predicting movie sales from blogger sentiment[C]//AAAI Spring Symposium: Computational Approaches to Analyzing Weblogs. 2006: 155-158.

[180] Mitra D. The role of Crowdfunding in entrepreneurial finance[J]. Delhi Business Review, 2012, 13(2): 67-72.

[181] Mitra T, Gilbert E. The language that gets people to give: Phrases that predict success on kickstarter[C]//Proceedings of the 17th ACM Conference on Computer Supported Cooperative Work & Social Computing, 2014: 49-61.

[182] Mollick E R. Swept away by the crowd? Crowdfunding, venture capital, and the selection of entrepreneurs[J]. SSRN, 2013: 1-48.

[183] Mollick E. The dynamics of Crowdfunding: An exploratory study[J]. Journal of Business Venturing, 2014, 29(1): 1-16.

[184] Moohebat M, Raj R G, Kareem S B A, et al. Identifying ISI-indexed articles by their Lexical usage: A text analysis approach[J]. Journal of the Association for Information Science and Technology, 2015, 66(3): 501-511.

[185] Moraes R, Valiati J F, Gaviã O Neto W P. Document-level sentiment classification: An empirical comparison between SVM and ANN[J]. Expert Systems with Applications, 2013, 40(2): 621-633.

[186] Moschitti A, Basili R. Complex linguistic features for text classification: A comprehensive study[M]//Advances in Information Retrieval. Springer Berlin Heidelberg, 2004: 181-196.

[187] Mothe J, Tanguy L. Linguistic features to predict query difficulty[C]//ACM Conference on research and Development in Information Retrieval, SIGIR, Predicting query difficulty-methods and applications workshop, 2005: 7-10.

[188] Muller M, Geyer W, Soule T, et al. Crowdfunding inside the enterprise: Employee-initiatives for innovation and collaboration[C]//Proceedings of the SIGCHI Conference on Human Factors in Computing Systems, 2013: 503-512.

[189] Munari F, Toschi L. Assessing the impact of public venture capital programmes in the United Kingdom: Do regional characteristics matter? [J]. Journal of Business Venturing, 2015, 30(2): 205-226.

[190] Myers M. The use of pathos in charity letters: Some notes toward a theory and analysis[J]. Journal of Technical Writing and Communication, 2007, 37(1): 3-16.

[191] Nelson S. The Kickstarter Effect (Or How I Learned to Stop Worrying and Love Crowdfunding)[EB/OL]. [2013-10-7]. http://www.kickstartadventure.com/home/the-kickstarter-effect-or-how-i-learned-to-stop-worrying-andlove-crowdfunding/.

[192] Newman M L, Pennebaker J W, Berry D S, et al. Lying words: Predicting deception from linguistic styles[J]. Personality and Social Psychology Bulletin, 2003, 29(5): 665-675.

[193] Newman W M. Better or just different? On the benefits of designing interactive systems in terms of critical parameters[C]//Proceedings of the 2nd Conference on Designing Interactive Systems: Processes, Practices, Methods, and Techniques, 1997: 239-245.

[194] Nguyen N T H, Miwa M, Tsuruoka Y, et al. Wide-coverage relation extraction from medline using deep syntax[J]. BMC Bioinformatics, 2015, 16(1): 107.

[195] Noh H, Jo Y, Lee S. Keyword selection and processing strategy for applying text mining to patent analysis[J]. Expert Systems with Applications, 2015, 42(9): 4348-4360.

[196] Onishi H, Manchanda P. Marketing activity, blogging and sales[J]. International Journal of Research in Marketing, 2012, 29(3): 221-234.

[197] Ordanini A, Miceli L, Pizzetti M, et al. Crowd-funding: Transforming customers into investors through innovative service platforms [J]. Journal of Service Management, 2011, 22(4): 443-470.

[198] Othman I W, Hasan H, Tapsir R, et al. Text readability and fraud detection[C]//Business, Engineering and Industrial Applications (ISBEIA), 2012 IEEE Symposium on. IEEE, 2012: 296-301.

[199] Palier B (Ed.). A long goodbye to Bismarck?: The politics of welfare reforms in continental europe[M]. Amsterdam University Press, 2010.

[200] Paltoglou G, Thelwall M. Twitter, MySpace, Digg: Unsupervised sentiment analysis in social media[J]. ACM Transactions on Intelligent Systems and Technology, 2012, 3(4): 66(1-19).

[201] Pang B, Lee L. Opinion mining and sentiment analysis[J]. Foundations and Trends

in Information Retrieval, 2008, 2(1-2): 1-135.

[202] Parker S C. The economics of entrepreneurship [M]. Cambridge University Press, 2009.

[203] Pavlou P A, Dimoka A. The nature and role of Feedback text comments in online marketplaces: Implications for trust building, price premiums, and seller differentiation[J]. Information Systems Research, 2006, 17(4): 392-414.

[204] Pennebaker J W, Mehl M R, Niederhoffer K G. Psychological aspects of natural language use: Our words, our selves[J]. Annual review of psychology, 2003, 54(1): 547-577.

[205] Petty R E, DeSteno D, Rucker D D. The role of affect in attitude change[A]. Handbook of Affect and Social Cognition[M]. Lawrence Erlbaum Associates Publishers, 2001: 212-233.

[206] Petty R E, Fabrigar L R, Wegener D T. Emotional factors in attitudes and persuasion [A]. Handbook of Affect and Social Cognition[M]. Lawrence Erlbaum Associates Publishers, 2001: 752-772.

[207] Pigliucci M, Boudry M. Prove it! The burden of proof game in science vs. pseudoscience disputes[J]. Philosophia, 2014, 42(2): 487-502.

[208] Pincus A. The perfect (elevator) pitch[J]. Bloomsberg Businessweek, 2007, 1121: 1-5.

[209] Pitschner S, Pitschner-Finn S. Non-profit differentials in crowd-based financing: Evidence from 50,000 campaigns[J]. Economics Letters, 2014, 123(3): 391-394.

[210] Pope D G, Sydnor J R. What's in a picture? Evidence of discrimination from Prosper. com[J]. Journal of Human Resources, 2011, 46(1): 53-92.

[211] Pope N D. Crowdfunding microstartups: It's time for the securities and exchange commission to approve a small offering exemption[J]. University of Pennsylvania Journal of International Law, 2010, 13: 973.

[212] Qiu C. Issues in crowdfunding: Theoretical and empirical investigation on kickstarter [J]. Available at SSRN 2345872, 2013: 1-34.

[213] Rausser G C, Simon L K, Zhao J. Rational exaggeration and counter-exaggeration in information aggregation games[J]. Economic Theory, 2015, 59(1): 109-146.

[214] Ravina E. Love & loans: The effect of beauty and personal characteristics in credit markets[R]. Working Paper, 2008.

[215] Reichelt M, Kämmerer F, Niegemann H M, et al. Talk to me personally: Personalization of language style in computer-based learning[J]. Computers in Human Behavior, 2014, 35: 199-210.

[216] Rife M C. Ethos, Pathos, Logos, Kairos: Using a rhetorical heuristic to mediate digital-survey recruitment strategies [J]. IEEE Transactions on Professional Communication, 2010, 53(3): 260-277.

[217] Ritzenhein D N. Content analysis of fundraising letters [J]. New Directions for Philanthropic Fundraising, 1998, 1998(22): 23-36.

[218] Rui H, Liu Y, Whinston A. Whose and what chatter matters? The effect of tweets on movie sales [J]. Decision Support Systems, 2013, 55(4): 863-870.

[219] Saxton G D, Wang L. The social network effect: The determinants of giving through social media [J]. Nonprofit and Voluntary Sector Quarterly, 2013: 0899764013485159.

[220] Schleppegrell M J. Linguistic features of the language of schooling [J]. Linguistics and education, 2002, 12(4): 431-459.

[221] Schulz M, Haas P, Schulthess K, et al. How idea creativity and hedonic value influence project success in crowdfunding [C]//12th International Conference on Wirtschaftsinformatik, 2015: 948-962.

[222] Seedmatch. Statistik Q2-12 [EB/OL]. [2012-9-13]. Accessed September 13. http://blog.seedmatch.de/wp-content/uploads/2012/07/Statistik-Q2-12_final.png.

[223] Seol H, Lee S, Kim C. Identifying new business areas using patent information: A DEA and text mining approach [J]. Expert Systems with Applications, 2011, 38(4): 2933-2941.

[224] Shin J, Jian L. Driving forces behind readers' donation to crowd-funded journalism: The case of spot.us [R]. Working paper, University of Southern California, 2012.

[225] Shmueli G, Koppius O R. Predictive analytics in information systems research [J]. MIS Quarterly, 2011, 35(3).

[226] Siemann E, Haarstad J, Tilman D. Short-term and long-term effects of burning on Oak Savanna Arthropods [J]. American Midland Naturalist, 1997, 137: 349-361.

[227] Smith S, Windmeijer F, Wright E. Peer effects in charitable giving: Evidence from the (running) field [R]. Department of Economics, University of Bristol, UK, 2013.

[228] Song P, Huang D, Yang Q, et al. Research on financial coordinated supervision platform and supervision strategy for online payment under paperless trade [J]. International Journal of Services Technology and Management 11, 2013, 19(4-6): 219-239.

[229] Soon, Joun gi. The Study of "Entanglement System" according to the positioning of AD's expression [J]. Bulletin of Korean Society of Basic Design & Art, 2011, 12(5): 461-476.

[230] Sorenson O, Stuart T E. The evolution of venture capital investment networks[J]. Federal Reserve Bank of Atlanta, 2005, 1936: 1-47.

[231] Spaeth S, von Krogh G, He F. Research note-Perceived firm attributes and intrinsic motivation in sponsored open source software projects[J]. Information Systems Research, 2014, 26(1): 224-237.

[232] Štajner S, Evans R, Orasan C, et al. What can readability measures really tell us about text complexity[C]//Proceedings of Workshop on Natural Language Processing for Improving Textual Accessibility, 2012: 14-22.

[233] Steinberg D. The Kickstarter Handbook: Real-Life Success Stories of Artists, Inventors, and Entrepreneurs[M]. Quirk Books, 2012.

[234] Stemler A R. The jobs act and crowdfunding: Harnessing the power — and money — of the masses[J]. Business Horizons, 2013, 56(3): 271-275.

[235] Sun P, Liu Y, Qiu X, et al. Hybrid multiple attribute group decision-making for power system restoration[J]. Expert Systems with Applications, 2015, 51(2): 465-500.

[236] Tang C, Guo L. Digging for gold with a simple tool: Validating text mining in studying electronic word-of-mouth (eWOM) communication[J]. Marketing Letters, 2015, 26(1): 67-80.

[237] Tausczik Y R, Pennebaker J W. The psychological meaning of words: LIWC and computerized text analysis methods[J]. Journal of Language and Social Psychology, 2010, 29(1): 24-54.

[238] Taylor S E, Brown J D. Illusion and well-being: A social psychological perspective on mental health[J]. Psychological Bulletin, 1988, 103(2): 193.

[239] Thelwall M, Buckley K, Paltoglou G. Sentiment strength detection for the social web [J]. Journal of the American Society for Information Science and Technology, 2012, 63(1): 163-173.

[240] Tinkler J E, Whittington K B, Ku M C, et al. Gender and venture capital decision-making: The effects of technical background and social capital on entrepreneurial evaluations[J]. Social science research, 2015, 51: 1-16.

[241] Tirdatov I. Web-based crowd funding: Rhetoric of success[J]. Technical Communication, 2014, 61(1): 3-24.

[242] Töllinen A, Järvinen J, Karjaluoto H. Opportunities and challenges of social media monitoring in the business to business sector[C]//The 4th International Business and Social Science Research Conference, 2012: 1-14.

[243] Toma C L, Hancock J T. What lies beneath: The linguistic traces of deception in

online dating profiles[J]. Journal of Communication, 2012, 62(1): 78-97.

[244] Tomczak A, Brem A. A Conceptualized investment model of crowdfunding[J]. Venture Capital, 2013, 15(4): 335-359.

[245] Turner T, Yeakel A R. The University of Texas Law School Foundation: Small shop, big results[J]. Fund Raising Management, 1994, 25: 24-28.

[246] Tversky A, Kahneman D. The framing of decisions and the psychology of choice[J]. Science, 1981, 211(4481): 453-458.

[247] Tweedie F J, Baayen R H. How variable may a constant be? Measures of lexical richness in perspective[J]. Computers and the Humanities, 1998, 32(5): 323-352.

[248] Unterberg B. Crowdsourcing[J]. Social Media Handbuch: Theorien, Methoden, Modelle, BadenBaden, 2010: 121-135.

[249] Usui S, Palmes P, Nagata K, et al. Keyword extraction, ranking, and organization for the neuroinformatics platform[J]. Biosystems, 2007, 88(3): 334-342.

[250] Vakratsas D, Ambler T. How advertising works: What do we really know? [J]. The Journal of Marketing, 1999: 26-43.

[251] Van Wingerden R, Ryan J. Fighting for funds: An exploratory study into the field of crowdfunding[J]. Extraction, 2011, 14(151): 1.082.

[252] Voorbraak K J M. Crowdfunding for financing new ventures: Consequences of the financial model on operational decisions[D]. Eindhoven: Eindhoven University of Technology, 2011.

[253] Vrij A. Detecting Lies and Deceit: The Psychology of Lying and Implications for Professional Practice[M]. Wiley, 2000.

[254] Wallace W A. Auditing[M]. Cincinnati: South-Western College Publishing, 1995.

[255] Wang C, Zhou X, Zhang C. The impact of social capital on wages of rural migrants and its gender difference in China[J]. Journal of Macromarketing, 2015, 35(2): 202-217.

[256] Wang H W, Yin P, Zheng L J, et al. Sentiment classification of online reviews: Using sentence-based language model[J]. Journal of Experimental & Theoretical Artificial Intelligence, 2014, 26(1): 13-31.

[257] Wang H, Wang W. Product Weakness Finder: An opinion-aware system through sentiment analysis[J]. Industrial Management & Data Systems, 2014, 114(8): 1301-1320.

[258] Wang J, Ren F, Li L. Recognizing sentiment of relations between entities in text[J]. IEEJ Transactions on Electrical and Electronic Engineering, 2014, 9(6): 614-620.

[259] Ward C, Ramachandran V. Crowdfunding the next hit: Microfunding online

experience goods[C]//Workshop on Computational Social Science and the Wisdom of Crowds at NIPS2010. 2010.

[260] Wash R, Solomon J. Coordinating donors on crowdfunding websites[C]//Proceedings of the 17th ACM Conference on Computer Supported Cooperative Work & Social Computing, 2014: 38-48.

[261] Wash R. The value of completing crowdfunding projects[C]//International Conference on Weblogs and Social Media, 2013.

[262] Weber P, Wirth W. When and how narratives persuade: The role of suspension of disbelief in didactic versus hedonic processing of a candidate film[J]. Journal of Communication, 2014, 64(1): 125-144.

[263] Wei T, Lu Y, Chang H, et al. A semantic approach for text clustering using WordNet and Lexical chains[J]. Expert Systems with Applications, 2015, 42(4): 2264-2275.

[264] Weng S S, Liu M J. Feature-based recommendations for one-to-one marketing[J]. Expert Systems with Applications, 2004, 26(4): 493-508.

[265] Wheat R E, Wang Y, Byrnes J E, et al. Raising money for scientific research through crowdfunding[J]. Trends in ecology & evolution, 2013, 28(2): 71-72.

[266] Wieck E, Bretschneider U, Leimeister J M. Funding from the crowd: An Internet-based crowdfunding platform to support business set-ups from universities[J]. International Journal of Cooperative Information Systems, 2013, 22(03).

[267] Wilding E. Anonymous animosity[J]. Computer Fraud & Security, 2003, 2003(4): 4-7.

[268] Wilson M. MRC Psycholinguistic database: Machine-usable dictionary, Version 2.00[J]. Behavior Research Methods, Instruments & Computers, 1988, 20(1): 6-10.

[269] Wong A Y. Angel Finance: The other venture capital[J]. Available at SSRN 941228, 2002: 1-66.

[270] Wooldridge J M. Econometric Analysis of Cross Section and Panel Data[M]. MIT Press, 2010.

[271] Xia Y, Cambria E, Hussain A, et al. Word polarity disambiguation using bayesian model and opinion-level features[J]. Cognitive Computation, 2015, 7(3): 369-380.

[272] Xie Z, Miyazaki K. Evaluating the effectiveness of keyword search strategy for patent identification[J]. World Patent Information, 2013, 35(1): 20-30.

[273] Xiong G, Bharadwaj S. Prerelease buzz evolution patterns and new product performance[J]. Marketing Science, 2014, 33(3): 401-421.

[274] Xu A, Yang X, Rao H, et al. Show Me the Money!: An analysis of project updates

during crowdfunding campaigns［C］//Proceedings of the 32nd Annual ACM Conference on Human Factors in Computing Systems，2014：591－600.

［275］ Yoon B，Lee S，Lee G. Development and application of a keyword-based knowledge map for effective R&D planning[J]. Scientometrics，2010，85(3)：803－820.

［276］ Younkin P，Kashkooli K. A Crowd or a Community?［EB/OL］.［2013］. http://funginstitute.berkeley.edu/sites/default/files/A_Crowd_Or_Community.pdf.

［277］ Yu X，Liu Y，Huang X，et al. Mining online reviews for predicting sales performance：A case study in the movie domain[J]. IEEE Transactions on Knowledge and Data Engineering，2012，24(4)：720－734.

［278］ Zeijlstra H. Let's talk about you and me[J]. Journal of Linguistics，2011：1－36.

［279］ Zhang J Q，Craciun G，Shin D. When does electronic word-of-mouth matter? A study of consumer product reviews[J]. Journal of Business Research，2010，63(12)：1336－1341.

［280］ Zhang J，Liu P. Rational herding in microloan markets[J]. Management science，2012，58(5)：892－912.

［281］ Zhang J. The advantage of experienced start-up founders in venture capital acquisition：Evidence from serial entrepreneurs[J]. Small Business Economics，2011，36(2)：187－208.

［282］ Zhang Z，Ye Q，Zhang Z，et al. Sentiment classification of Internet restaurant reviews written in Cantonese[J]. Expert Systems with Applications，2011，38(6)：7674－7682.

［283］ Zhou L，Burgoon J K，Twitchell D P，et al. A comparison of classification methods for predicting deception in computer-mediated communication［J］. Journal of Management Information Systems，2004，20(4)：139－166.

［284］ Zhou X，He J，Huang G，et al. SVD-based incremental approaches for recommender systems[J]. Journal of Computer and System Sciences，2015，73：97－108.

［285］ Zvilichovsky D，Inbar Y，Barzilay O. Playing both sides of the market：Success and reciprocity on crowdfunding platforms[C]//Thirty Fourth International Conference on Information Systems，2013：1－18.

［286］ 曹丽娜，唐锡晋.基于主题模型的BBS话题演化趋势分析[J].管理科学学报，2014，17(11)：109－121.

［287］ 邸鹏，李爱萍，段利国.基于转折句式的文本情感倾向性分析[J].计算机工程与设计，2014，35(12)：4289－4295.

［288］ 杜锐，朱艳辉，鲁琳，等.基于SVM的中文微博观点句识别算法[J].湖南工业大学学报，2013，27(2)：89－93.

[289] 龚鹏程,臧公庆.美国众筹监管立法研究及其对我国的启示[J].金融监管研究,2014, 35:42-60.

[290] 郝媛媛,叶强,李一军.基于影评数据的在线评论有用性影响因素研究[J].管理科学学报,2010,13(8):78-88.

[291] 黄卫东,陈凌云,吴美蓉.网络舆情话题情感演化研究[J].情报杂志,2014,33(1): 102-107.

[292] 冀俊忠,张玲玲,吴晨生,等.基于知识语义权重特征的朴素贝叶斯情感分类算法[J].北京工业大学学报,2014,40(12):1884-1890.

[293] 蒋翠清,梁坤,丁勇,等.基于社会媒体的股票行为预测[J].中国管理科学,2015,23(1):17-24.

[294] 李常洪,高培霞,韩瑞婧,等.消极情绪影响人际信任的线索效应:基于信任博弈范式的检验[J].管理科学学报,2014,17(10):50-59.

[295] 李纲,刘广兴,毛进,等.一种基于句法分析的情感标签抽取方法[J].图书情报工作, 2014,58(14):12-20.

[296] 刘锋,叶强,李一军.媒体关注与投资者关注对股票收益的交互作用:基于中国金融股的实证研究[J].管理科学学报,2014,17(1):72-85.

[297] 陆浩,牛振东,张楠,等.基于句法与主题扩展的中文微博情感倾向性分析模型[J].北京理工大学学报,2014,34(8):824-830.

[298] 史伟,王洪伟,何绍义.基于微博的产品评论挖掘:情感分析的方法[J].情报学报, 2014,32(2):107-112.

[299] 王洪伟,郑丽娟,尹裴,等.基于句子级情感的中文网络评论的情感极性分类[J].管理科学学报,2013,16(9):64-74.

[300] 吴方照,王丙坤,黄永峰.基于文本和社交语境的微博数据情感分类[J].清华大学学报(自然科学版),2014,54(10):1373-1376.

[301] 杨佳能,阳爱民,周咏梅.基于语义分析的中文微博情感分类方法[J].山东大学学报(理学版),2014,49(11):14-21.

[302] 杨铭,祁巍,闫相斌,等.在线商品评论的效用分析研究[J].管理科学学报,2012,15(5):65-75.

[303] 殷国鹏.消费者认为怎样的在线评论更有用?——社会性因素的影响效应[J].管理世界,2012,12:115-124.

[304] 周哲,商琳.一种基于动态词典和三支决策的情感分析方法[J].山东大学学报(工学版),2015,45(1):19-23.

附录 A 正文中的附表

附表 A-1 美国所有的州列表

编号	州 名 称	中 文 翻 译	缩写	首 府
1	Alabama	亚拉巴马	AL	蒙哥马利(Montgomery)
2	Alaska	阿拉斯加	AK	朱诺(Juneau)
3	Arizona	亚利桑那	AZ	菲尼克斯(Phoenix)
4	Arkansas	阿肯色	AR	小石城(Little Rock)
5	California	加利福尼亚(加州)	CA	萨克拉门托(Sacramento)
6	Colorado	科罗拉多	CO	丹佛(Denver)
7	Connecticut	康涅狄格	CT	哈特福德(Hartford)
8	Delaware	特拉华	DE	多佛(Dover)
9	Florida	佛罗里达(佛州)	FL	塔拉哈西(Tallahassee)
10	Georgia	佐治亚	GA	亚特兰大(Atlanta)
11	Hawaii	夏威夷	HI	檀香山(Honolulu)
12	Idaho	爱达荷	ID	博伊西(Boise)
13	Illinois	伊利诺伊	IL	斯普林菲尔德(Springfield)
14	Indiana	印第安纳	IN	印第安纳波利斯(Indianapolis)
15	Iowa	艾奥瓦	IA	得梅因(Des Moines)
16	Kansas	堪萨斯	KS	托皮卡(Topeka)
17	Kentucky	肯塔基	KY	法兰克福(Frankfort)
18	Louisiana	路易斯安那	LA	巴吞鲁日(Baton Rouge)
19	Maine	缅因	ME	奥古斯塔(Augusta)
20	Maryland	马里兰	MD	安纳波利斯(Annapolis)
21	Massachusetts	马萨诸塞	MA	波士顿(Boston)

续表

编号	州名称	中文翻译	缩写	首府
22	Michigan	密歇根	MI	兰辛（Lansing）
23	Minnesota	明尼苏达	MN	圣保罗（Saint Paul）
24	Mississippi	密西西比	MS	杰克逊（Jackson）
25	Missouri	密苏里	MO	杰斐逊城（Jefferson City）
26	Montana	蒙大拿	MT	海伦娜（Helena）
27	Nebraska	内布拉斯加	NE	林肯（Lincoln）
28	Nevada	内华达	NV	卡森城（Carson City）
29	New Hampshire	新罕布什尔	NH	康科德（Concord）
30	New Jersey	新泽西	NJ	特伦顿（Trenton）
31	New Mexico	新墨西哥	NM	圣菲（Santa Fe）
32	New York	纽约	NY	奥尔巴尼（Albany）
33	North Carolina	北卡罗来纳	NC	罗利（Raleigh）
34	North Dakota	北达科他	ND	俾斯麦（Bismarck）
35	Ohio	俄亥俄	OH	哥伦布（Columbus）
36	Oklahoma	俄克拉荷马	OK	俄克拉荷马城（Oklahoma City）
37	Oregon	俄勒冈	OR	塞勒姆（Salem）
38	Pennsylvania	宾夕法尼亚（宾州）	PA	哈里斯堡（Harrisburg）
39	Rhode Island	罗得岛	RI	普罗维登斯（Providence）
40	South Carolina	南卡罗来纳	SC	哥伦比亚（Columbia）
41	South Dakota	南达科他	SD	皮尔（Pierre）
42	Tennessee	田纳西	TN	纳什维尔（Nashville）
43	Texas	得克萨斯（德克萨斯/德州）	TX	奥斯汀（Austin）
44	Utah	犹他	UT	盐湖城（Salt Lake City）
45	Vermont	佛蒙特	VT	蒙彼利埃（Montpelier）
46	Virginia	弗吉尼亚	VA	里士满（Richmond）
47	Washington	华盛顿	WA	奥林匹亚（Olympia）
48	West Virginia	西弗吉尼亚	WV	查尔斯顿（Charleston）
49	Wisconsin	威斯康星	WI	麦迪逊（Madison）
50	Wyoming	怀俄明	WY	夏延（Cheyenne）
51	District of Columbia	哥伦比亚特区（华盛顿）	DC	

附表 A-1　文本描述语言风格以及典型的关键词和例子

序号	语言风格	关键词	例　子	部分关键词
1	Credibility	specialist	Ghost Bait follows a trio of investigators; a veteran paranormal specialist.	dependability, adept, skilled, technical, dependable, trustworthy, authentic, assurance, agency, seasoned, experienced, loot, trophy, respect, superior, tournament, skool, …
		expert	Developed by educators and mindfulness experts.	
		skilled	I absolutely adore the Chinese Lion Dance, and I am a skilled practitioner and costume maker. It is my dream to spread Lion Dance :)	
		winner	From Zululand, South Africa, Matanzima Hot Sauce is thick, rich and flavorful! 2012 Scovie Award winner.	
		proficient	LocaMath — unique interactive math game for elementary and mid school kids created by loving mums, proficient teachers and designers.	
2	Emotional	please	Please help us take DIY 3D Printing to the next level, support this open source photo-initiated polymer resin based 3D printing system!	aid, assistant, avail, serve, indigence, necessitate, commiseration, compassion, accompaniment, back, corroborate, patronize, lack, wish, desire, alms, dream, goal, thank, …
		help	Because not all girls want to wear shorty shorts or skinny fits — or pink, ruffles, or bows. Help us change the world of girls clothing!	
		support	Unbelievable Testing Laboratory has created Tyvek® paper shoes weighing in at 150 g. Support our Limited Edition Light Wing project.	

续表

序号	语言风格	关键词	例子	部分关键词
2	Emotional	thank	What a great campaign! Thank you for making Stones of Fate a reality!	
		need	Matt Pryor, best known for his time in The Get Up Kids and New Amsterdams, has begun writing his 2nd solo album and needs your help!	
3	Logical	thus	To do a remake thus deleting the 2006 version.	subject, character, dianoetic, formal, ratiocinative, valid, coherent, rational, seamless, rationality, cause, argue, thus, therefore, indeed, sol, factor, …
		factor	ZEM Shoes — Exceptional Performance and Comfort with the WOW Factor of Total Flexibility!	
		function	Glif is a simple iPhone 4 accessory with two primary functions: mounting your iPhone to a standard tripod, and acting as a kickstand to prop it up.	
		therefore	Fortress makes music. You like music. Therefore you like Fortress.	
		reason	What is the reason of your existence?	
4	Reward	delivery	Amazing gourmet fudge with a guaranteed delivery for Christmas. This is hand crafted fudge perfected over a decade.	keepsake, memento, conveyance, transportation, position, mail, station, room, vehicle, takeout, geo, location, carrier, embark, ship, shipment, return, returns, payoff, redound, …
		reward	Help us make this creative steampunk deck of playing cards. Special reward tiers include Dragon's Hoard the card game.	

续 表

序号	语言风格	关键词	例 子	部分关键词
4	Reward	bonus	Six delightful cover songs lovingly crafted from just cello and voice; the bonus EP promised when my goal for Lemniscate was surpassed.	
		return	THE RETURN is a book of photographs by Adrain Chesser in collaboration with ritualist Timothy White Eagle published by Daylight Books.	
		postage	This is a fundraiser for our new EP Arsenic and Flypaper. A $5.00 donation or more gets you a copy postage paid.	
5	Exaggeration	best	Bringing Tri Tip BBQ to Oregon. PDX is missing the best tasting steak sandwich on the planet. We need to save these people!	better, well, fashionable, cool, beginning, archetypal, firstborn, initial, original, premier, prime, beginning, foremost, state, nation, area, world, cardinal, …
		coolest	Toronto's Coolest Toy for everyone around the world to enjoy!	
		unprecedented	An exacting turntable for DJs, producers & record fans, with unprecedented features graphics.	
		all over	Bald Rock Beef Jerky is all natural real Australian beef jerky soon to be available all over the world	
		perfect	The FlatLight is an ultra-thin, super bright, fiber optic light, perfect for a purse or pocket, glove box or toolbox.	

附表 A-1　Kickstarter 网站的访客来源统计

来　源	所占比例	所在国排名
美　国	48.80%	188
英　国	4.20%	300
加拿大	3.50%	220
印　度	3.20%	1 310
澳大利亚	2.80%	210
其　他	37.5%	—

附表 A-1　本书采纳的连词列表

连词分类	连　词　列　表
Addition of ideas	and, also, besides, further, furthermore, too, moreover, in addition, then, of equal importance, equally important, another
Time	next, afterward, finally, later, last, lastly, at last, now, subsequently, then, when, soon, thereafter, after a short time, the next week (month, day, etc.), a minute later, in the meantime, meanwhile, on the following day, at length, ultimately, presently
Order or sequence	first, second, (etc.), finally, hence, next, then, from here on, to begin with, last of all, after, before, as soon as, in the end, gradually
Space and place	above, behind, below, beyond, here, there, to the right (left), nearby, opposite, on the other side, in the background, directly ahead, along the wall, as you turn right, at the top, across the hall, at this point, adjacent to
To signal an example	for example, to illustrate, for instance, to be specific, such as, moreover, furthermore, just as important, similarly, in the same way
Results	as a result, hence, so, accordingly, as a consequence, consequently, thus, since, therefore, for this reason, because of this
Purpose	to this end, for this purpose, with this in mind, for this reason(s)
Comparison	like, in the same manner (way), as so, similarly
Contrast connectives	but, in contrast, conversely, however, still, nevertheless, nonetheless, yet, and yet, on the other hand, on the contrary, or, in spite of this, actually, in fact
To summarize or report	in summary, to sum up, to repeat, briefly, in short, finally, on the whole, therefore, as I have said, in conclusion, as you can see

数据来源：http://www.grammarbank.com/connectives-list.html

附表 A-2 文本采纳的空间指示介词

连　词	用　法　说　明	例　　子
above	higher than sth.	The picture hangs above my bed.
across	from one side to the other side	You mustn't go across this road here.
		There isn't a bridge across the river.
after	one follows the other	The cat ran after the dog.
		After you.
against	directed towards sth.	The bird flew against the window.
along	in a line; from one point to another	They're walking along the beach.
among	in a group	I like being among people.
around	in a circular way	We're sitting around the campfire.
behind	at the back of	Our house is behind the supermarket.
below	lower than sth.	Death Valley is 86 metres below sea level.
beside	next to	Our house is beside the supermarket.
between	sth./sb. is on each side	Our house is between the supermarket and the school.
by	near	He lives in the house by the river.
close to	near	Our house is close to the supermarket.
down	from high to low	He came down the hill.
from	the place where it starts	Do you come from Tokyo?
in front of	the part that is in the direction it faces	Our house is in front of the supermarket.
inside	opposite of outside	You shouldn't stay inside the castle.
into	entering sth.	You shouldn't go into the castle.
near	close to	Our house is near the supermarket.
next to	beside	Our house is next to the supermarket.
off	away from sth.	The cat jumped off the roof.
onto	moving to a place	The cat jumped onto the roof.
opposite	on the other side	Our house is opposite the supermarket.

续 表

连 词	用 法 说 明	例 子
out of	leaving sth.	The cat jumped out of the window.
outside	opposite of inside	Can you wait outside?
over	above sth./sb.	The cat jumped over the wall.
past	going near sth./sb.	Go past the post office.
round	in a circle	We're sitting round the campfire.
through	going from one point to the other point	You shouldn't walk through the forest.
to	towards sth./sb.	I like going to Australia. Can you come to me? I've never been to Africa.
towards	in the direction of sth.	We ran towards the castle.
under	below sth.	The cat is under the table.
up	from low to high	He went up the hill.

数据来源：http://www.englisch-hilfen.de/en/grammar/prepositions_place.htm 以及 http://www.eslgold.com/grammar/prepositions_location.html

附表 A-3　文本采纳的时间指示词

时间分类	列　　表
Periods of time	second, minute, hour, day, week, month, year, decade, century, millennium
Points in time	sunrise, dawn, morning, afternoon, midi, noon, evening, dusk, sunset, night, midnight
Relative time	time, yesterday, today, now, tomorrow, the day before, the day after, the next day, last week, the final week, next week, a little while ago, in a little while, right away, within a week, ago, on time, in time, at that time, early, late
Frequency	once, once a week, daily, every day, every other day, weekly, every week, monthly, yearly

数据来源：http://french.about.com/od/vocabulary/a/time.htm

附表 A‑4 文本采纳的非第一人称指示代词

Person	Subjective Case	Objective Case	Possessive Case	
			Possessive Adjective	Absolute Possessive Pronouns
Second Person Singular	you	you	your	yours
Third Person Singular	he/she/it	him/her/it	his/her/its	his/hers/its
Second Person Plural	you	you	your	yours
Third Person Plural	they	them	their	theirs

数据来源：http://www.grammar-monster.com/glossary/personal_pronouns.htm

附表 A‑5 文本采纳的否定词列表

分　类	列　表
Negative words	no, not, none, no one, nobody, nothing, neither, nowhere, never
Negative Adverbs	hardly, scarcely, barely
Negative verbs	doesn't, isn't, wasn't, shouldn't, wouldn't, couldn't, won't, can't, don't

附录 B 关键数据表结构说明

本书的研究工作大量采用了数据库支持,数据库为开源数据库 MySQL,很多运算都是放在数据库层次进行的。服务器版本为 5.5.36 - MySQL Community Server (GPL),服务器默认字符集：UTF-8 Unicode (utf8)。以下列出与本书研究有关的关键数据表结构,该结构与附录 C 中的代码是一一对应的,附录 C 的代码可以直接存取附录 B 中的数据结构。

附表 B-1 project_detail 众筹项目详细信息表

编号	表字段名称	字段类型	长度	字段功能描述（注意事项描述）	主键设置	默认值
1	id	bigint	12	自增型的主键	是	系统提供
2	project_id	char	200	项目 ID	否	无
3	project_url	varchar	2 000	项目 URL	否	无
4	project_name	text	0	项目名称	否	无
5	leader_username	text	0	项目发起者用户名	否	无
6	leader_url	text	0	项目发起者地址	否	无
7	updates_count	char	200	更新数量	否	0
8	backers_count	char	200	支持者数量	否	0
9	comment_count	char	200	评论数量	否	0
10	city_name	char	200	所在城市名称	否	无
11	city_url	text	0	所在城市地址	否	无
12	parent_category	char	200	项目父类	否	无
13	category_name	char	200	类别名称	否	无

续　表

编号	表字段名称	字段类型	长度	字段功能描述（注意事项描述）	主键设置	默认值
14	category_url	text	0	类别地址	否	无
15	project_status	text	0	项目状态	否	无
16	project_status_date	text	0	项目状态更新时间	否	无
17	project_status_detail	text	0	项目状态详细说明	否	无
18	photo_main	text	0	主图片	否	无
19	video_width	text	0	视频宽度	否	无
20	video_height	text	0	视频高度	否	无
21	video_url	text	0	视频地址	否	无
22	short_blurb	text	0	简介	否	无
23	full_description	longtext	0	完整描述	否	无
24	risks_and_challenges	longtext	0	风险声明	否	无
25	project_pledged	text	0	已经筹得资金	否	无
26	project_goal	text	0	项目筹资目标	否	无
27	project_progress	text	0	项目筹资进度	否	无
28	currency	text	0	货币单位	否	无
29	currency_pledged	text	0	带货币单位的已经筹资金额	否	无
30	currency_goal	text	0	带货币单位的筹资目标	否	无
31	leader_avatar	text	0	筹资者头像	否	无
32	leader_facebook_username	text	0	筹资者的 facebook 用户名	否	无
33	leader_facebook_url	text	0	Facebook 链接地址	否	无
34	leader_facebook_friends	text	0	Facebook 上好友数量	否	无
35	leader_links_name	text	0	筹资者链接名称	否	无
36	leader_links_url	text	0	筹资者链接地址	否	无
37	leader_full_bio_url	text	0	筹资者简历地址	否	无

续 表

编号	表字段名称	字段类型	长度	字段功能描述（注意事项描述）	主键设置	默认值
38	leader_full_bio_content	longtext	0	筹资者简历内容	否	无
39	leader_city	text	0	筹资者所在城市	否	无
40	leader_city_url	text	0	筹资者所在城市地址	否	无
41	leader_backed_count	text	0	该筹资者曾经支持过的项目数	否	无
42	funding_starttime	text	0	开始筹资时间	否	无
43	funding_starttime_formated	text	0	开始筹资时间（格式化）	否	无
44	funding_endtime	text	0	筹资结束时间	否	无
45	funding_endtime_formated	text	0	筹资结束时间（格式化）	否	无
46	funding_lastdays	text	0	筹资持续时间	否	无
47	page_content	longtext	0	页面内容	否	无
48	project_updates_url	text	0	项目更新地址	否	无
49	project_backers_url	text	0	项目支持者地址	否	无
50	project_comments_url	text	0	项目评论地址	否	无
51	dateline	char	200	采集时间戳	否	无
52	is_updates_crawled	tinyint	1	是否采集更新信息	否	0
53	is_backers_crawled	tinyint	1	是否采集支持者列表	否	0
54	is_comments_crawled	tinyint	1	是否采集评论列表	否	0

附表 B-2　project_backers 众筹项目支持者信息表

编号	表字段名称	字段类型	长度	字段功能描述（注意事项描述）	主键设置	默认值
1	id	bigint	12	自增型的主键	是	系统提供
2	project_id	char	200	项目 ID	否	无
3	data_cursor	char	200	数据戳（用于 AJAX 数据采集）	否	无

续　表

编号	表字段名称	字段类型	长度	字段功能描述（注意事项描述）	主键设置	默认值
4	user_id	char	200	用户ID	否	无
5	user_url	varchar	2 000	用户地址	否	无
6	user_name	char	200	用户名	否	无
7	avatar_small	varchar	2 000	小头像地址	否	无
8	location	char	200	所在城市	否	无
9	backings	char	200	支持项目数量（带文本描述）	否	无
10	backings_count	char	200	支持项目数量	否	无
11	dateline	char	100	时间戳	否	无
12	bio_url	char	200	个人简历地址	否	无
13	is_crawled	tinyint	1	是否已经采集	否	0

附表 B-3　project_updates 众筹项目更新信息表

编号	表字段名称	字段类型	长度	字段功能描述（注意事项描述）	主键设置	默认值
1	id	bigint	12	自增型的主键	是	系统提供
2	project_id	char	200	项目ID	否	无
3	project_name	text	0	项目名称	否	无
4	project_url	varchar	2 000	项目URL	否	无
5	update_url	varchar	2 000	更新地址	否	无
6	update_number	char	200	更新序号	否	无
7	update_backers_only	char	200	是否只能支持者可见	否	无
8	update_time	char	200	更新时间	否	无
9	update_time_formated	char	200	评论数量（格式化）	否	无
10	update_title	text	0	更新标题	否	无
11	comments_count	text	0	评论数量	否	无
12	likes_count	text	0	赞的数量	否	无

续　表

编号	表字段名称	字段类型	长度	字段功能描述（注意事项描述）	主键设置	默认值
13	update_content	longtext	0	更新内容	否	无
14	updates_block	longtext	0	更新内容（含 HTML）	否	无
15	dateline	char	200	时间戳	否	无

附表 B-4　project_rewards 众筹项目回报信息表

编号	表字段名称	字段类型	长度	字段功能描述（注意事项描述）	主键设置	默认值
1	id	bigint	12	自增型的主键	是	系统提供
2	project_id	char	200	项目 ID	否	无
3	project_url	text	0	项目 URL	否	无
4	project_name	text	0	项目名称	否	无
5	currency	char	200	支持货币单位	否	无
6	currency_money	text	0	支持金额	否	无
7	money_text	text	0	支持金额（完整文本）	否	无
8	reward	longtext	0	回报描述	否	无
9	delivery_date	text	0	承诺回报时间	否	无
10	delivery_date_formated	text	0	承诺回报时间（格式化）	否	无
11	shipping	text	0	邮寄说明	否	无
12	backed_count	text	0	支持者数量	否	无
13	limited_number_all	text	0	支持者上限	否	无
14	limited_number_left	text	0	剩余名额	否	无
15	limited_number_text	text	0	支持者上限（文本说明）	否	无
16	reward_block	longtext	0	回报文本区域（HTML）	否	无
17	dateline	char	200	时间戳	否	无

附录 C 关键代码片段

本书采用了多种语言，例如 Python、R 以及 PHP 等。但是在主要部分均是以 Pyhon 为主，所以在附录 C 中，展示的关键代码片段，以 Python 作为主要展示对象，R 语言代码为辅助。大部分代码是直接从项目中导出的，可以直接运行。本书的运行环境为 Python 2.7, 64‑bit；R 语言环境为 R version 3.1.2 X64。

本项目一共包含 125 个 Python 文件，由于代码量较大，完整的列出这 125 个文件的代码是不现实的，这些代码有部分是从以前工作的时候就积累下来的，有些是在论文写作的时候补充的。本附录只挑选了 3 个有非常有代表意义的代码列出，这 3 个代码除了删除了个别的注释外，与服务器实际运行的代码一致。

代码片段 1：众筹项目采集-项目具体信息采集。该代码片段包含大量的 html 解析，这是采集 Web 数据必须的步骤。这段代码为完整导出，没有经过任何修改，目前，可以正常运行。

代码片段 1. 众筹项目采集-项目具体信息采集

```python
1.  # -*- coding: utf-8 -*-
2.  """
3.  Created on Sun Nov 17 08:48:42 2013
4.  @author: wayswang
5.  """
6.  import sys
7.  reload( sys )
8.  sys.setdefaultencoding("UTF8")
9.  import re
10. import urllib2;
11. import time, MySQLdb
12. codetype = sys.getfilesystemencoding();
13.
```

```
14.  def connect_db():
15.      conn = MySQLdb.connect(host = "127.0.0.1", user = "root", passwd = "", db = "kickstarter",charset = "utf8")
16.      cursor = conn.cursor()
17.      cursor.execute("set NAMES utf8")
18.      return cursor
19.
20.  def close_db(cursor):
21.      cursor.close()
22.
23.  #判断数据库中是否已经存在这样的记录
24.  def is_exist2parameters(tablename,columnname,value,columnname2,value2):
25.      cursor = connect_db()
26.      n = cursor.execute("select * from " + tablename + " where " + columnname + " = '" + value + "' and " + columnname2 + " = '" + value2 + "'")
27.      if cursor.fetchall():
28.          close_db(cursor)
29.          return 1
30.      else:
31.          close_db(cursor)
32.          return 0
33.
34.  def is_exist(tablename,columnname1,value1):
35.      cursor = connect_db()
36.      n = cursor.execute("select * from " + tablename + " where " + columnname1 + " = '" + value1  + "'")
37.      if cursor.fetchall():
38.          close_db(cursor)
39.          return 1
40.      else:
41.          close_db(cursor)
42.          return 0
43.
44.  def is_crawled(tablename,columnname1,value1):
45.      cursor = connect_db()
46.      n = cursor.execute("select * from " + tablename + " where is_crawled = 1 and " + columnname1 + " = '" + value1 + "'")
47.      if cursor.fetchall():
48.          close_db(cursor)
49.          return 1
50.      else:
51.          close_db(cursor)
52.          return 0
53.
54.  def is_like_exist(tablename,columnname1,value1):
```

```
55.        cursor = connect_db()
56.        n = cursor.execute("select * from " + tablename + " where " + columnname1 + " like '" + value1 + "'")
57.        if cursor.fetchall():
58.            close_db(cursor)
59.            return 1
60.        else:
61.            close_db(cursor)
62.            return 0
63.
64. #更新表
65. def update(tablename,columnname,value,wherecolumn,wherevalue):
66.        cursor = connect_db()
67.        n = cursor.execute("update " + tablename + " set " + columnname + " = '" + value + "' where " + wherecolumn + " = '" + wherevalue + "'")
68.        close_db(cursor)
69.        return n
70.
71. def get_data(url,codetype,retries = 5):
72.        headers = {'Host': 'www.kickstarter.com',
73.        'User-Agent':'Mozilla/5.0 (Windows; U; Windows NT 6.1; en-US; rv:1.9.1.6) Gecko/20091201 Firefox/3.5.6',
74.        'Accept': 'text/html,*/*;q=0.01',
75.        'Accept-Language': 'zh-cn,zh;q=0.8,en-us;q=0.5,en;q=0.3',
76.        'X-Requested-With': 'XMLHttpRequest',
77.        'Referer':'https://www.kickstarter.com/discover/advanced? sort = popularity',
78.        'Connection': 'keep-alive'
79.        }
80.        try:
81.            page_content = urllib2.urlopen(urllib2.Request(url,headers = headers),timeout = 10).read()
82.        except Exception:
83.            print url + ' retries:' + str(retries)
84.            if retries>0:
85.                return get_data(url,codetype,retries-1)
86.            else:
87.                print 'GET Failed:',url
88.                return ''
89.        return page_content
90.
91. def insert_project_faqs(param):
92.        cursor = connect_db()
93.        sql = "insert into project_faqs(project_id,project_url,project_name,faq_id,faq_question,faq_answer,faq_datetime,faq_datetime_formated,faq_block,dateline) values(%s,%s,%s,%s,%s,%s,%s,%s,%s,%s)"
```

```
94.        cursor.execute(sql,param)
95.        close_db(cursor)
96.        return int(cursor.lastrowid)
97.
98. def insert_project_rewards(param):
99.        cursor = connect_db()
100.       sql = "insert into project_rewards(project_id,project_url,project_name,
           currency,currency_money,money_text,reward,delivery_date,delivery_date_
           formated,shipping,backed_count,limited_number_all,limited_number_left,limited_
           number_text,reward_block,dateline) values(%s,%s,%s,%s,%s,%s,%s,%s,
           %s,%s,%s,%s,%s,%s,%s,%s)"
101.       cursor.execute(sql,param)
102.       close_db(cursor)
103.       return int(cursor.lastrowid)
104.
105. def insert_project_detail(param):
106.       cursor = connect_db()
107.       sql = "insert into project_detail(project_id,project_url,project_name,leader_
           username,leader_url,updates_count,backers_count,comment_count,city_name,city_url,
           parent_category,category_name,category_url,project_status,project_status_date,
           project_status_detail,photo_main,video_width,video_height,video_url,short_
           blurb,full_description,risks_and_challenges,project_pledged,project_goal,
           project_progress,currency,currency_pledged,currency_goal,leader_avatar,leader_
           facebook_username,leader_facebook_url,leader_facebook_friends,leader_links_
           name,leader_links_url,leader_full_bio_url,leader_full_bio_content,leader_city,
           leader_city_url,leader_backed_count,funding_starttime,funding_starttime_
           formated,funding_endtime,funding_endtime_formated,funding_lastdays,page_
           content,project_updates_url,project_backers_url,project_comments_url,dateline)
           values(%s,%s,%s,%s,%s,%s,%s,%s,%s,%s,%s,%s,%s,%s,%s,
           %s,%s,%s,%s,%s,%s,%s,%s,%s,%s,%s,%s,%s,%s,%s,
           %s,%s,%s,%s,%s,%s,%s,%s,%s,%s,%s,%s,%s,%s,%s)"
108.       cursor.execute(sql,param)
109.       close_db(cursor)
110.       return int(cursor.lastrowid)
111.
112. cursor = connect_db()
113. n = cursor.execute("select name as project_name,url as project_url from projects
     where is_crawled = 1 limit 1")
114. for row in cursor.fetchall():
115.       crawle_project_url = 'https://www.kickstarter.com' + row[1]
116.       project_url = row[1]
117.       page_content = get_data(crawle_project_url,codetype,10)
118.       matches = re.findall('<div class = "Project(.*?)_cxt',page_content)
119.       try:
120.            project_id = matches[0].strip()
```

```
121.    except:
122.        project_id = ''
123.    # print project_id
124.    matches = re.findall('<a class = "green-dark" href = "(.*?)">(.*?)</a>', page_content)
125.    try:
126.        project_name = matches[0][1].strip()
127.        project_url = matches[0][0].strip()
128.    except:
129.        project_name = ''
130.        project_url = ''
131.    # print project_name,project_url
132.    matches = re.findall('<a class = "green-dark remote_modal_dialog" data-modal-class = "modal_project_by" data-modal-title = "Biography" href = "(.*?)" id = "name">(.*?)</a>', page_content)
133.    try:
134.        leader_username = matches[0][1].strip()
135.        leader_url = matches[0][0].strip()
136.    except:
137.        leader_username = ''
138.        leader_url = ''
139.    # print leader_username,leader_url
140.    matches = re.findall('<span data-updates-count = "(.*?)" id = "updates_count">\n<a class = "grey-dark py1" href = "(.*?)" id = "updates_nav">Updates', page_content)
141.    try:
142.        updates_count = matches[0][0].strip()
143.        project_updates_url = matches[0][1].strip()
144.    except:
145.        updates_count = ''
146.        project_updates_url = ''
147.    # print updates_count,project_updates_url
148.    matches = re.findall('itemprop = "Project\[backers_count\]">(.*?)</data></span>', page_content)
149.    try:
150.        backers_count = matches[0].strip()
151.    except:
152.        backers_count = ''
153.    project_backers_url = project_url + '/backers'
154.    # print backers_count
155.    matches = re.findall('<span data-comments-count = "(.*?)" id = "comments_count">', page_content)
156.    try:
157.        comment_count = matches[0].strip()
158.    except:
```

```
159.        comment_count = ""
160.        project_comments_url = project_url + '/comments'
161.        # print comment_count
162.        matches = re.findall('<li class = "location mr2">\n<a class = "grey-dark"
        href = "(.*?)"><span class = "ss-icon ss-location margin-right">
        <\/span>\n(.*?)\n<\/a><\/li>',page_content)
163.        try:
164.            city_url = matches[0][0].strip()
165.            city_name = matches[0][1].strip()
166.        except:
167.            city_url = ""
168.            city_name = ""
169.        # print city_url,city_name
170.        matches = re.findall('<li class = "category" data-project-parent-category =
        "(.*?)">\n<a class = "grey-dark" href = "(.*?)"><span class = "ss-icon ss-
        tag margin-right"><\/span>\n(.*?)\n<\/a><\/li>',page_content)
171.        try:
172.            parent_category = matches[0][0].strip()
173.            category_url = matches[0][1].strip()
174.            category_name = matches[0][2].strip()
175.        except:
176.            parent_category = ""
177.            category_url = ""
178.            category_name = ""
179.        # print parent_category,category_url,category_name
180.        matches = re.findall('\n<b>(.*?)<\/b>\n([\w\W]*?)\n<\/div><div
        class = "Project',page_content)
181.        try:
182.            project_status = matches[0][0].strip()
183.            project_status_detail = matches[0][1].strip()
184.        except:
185.            project_status = ""
186.            project_status_detail = ""
187.        project_status_date = ""  # 作者参与后面再从 project_status_detail 中取得
188.        # print project_status,project_status_detail,project_status_date
189.        matches = re.findall('<div class = "video-player" data-dimensions = "{&quot;
        width&quot;:(.*?),&quot;height&quot;:(.*?)}" data-image = "(.*?)" data-
        video-tracker-url = "(.*?)" data-video-url = "(.*?)"',page_content)
190.        try:
191.            photo_main = matches[0][2].strip()
192.            video_width = matches[0][0].strip()
193.            video_height = matches[0][1].strip()
194.            video_url = matches[0][4].strip()
195.        except:
196.            photo_main = ""
```

```
197.            video_width = ''
198.            video_height = ''
199.            video_url = ''
200.        # print photo_main,video_width,video_height,video_url
201.        matches = re.findall('<p class = "h3">(.*?)<\/p>',page_content)
202.        try：
203.            short_blurb = matches[0].strip()
204.        except：
205.            short_blurb = ''
206.        # print short_blurb
207.        matches = re.findall('<div class = "full - description">([\w\W]*?)<div id = "risks">',page_content)
208.        try：
209.            full_description = matches[0].strip()
210.        except：
211.            full_description = ''
212.        # print full_description
213.        matches = re.findall('Learn about accountability on Kickstarter<\/a>\n<div class = "divider clear"><\/div>\n<\/h2>([\w\W]*?)<\/div>',page_content)
214.        try：
215.            risks_and_challenges = matches[0].strip()
216.        except：
217.            risks_and_challenges = ''
218.        # print risks_and_challenges
219.        faq_block_matches = re.findall('<li class = "faq" id = "([\w\W]*?)<\/li>',page_content)
220.        for faq_block in faq_block_matches：
221.            matches = re.findall('<a href = "# project_faq_(.*?)" name = "project_faq_',faq_block)
222.            try：
223.                faq_id = matches[0].strip()
224.            except：
225.                faq_id = ''
226.            # print faq_id
227.            matches = re.findall('<span class = "question">(.*?)<\/span>',faq_block)
228.            try：
229.                faq_question = matches[0].strip()
230.            except：
231.                faq_question = ''
232.            # print faq_question
233.            matches = re.findall('<div class = "faq - answer">([\w\W]*?)<div class = "timestamp">',faq_block)
234.            try：
235.                faq_answer = matches[0].strip()
```

```
236.        except:
237.            faq_answer = ''
238.        #print faq_answer
239.        matches = re.findall('<time class = "js-adjust" data-format = "llll z" datetime = "(.*?)">(.*?)<\/time>',faq_block)
240.        try:
241.            faq_datetime = matches[0][0].strip()
242.            faq_datetime_formated = matches[0][1].strip()
243.        except:
244.            faq_datetime = ''
245.            faq_datetime_formated = ''
246.        #print faq_datetime,faq_datetime_formated
247.        param = (project_id,project_url,project_name,faq_id,faq_question,faq_answer,faq_datetime,faq_datetime_formated,faq_block,int(time.time())))
248.        if is_exist2parameters("project_faqs","project_id",project_id,"faq_id",faq_id) == 0:
249.            insert_project_faqs(param)
250.    #faqs 完成
251.    matches = re.findall('<div class = "num h48 no-margin" data-goal = "(.*?)" data-percent-raised = "(.*?)" data-pledged = "(.*?)" id = "pledged">',page_content)
252.    try:
253.        project_pledged = matches[0][2].strip()
254.        project_goal = matches[0][0].strip()
255.        project_progress = matches[0][1].strip()
256.    except:
257.        project_pledged = ''
258.        project_goal = ''
259.        project_progress = ''
260.    #print project_pledged,project_goal,project_progress
261.    matches = re.findall('data-currency = "(.*?)" data-format = "shorter_money" data-precision = "0" data-value = "(.*?)" data-without_code = "true" itemprop = "Project\[pledged\]">(.*?)<\/data>',page_content)
262.    try:
263.        currency = matches[0][0].strip()
264.        currency_pledged = matches[0][2].strip()
265.    except:
266.        currency = ''
267.        currency_pledged
268.    #print currency,currency_pledged
269.    matches = re.findall('<span class = "money (.*?) no-code">(.*?)<\/span>',page_content)
270.    try:
271.        currency_goal = matches[0][1].strip()
272.    except:
```

```
273.        currency_goal = ''
274.        # print currency_goal
275.        matches = re.findall('class = "avatar - small" height = "80" src = "(.*?)" width = "80" \/>',page_content)
276.        try：
277.            leader_avatar = matches[0].strip()
278.        except：
279.            leader_avatar = ''
280.        # print leader_avatar
281.        matches = re.findall('<a class = "popup" href = "(.*?)" target = "_blank">(.*?)<\/a>\n<span class = "number h6">\n(.*?)\nfriends\n<\/span>',page_content)
282.        try：
283.            leader_facebook_username = matches[0][1].strip()
284.            leader_facebook_url = matches[0][0].strip()
285.            leader_facebook_friends = matches[0][2].strip()
286.        except：
287.            leader_facebook_username = ''
288.            leader_facebook_url = ''
289.            leader_facebook_friends = ''
290.        # print leader_facebook_username,leader_facebook_url,leader_facebook_friends
291.        matches = re.findall('<li class = "links">\n<span class = "ss - icon ss - globe margin - right grey - dark"><\/span>\n<span class = "text">\n<a class = "popup" href = "(.*?)" rel = "nofollow" target = "_blank">(.*?)<\/a>\n<\/span>',page_content)
292.        try：
293.            leader_links_name = matches[0][1].strip()
294.            leader_links_url = matches[0][0].strip()
295.        except：
296.            leader_links_name = ''
297.            leader_links_url = ''
298.        # print leader_links_name,leader_links_url
299.        matches = re.findall('<h5 class = "mb1">\n<a class = "green - dark remote_modal_dialog" data - modal - class = "modal_project_by" data - modal - title = "Biography" href = "(.*?)">(.*?)<\/a>',page_content)
300.        try：
301.            leader_full_bio_url = matches[0][0].strip()
302.        except：
303.            leader_full_bio_url = ''
304.        # print leader_full_bio_url
305.        leader_full_bio_content = get_data('https://www.kickstarter.com' + leader_full_bio_url,codetype,10)
306.        matches = re.findall('<p class = "location h6 bold mb1">\n<a href = "(.*?)">(.*?)<\/a>\n<\/p>',page_content)
307.        try：
```

```
308.            leader_city = matches[0][1].strip()
309.            leader_city_url = matches[0][0].strip()
310.        except:
311.            leader_city = ''
312.            leader_city_url = ''
313.        # print leader_city, leader_city_url
314.        matches = re.findall('<p class = "location h6 bold mb1">\n<a href = "(.*?)">(.*?)<\/a>\n<\/p>', page_content)
315.        try:
316.            leader_city = matches[0][1].strip()
317.            leader_city_url = matches[0][0].strip()
318.        except:
319.            leader_city = ''
320.            leader_city_url = ''
321.        # print leader_city, leader_city_url
322.        matches = re.findall('<a class = "green-dark bold more-button remote_modal_dialog" data-modal-title = "Projects backed by (.*?)" href = "(.*?)">(.*?) backed<\/a>', page_content)
323.        try:
324.            leader_backed_count = matches[0][2].strip()
325.        except:
326.            leader_backed_count = ''
327.        # print leader_backed_count
328.        # 下面处理 reward 内容
329.        reward_block_matches = re.findall('<li class = "NS-projects-reward bg-grey-light border-bottom relative">([\w\W]*?)<\/li>', page_content)
330.        for reward_block in reward_block_matches:
331.            matches = re.findall('<h5 class = "mb1">\nPledge\n<span class = "money(.*?)">(.*?)<\/span>\nor more\n<\/h5>', reward_block)
332.            try:
333.                currency = matches[0][0].strip()
334.                currency_money = matches[0][1].strip()
335.            except:
336.                currency = ''
337.                currency_money = ''
338.            # print currency, currency_money
339.            matches = re.findall('<h5 class = "mb1">([\w\W]*?)<\/h5>', reward_block)
340.            try:
341.                money_text = matches[0].strip()
342.                money_text = re.sub('<[^>]+>', ',', money_text).strip()
343.            except:
344.                money_text = ''
345.            # print money_text
346.            matches = re.findall('<div class = "desc h5 mb2 break-word">([\w\W]*?)<\/div>', reward_block)
```

```
347.        try:
348.            reward = matches[0].strip()
349.        except:
350.            reward = ''
351.        # print reward
352.        matches = re.findall('<time class = "js-adjust" data-format = "MMM YYYY" datetime = "(.*?)">(.*?)</time>',reward_block)
353.        try:
354.            delivery_date = matches[0][0].strip()
355.            delivery_date_formated = matches[0][1].strip()
356.        except:
357.            delivery_date = ''
358.            delivery_date_formated = ''
359.        # print delivery_date,delivery_date_formated
360.        matches = re.findall('<div class = "NS_backer_rewards_shipping">([\w\W]*?)</div>',reward_block)
361.        try:
362.            shipping = matches[0].strip()
363.            shipping = re.sub('<[^>]+>','',shipping).strip()
364.        except:
365.            shipping = ''
366.        # print shipping
367.        matches = re.findall('<span class = "num-backers mr1">\n(.*?) backers\n</span>',reward_block)
368.        try:
369.            backed_count = matches[0].strip()
370.        except:
371.            backed_count = ''
372.        # print backed_count
373.        matches = re.findall('<span class = "limited-number">\((.*?) left of (.*?)\)</span>',reward_block)
374.        try:
375.            limited_number_all = matches[0][1].strip()
376.            limited_number_left = matches[0][0].strip()
377.        except:
378.            limited_number_all = ''
379.            limited_number_left = ''
380.        # print limited_number_all,limited_number_left
381.        if 'All gone! ' in reward_block:
382.            limited_number_all = backed_count
383.            limited_number_left = '0'
384.        matches = re.findall('<span class = "limited-number">\(((.*?)\)</span>',reward_block)
385.        try:
386.            limited_number_text = matches[0].strip()
```

```
387.        except:
388.            limited_number_text = ''
389.        param = (project_id,project_url,project_name,currency,currency_money,
    money_text,reward,delivery_date,delivery_date_formated,shipping,backed_count,
    limited_number_all,limited_number_left,limited_number_text,reward_block,int
    (time.time()))
390.        if is_exist2parameters("project_rewards","project_id",project_id,"reward_
    block",reward_block) = = 0:
391.            insert_project_rewards(param)
392.        matches = re.findall('<p class = "tiny_type">\n<time class = "js - adjust" data -
    format = "ll" datetime = "(.*?)">(.*?)<\/time> - \n<time class = "js - adjust"
    data - format = "ll" datetime = "(.*?)">(.*?)<\/time>\n\((.*?) days\)',page_
    content)
393.        try:
394.            funding_starttime = matches[0][1].strip()
395.            funding_starttime_formated = matches[0][0].strip()
396.            funding_endtime = matches[0][3].strip()
397.            funding_endtime_formated = matches[0][2].strip()
398.            funding_lastdays = matches[0][4].strip()
399.        except:
400.            funding_starttime = ''
401.            funding_starttime_formated = ''
402.            funding_endtime = ''
403.            funding_endtime_formated = ''
404.            funding_lastdays = ''
405.        param = (project_id,project_url,project_name,leader_username,leader_url,updates_
    count,backers_count,comment_count,city_name,city_url,parent_category,category_
    name,category_url,project_status,project_status_date,project_status_detail,
    photo_main,video_width,video_height,video_url,short_blurb,full_description,
    risks_and_challenges,project_pledged,project_goal,project_progress,currency,
    currency_pledged,currency_goal,leader_avatar,leader_facebook_username,leader_
    facebook_url,leader_facebook_friends,leader_links_name,leader_links_url,leader_
    full_bio_url,leader_full_bio_content,leader_city,leader_city_url,leader_
    backed_count,funding_starttime,funding_starttime_formated,funding_endtime,
    funding_endtime_formated,funding_lastdays,page_content,project_updates_url,
    project_backers_url,project_comments_url,int(time.time()))
406.        if is_exist("project_detail","project_id",project_id) = = 0:
407.            insert_project_detail(param)
408.        # n = update('projects_backers_loss_project_id','project_id',project_id,'
    project_url',project_url)#更新表
409.        # n = update('projects_need_crawl','project_id',project_id,'project_url',
    project_url)#更新表
410.        n = update('projects','is_crawled','3','id',project_id)#更新表
411.        print 'Finish,project_url:' + project_url
```

代码片段2：众筹项目文本描述特征-文本可读性（第7章内容）。该代码片段演示了如何进行文本的可读性分析。这段代码为完整导出，没有经过任何修改，可以正常运行。

代码片段2. 众筹项目文本描述特征-文本可读性（第7章内容）

```python
1.  # -*- coding: utf-8 -*-
2.  # Created by wayswang
3.  # 2015/4/20
4.  # 15:08
5.  # wayswang@gmail.com
6.  # __author__ = 'wayswang'
7.
8.  import sys
9.  reload(sys)
10. sys.setdefaultencoding("UTF8")
11. import re
12. import urllib2
13. import time,MySQLdb
14. codetype = sys.getfilesystemencoding()
15. import datetime
16. import nltk
17. from nltk.corpus import cmudict
18. from nltk.stem import PorterStemmer
19. import math
20. from decimal import *
21. from __future__ import division
22. from nltk.stem.lancaster import LancasterStemmer
23. from nltk.stem import WordNetLemmatizer
24. from nltk.stem import PorterStemmer
25. import enchant
26. wordcheck = enchant.Dict("en_US")
27.
28. wnl = WordNetLemmatizer()
29. english_vocab = set(w.lower() for w in nltk.corpus.words.words())
30.
31. def connect_db():
32.     conn = MySQLdb.connect(host = "127.0.0.1", user = "root", passwd = "", db = "kickstarter",charset = "utf8")
33.     cursor = conn.cursor()
34.     cursor.execute("set NAMES utf8")
35.     return cursor
36.
37. def close_db(cursor):
```

```
38.     cursor.close()
39.
40.  d = cmudict.dict()
41.  def nsyl(word):
42.      try:
43.          return [len(list(y for y in x if y[-1].isdigit()))) for x in d[word.lower()]][0]
44.      except:
45.          return 2
46.
47.  def is_unusual(word):
48.      if wordcheck.check(word):
49.          return 0
50.      else:
51.          return 1
52.  english_punctuations = [',', '.', ':', ';', '? ', '(', ')', '[', ']', '&', '! ', '*', '@', '#', '$',
     '...', '-',",",'"','"']
53.  def diversity(text):
54.      for punctuation in english_punctuations:
55.          text = text.replace(punctuation,'')
56.      text_list = text.lower().split(' ')
57.      word_length = len(text_list)
58.      freq_dist = nltk.FreqDist(text_list)
59.      distinct_word = len(freq_dist)
60.      d = 0.0
61.      for item in freq_dist:
62.          d = d + math.pow((freq_dist[item]/word_length),2)
63.      if (d * word_length) != 0:
64.          diversity = 1/(d * word_length)
65.      else:
66.          diversity = 0
67.      return diversity
68.
69.  def asl(text):
70.      for punctuation in ('.', '? ','! '):
71.          text = text.replace(punctuation,'.')
72.      sentences = text.split('.')
73.      length_count = 0
74.      sentence_count = 0
75.      for sentence in sentences:
76.          sentence = sentence.strip(' ')
77.          if len(sentence) > 0:
78.              sentence_count = sentence_count + 1
79.              words = sentence.split(' ')
80.              for word in words:
```

```
81.                    word = word.strip(' ')
82.                    if len(word) > 0:
83.                        length_count = length_count + 1
84.        if sentence_count != 0:
85.            asl = length_count/sentence_count
86.        else:
87.            asl = 0
88.        return asl
89.
90. def asw(text):
91.     words = text.split(' ')
92.     word_count = 0
93.     syllables_count = 0
94.     for word in words:
95.         word = word.strip(' ')
96.         if len(word) > 0:
97.             syllables = nsyl(word)
98.             word_count = word_count + 1
99.             syllables_count = syllables_count + syllables
100.    if word_count != 0:
101.        asw = syllables_count/word_count
102.    else:
103.        asw = 0
104.    return asw
105.
106. def acw(text):
107.    words = text.split(' ')
108.    word_count = 0
109.    syllables_complexity_count = 0
110.    for word in words:
111.        word = word.strip(' ')
112.        if len(word) > 0:
113.            syllables = nsyl(word)
114.            word_count = word_count + 1
115.            if syllables > 1:
116.                syllables_complexity_count = syllables_complexity_count + 1
117.    if word_count != 0:
118.        acw = syllables_complexity_count/word_count
119.    else:
120.        acw = 0
121.    return acw
122.
123. def error(text):
124.    text = text.replace("'re",' are').replace("'m",' am').replace("'ll",' will').replace("'s",' is').replace("'ve",' have').replace("'d",' had')
```

```
125.    for punctuation in english_punctuations:
126.        text = text.replace(punctuation,'')
127.    words = text.lower().split(' ')
128.    word_count = 0
129.    error_count = 0
130.    for word in words:
131.        word = word.strip(' ')
132.        #print word
133.        if len(word) > 0:
134.            error = is_unusual(word)
135.            word_count = word_count + 1
136.            if error == 1:
137.                error_count = error_count + 1
138.    if word_count ! = 0:
139.        error = error_count/word_count
140.    else:
141.        error = 0
142.    return error
143.
144. cursor = connect_db()
145. n = cursor.execute("select project_name, project_id, id from project_linguistic_analysis_projects where id > = 62345;")
146. for row in cursor.fetchall():
147.    project_name = row[0].lower()
148.    project_id = row[1]
149.    sql = "select short_blurb, full_description from project_detail where project_id = '" + project_id + "' limit 1"
150.    cursor.execute(sql)
151.    row2 = cursor.fetchone()
152.    short_blurb = row2[0].lower()
153.    full_description = row2[1].lower()
154.    full_description = re.sub(r'</? \w+[^>] * >','',full_description)
155.    section_100_str = full_description.split(' ')
156.    section_100_str = ' '.join(section_100_str[0:100])
157.
158.    # 多样性
159.    s_title_d = diversity(project_name)
160.    s_blurb_d = diversity(short_blurb)
161.    s_100_d = diversity(section_100_str)
162.    s_all_d = diversity(full_description)
163.
164.    # asl:平均句子长度  平均每个句子由多少个词组成
165.    s_title_asl = asl(project_name)
166.    s_blurb_asl = asl(short_blurb)
167.    s_100_asl = asl(section_100_str)
```

168.   s_all_asl = asl(full_description)
169.
170.   # asw 单词平均音节数量
171.   s_title_asw = asw(project_name)
172.   s_blurb_asw = asw(short_blurb)
173.   s_100_asw = asw(section_100_str)
174.   s_all_asw = asw(full_description)
175.
176.   # acw 每100个单词中包含的复杂单词的数量（复杂单词是指包含两个或者两个以上的音节的单词）
177.   s_title_acw = acw(project_name)
178.   s_blurb_acw = acw(short_blurb)
179.   s_100_acw = acw(section_100_str)
180.   s_all_acw = acw(full_description)
181.
182.   # fkr Flesch–Kincaid Reading Ease
183.   s_title_fkr = $0.39 * $ s_title_asl $+ 11.8 *$ s_title_asw $- 15.59$
184.   s_blurb_fkr = $0.39 *$ s_blurb_asl $+ 11.8 *$ s_blurb_asw $- 15.59$
185.   s_100_fkr = $0.39 *$ s_100_asl $+ 11.8 *$ s_100_asw $- 15.59$
186.   s_all_fkr = $0.39 *$ s_all_asl $+ 11.8 *$ s_all_asw $- 15.59$
187.
188.   # fog Gunning–Fog Index
189.   s_title_fog = $0.4 *$ (s_title_asl $+ 100 *$ s_title_acw)
190.   s_blurb_fog = $0.4 *$ (s_blurb_asl $+ 100 *$ s_blurb_acw)
191.   s_100_fog = $0.4 *$ (s_100_asl $+ 100 *$ s_100_acw)
192.   s_all_fog = $0.4 *$ (s_all_asl $+ 100 *$ s_all_acw)
193.
194.   # error 拼写错误率
195.   s_title_error = error(project_name)
196.   s_blurb_error = error(short_blurb)
197.   s_100_error = error(section_100_str)
198.   s_all_error = error(full_description)
199.   sql = "insert into project_linguistic_analysis_readability set project_id = '" + str(project_id) + "',s_title_d = " + str(s_title_d) + ",s_blurb_d = " + str(s_blurb_d) + ",s_100_d = " + str(s_100_d) + ",s_all_d = " + str(s_all_d) + ",s_title_asl = " + str(s_title_asl) + ",s_blurb_asl = " + str(s_blurb_asl) + ",s_100_asl = " + str(s_100_asl) + ",s_all_asl = " + str(s_all_asl) + ",s_title_asw = " + str(s_title_asw) + ",s_blurb_asw = " + str(s_blurb_asw) + ",s_100_asw = " + str(s_100_asw) + ",s_all_asw = " + str(s_all_asw) + ",s_title_acw = " + str(s_title_acw) + ",s_blurb_acw = " + str(s_blurb_acw) + ",s_100_acw = " + str(s_100_acw) + ",s_all_acw = " + str(s_all_acw) + ",s_title_fkr = " + str(s_title_fkr) + ",s_blurb_fkr = " + str(s_blurb_fkr) + ",s_100_fkr = " + str(s_100_fkr) + ",s_all_fkr = " + str(s_all_fkr) + ",s_title_fog = " + str(s_title_fog) + ",s_blurb_fog = " + str(s_blurb_fog) + ",s_100_fog = " + str(s_100_fog) + ",s_all_fog = " + str(s_all_fog) + ",s_title_error = " + str(s_title_error) + ",s_blurb_error = " + str(s_blurb_error) + ",s_100_error = " + str(s_100_error) + ",s_

```
           all_error = " + str(s_all_error)
200.       cursor.execute(sql)
201.       print row[2]
```

代码片段 3：文本层次聚类的 R 语言代码（第 8 章内容）。该代码片段演示了如何进行文本层次聚类，在 R version 3.1.2 X64 中运行通过。

代码片段 3. 文本层次聚类的 R 语言代码（第 8 章内容）

```
1.   library(NLP)
2.   library(tm)
3.   library(SnowballC)
4.   library(Snowball)
5.   library(proxy)
6.   library(cluster)
7.   library(rJava)
8.   
9.   setwd("D:\\development\\R\\众筹实验\\Kickstarter")
10.  data <- read.csv("corpus\\project_updates.csv", header = FALSE)
11.  blurbs <- Corpus(VectorSource(data $ V1))
12.  
13.  docs = blurbs
14.  #data("crude")
15.  #docs = Corpus(VectorSource(crude))
16.  docs <- tm_map(docs, PlainTextDocument)
17.  docs <- tm_map(docs, tolower)
18.  docs <- tm_map(docs, removeNumbers)
19.  docs <- tm_map(docs, removeWords, stopwords("english"))
20.  docs <- tm_map(docs, removePunctuation)
21.  docs <- tm_map(docs, stripWhitespace)
22.  docs <- tm_map(docs, PlainTextDocument)
23.  dictCorpus <- docs
24.  docs_stem <- tm_map(docs, stemDocument)
25.  stemCompletion_mod <- function(x, dict = dictCorpus) {
26.  PlainTextDocument(stripWhitespace(paste(stemCompletion(unlist(strsplit(as.character(x)," ")), dictionary = dict, type = "shortest"), sep = "", collapse = " ")))
27.  }
28.  docs = stemCompletion_mod(docs_stem, docs)
29.  
30.  blurbs.TmDoc <- TermDocumentMatrix(docs, control = list(WordLengths = c(1, Inf)))
31.  dtm <- removeSparseTerms(blurbs.TmDoc, sparse = 0.88)
32.  new_data <- as.data.frame(inspect(dtm))
33.  data.scale <- scale(new_data)
```

34. d <- dist(data.scale, method = "euclidean")
35. fit <- hclust(d, method = "ward.D")
36. plot(fit) #绘图演示

后 记

记忆中,四叔某次喝醉了,反复念叨的一句话:"走到这一步,非常不容易。"这句话也成为我如今状态的缩写。

在感谢对我人生有帮助的人之前,先回顾一下这33年来自己经历过的一些事情。生于1982年重庆市的乡下(那时还属于四川省,但现在的新生代年轻人已经义正词严地拒绝了与四川的任何联系,好像是已经分家的兄弟没有任何感情,他们没有见过我们父辈的身份证以"四川省"打头)。那一年刚好村里通电,所以母亲常常说我命好,因为生下来就有电灯。

我从小在农村长大,喂猪、放牛、赶鸭子、养羊、割水稻、收小麦、掰玉米、修果树、挖红薯、挑粪都没少干。毫不夸张地说,要是留在农村的话,干活绝对是一把好手。小时候,我很惊讶:嫁接后的果树居然能成活并结出不一样的果实,真是奇妙的世界。当然,对农村的记忆还有大段的钓鱼、掏鸟蛋、水库游泳、抓泥鳅、钓黄鳝、摘水果等片段。那时的村子,还没有任何污染,仍然清楚地记得,某年夏天与小伙伴们出去钓鱼一无所获,于是大家脱光衣服跳进河中游泳,小伙伴潜水到河底(至少2米深,大人根本没法在水中站立),我还能够清晰地看到小伙伴们白花花的屁股在水草间穿梭,比如今的游泳池透彻多了。时隔多年,当我2014年出国留学前再次回到农村时,物非人非。村外的小河成了小沟,坍塌严重,一片萧瑟;直到我走的那天,外婆也没有认出我是谁,外婆一直以为我只是来做客的客人,热情地招呼我吃完饭再走;小伙伴们相对无言,他们叼着烟,抠着脚趾头努力想找到可以跟我共同聊天的话题,一面又对外面的世界充满好奇但是又不知道从何问起。从那刻开始,我知道我已经没办法融入小伙伴们的圈子了,尽管彼此都很怀念往日的顽童时光,但那毕竟只是记忆,只是这段记忆永远抹不去。我也清楚地记得,当我说出我读博士每个月只有1 500元补助,而且每年只发10个月的时候,小伙伴们迷茫而又狡黠的表情,因为他们在工厂一个月能挣

后　记

2 000 多元。

当然，农村留给我的并非都是美好的回忆。小姑病重时，我才六七岁的样子，由于交通闭塞，要送到最近的医院也需要绑上滑竿，两人抬着，而且得走一个小时的样子。等一伙人准备好所有的装备，小姑在椅子上已经没有任何气息了。这是我记忆中的第一次面对死亡的回忆，很多年后也印象深刻。这件事情对我的印象之深，影响之大，很难以文字表达，在我幼小的心灵上牢牢烙下了生命的脆弱和可贵，阴阳相隔就是一个土堆。离开这个交通闭塞的乡村，也许是我唯一的选择。老家的衰败，也就顺理成章。

初中毕业，以压线成绩考入了重庆市重点高中，一分不多一分不少，这似乎成了我以后惊险历程的预示。高中毕业，不小心填的一个志愿，把我带到了遥远的东南沿海，那时重庆与厦门的火车时间是 48 个小时；而现在，重庆与厦门最快的火车只要 14 个小时。火车的提速是这个时代的缩影，好像就在 10 多年前，"万元户"还是一个相当时髦的词汇，以至于征婚的时候都得强调好几遍。时代变化之快，常常让农村的父母及乡邻不知所措。

本科毕业时，有保送名额，其实我一直在准备考研，已经准备了半年。当保送名单公布的时候，我都没有过多考虑，就把考研的书都送给同学了。事后回想，也许应该出去看看外面。当时学校给了两个专业让选择：计量经济学及管理科学与工程，糊里糊涂的选择了后者。所幸的是硕士阶段的导师，在后来屡次关键时刻给予了宝贵的意见，例如考博这件事儿。

硕士毕业以后的那几年，我一直很少对人提起，很多人其实并不知道那几年我在干什么。我想所谓论文致谢，无关利益，写出来也就无妨了，正好也借此机会回忆过往。其实从 2008 年到 2011 年，都在跟几个朋友创业，开了家公司，不过一事无成，后来各奔东西。那段时间，回忆起来都在喘气，太累！但是，真正对技术的积累，却是从那个时候开始积攒下来的。通过这次失败，学会了很多东西，可能受用一生。

后来，到同济大学念博士。入校的时候，一看花名册，乖乖！班里面就有 78 个人，这招生规模，博士不贬值就没天理了。同济时期，算得上非常努力，一心想着早日毕业。但是，人生总有一些不在计划中的事情，本来没有想着出国的，但是看着师兄师姐都出去了，于是也顺着他们的轨迹到美国学习了 1 年。写这篇致谢的时候，还是在圣地亚哥，听着外面淅淅沥沥的雨声完成的。

博士入学前，女儿刚刚出生。还记得，护士把她从产房抱出来，她懵懂地看着外面，眼睛很美，充满好奇。于是向老婆承诺：3 年一定要毕业，这样就能赶在女儿念幼儿园之前把工作定下来,安顿下来。但是,现在看来得需要 4 年了。太太忙着女儿下学期幼儿园入学的事情,我却帮不上任何忙。只能以"苦日子就快到头了"聊以安慰。所以,首先需要感谢太太,这几年辛苦了!带孩子看似愉快,却能把一个人的耐心耗尽。尤记得,几年前的某个晚上,太太很严肃地看着我问:"你是否决定读博士?"我点头,于是就开始了 3 年聚少离多的时光。怀孕的那段时间,她背着口袋去买菜的背影还历历在目。那时,我对她的唯一贡献恐怕就是:她去超市买菜,我去自习室,差不多买好菜以后,我推着自行车去接她,然后一起回家做饭。开学后,回家次数日减,有次回家,发现太太瘦到 100 斤了,真是又开心又难过。开心的是身材恢复得不错;难过的是带孩子真的很折磨人。女儿的教育、健康都不错,这全是她的辛劳。

其次,感谢父母。由于知识和文化上的不足,在我外出上学后,父母几乎没有给我提供过学习和工作上的任何帮助,反而反复劝我考公务员回县城,在他们意识里县政府的工作就是出人头地。尽管如此,感谢您们给予我的对于生活、工作、学习的态度及养育之恩。父亲是 1953 年出生的,母亲是 1957 年出生的,都经历了最严重的灾荒,以至于时至今日,他们对生活的追求仍然是"吃饱"。我想另外记录三件关于父亲的事:① 大概是 1961 还是 1962 年的时候,饥荒严重,父亲已经饿得倒下了,路人都说这小孩没得救了,最后还是一个好心的老太太用了半碗米汤救活了他;② 再大点的时候,随奶奶改嫁到现在的农村,冬天没鞋穿,冻疮溃烂,于是每天晚上从棉被中掏一块棉花绑在冻疮处,第二天继续出去捡狗屎(捡狗屎是劳动,算工分),一个冬天下来,棉被全是窟窿;③ 某年冬天,下雪,捡狗屎途中,实在想吃肉了,于是手起刀落,把生产队养的猪尾巴剁了下来,可怜那只猪号啕大叫,最后猪尾巴却被养猪人吃了。

然后,感谢导师王洪伟教授。坦率地说,第一次见到王老师,惊讶于这个看似跟我同龄的小伙还太年轻,能带博士?行不行啊?经过这几年的相处,王老师人品好、学识佳、对学生负责任。我想这也许就是一个博士生导师的最高标准了,能够证明我当年的选择没有错误。这里也记录一件王老师的事情,某年早餐我跟王老师在嘉定食堂一起吃饭,事后我们班门成昊同学开玩笑地对我说:"你跟你老板坐一起,感觉你是老板,你导师是那个毕不了业的博士!"

接下来,想感谢一下我在美国的导师 Kevin Zhu 教授,以及美国的同窗 Wei Chen。他们对于来自异国他乡的我提供了很多帮助。

感谢硕士阶段导师谭观音教授。在我记忆中,硕士阶段的同学好像都在外面兼职赚钱,唯独您布置我翻译了一本 petri 网软件使用手册。时至今日,都还

后　记

有人断断续续地发邮件询问我这个软件的使用。谢谢您带给我了学术生涯的起步。

感谢丈母娘和小姨子，你们在我太太最辛劳的时候，伸出了援手，帮我们带好了孩子。

感谢从小玩到大的小伙伴们，感谢一路走来的同学们，感谢实习及工作时期的那帮"酒肉朋友"。因为有你们，生活才显得多姿多彩。

最后，生命中经历了太多的人和事，原谅我不能一一列出你们的名字，但是我永远铭记在心。谢谢你们！

我爱你们！

博士毕业不是终点，这只是另外一个开始。终于可以跟家人团聚了。

本书则是依托本人博士学位论文修改而成。

王　伟